"十三五"全国高职高专教育精品规划教材

商品学基础知识

（第2次修订本）

主　编　王婉芳

副主编　陈幼红

北京交通大学出版社

·北京·

内 容 简 介

本书编写突出先进性和实用性,理论上以"必需、够用"为度,注重商品质量与分析能力的训练和培养。通过学习,使学生树立与时代发展要求相一致的商品质量观念及质量意识,提高学生分析和解决商品质量问题的能力和水平。同时,也为其从事企业管理、商品经营与贸易提供了必备的商品理论知识和实务知识。

本书共分7章,主要阐述了商品流通中涉及的共性问题,包括商品学概述、商品质量与质量管理、商品分类与编码、商品标准与质量认证、商品检验与质量监督、商品包装与商标、商品储运与养护等基础理论知识及实务知识。

本书可作为高职高专市场营销、国际贸易等专业的教材,也可作为企业管理、商品经营与贸易类在职人员的自学用书。

图书在版编目(CIP)数据

商品学基础知识/王婉芳主编. —北京:北京交通大学出版社,2010.8(2019.7重印)
("十三五"全国高职高专教育精品规划教材)
ISBN 978-7-5121-0325-2

Ⅰ. ① 商… Ⅱ. ① 王… Ⅲ. 商品学-高等学校:技术学校-教材 Ⅳ. ① F76

中国版本图书馆 CIP 数据核字(2010)第 172810 号

责任编辑:薛飞丽
出版发行:北京交通大学出版社   电话:010-51686414
        北京市海淀区高粱桥斜街 44 号   邮编:100044
印 刷 者:北京鑫海金澳胶印有限公司
经   销:全国新华书店
开   本:185×260   印张:13.5   字数:322 千字
版   次:2019 年 7 月第 1 版第 2 次修订   2019 年 7 月第 6 次印刷
书   号:ISBN 978-7-5121-0325-2/F·730
印   数:13 001~15 000 册   定价:35.00 元

"十三五"全国高职高专教育精品
规划教材丛书编委会

出版说明

　　高职高专教育是我国高等教育的重要组成部分，其根本任务是培养生产、建设、管理和服务第一线需要的德、智、体、美全面发展的应用型专门人才，所培养的学生在掌握必要的基础理论和专业知识的基础上，应重点掌握从事本专业领域实际工作的基础知识和职业技能，因此与其对应的教材也必须有自己的体系和特点。

　　为了适应我国高职高专教育发展及其对教育改革和教材建设的需要，在教育部的指导下，我们在全国范围内组织并成立了"全国高职高专教育精品规划教材研究与编审委员会"（以下简称"教材研究与编审委员会"）。"教材研究与编审委员会"的成员所在单位皆为教学改革成效较大、办学实力强、办学特色鲜明的高等专科学校、成人高等学校、高等职业学校及高等院校主办的二级职业技术学院，其中一些学校是国家重点建设的示范性职业技术学院。

　　为了保证精品规划教材的出版质量，"教材研究与编审委员会"在全国范围内选聘"全国高职高专教育精品规划教材编审委员会"（以下简称"教材编审委员会"）成员和征集教材，并要求"教材编审委员会"成员和规划教材的编著者必须是从事高职高专教学第一线的优秀教师和专家。此外，"教材编审委员会"还组织各专业的专家、教授对所征集的教材进行评选，对所列选教材进行审定。

　　此次精品规划教材按照教育部制定的"高职高专教育基础课程教学基本要求"而编写。此次规划教材按照突出应用性、针对性和实践性的原则编写，并重组系列课程教材结构，力求反映高职高专课程和教学内容体系改革方向；反映当前教学的新内容，突出基础理论知识的应用和实践技能的培养；在兼顾理论和实践内容的同时，避免"全"而"深"的面面俱到，基础理论以应用为目的，以必需、够用为尺度；尽量体现新知识和新方法，以利于学生综合素质的形成和科学思维方式与创新能力的培养。

　　此外，为了使规划教材更具广泛性、科学性、先进性和代表性，我们衷心希望全国从事高职高专教育的院校能够积极参加到"教材研究与编审委员会"中来，推荐有特色的、有创新的教材。同时，希望将教学实践的意见和建议，及时反馈给我们，以便对出版的教材不断修订、完善，不断提高教材质量，完善教材体系，为社会奉献更多更新的与高职高专教育配套的高质量教材。

　　此次所有精品规划教材由全国重点大学出版社——北京交通大学出版社出版。适用于各类高等专科学校、成人高等学校、高等职业学校及高等院校主办的二级技术学院使用。

全国高职高专教育精品规划教材研究与编审委员会

2019 年 7 月

总　序

　　历史的车轮已经跨入了公元 2019 年，我国高等教育的规模已经是世界之最，2017 年毛入学率达到 45.7%，属于高等教育大众化教育的阶段。根据《教育部关于全面提高高等职业教育教学质量的若干意见》（教高〔2006〕16 号）等文件精神，高职高专院校要积极构建与生产劳动和社会实践相结合的学习模式，把工学结合作为高等职业教育人才培养模式改革的重要切入点，带动专业调整与建设，引导课程设置、教学内容和教学方法改革。由此，高职高专教学改革进入了一个崭新阶段。

　　新设高职类型的院校是一种新型的专科教育模式，高职高专院校培养的人才应当是应用型、操作型人才，是高级蓝领。新型的教育模式需要我们改变原有的教育模式和教育方法，改变没有相应的专用教材和新型师资力量的现状。

　　为了使高职院校的办学有特色，毕业生有专长，需要建立"以就业为导向"的新型人才培养模式。为了达到这样的目标，我们提出"以就业为导向，要从教材差异化开始"的改革思路，打破高职高专院校使用教材的统一性，根据各高职高专院校专业和生源的差异性，因材施教。从高职高专教学最基本的基础课程，到各个专业的专业课程，着重编写出实用、适用于高职高专不同类型人才培养的教材，同时根据院校所在地经济条件的不同和学生兴趣的差异，编写出形式活泼、授课方式灵活、引领社会需求的教材。

　　培养的差异性是高等教育进入大众化教育阶段的客观规律，也是高等教育发展与社会发展相适应的必然结果。也只有使在校学生接受差异性的教育，才能充分激发学生浓厚的学习兴趣，才能保证不同层次的学生掌握不同的技能专长，避免毕业生被用人单位打上"批量产品"的标签。只有高等学校的培养有差异性，其毕业生才能有特色，才会在就业市场具有竞争力，从而使高职高专的就业率大幅度提高。

　　北京交通大学出版社出版的这套高职高专教材，是在教育部所倡导的"创新独特"四字方针下产生的。教材本身融入了很多较新的理念，出现了一批独具匠心的教材，其中，扬州环境资源职业技术学院的李德才教授所编写的《分层数学》，教材立意很新，独具一格，提出以生源的质量决定教授数学课程的层次和级别。还有无锡南洋职业技术学院的杨鑫教授编写的一套将管理学、经济学等不同学科知识融为一体的教材，具有很强的实用性。

　　此套系列教材是由长期工作在第一线、具有丰富教学经验的老师编写的，具有很好的指导作用，达到了我们所提倡的"以就业为导向培养高职高专学生"和因材施教的目标要求。

教育部全国高等学校学生信息咨询与就业指导中心择业指导处处长

中国高等教育学会毕业生就业指导分会秘书长

曹　殊　研究员

前　言

　　商品学是商品经济发展到一定阶段的必然产物，是研究商品及其使用价值和如何实现的规律的学科。它属于一门文理渗透的学科，综合运用物理、化学、管理等多方面的基础知识，分析和解决流通领域中商品贸易、管理和经营问题的复合型科学。根据《国家中长期教育改革和发展规划纲要（2010—2020 年)》中有关职业教育发展的基本思路，针对高职高专教育人才培养规格，以适应社会需要为目标，以培养技术应用能力为主线，设计学生的知识、能力、素质结构和培养方案，结合课程特点和教学实践，编写了《商品学基础知识》一书。

　　本书以商品体为基础，以商品质量为中心，主要阐述了商品流通中涉及的共性问题。包括商品学概述、商品质量和质量管理、商品分类与编码、商品标准与质量认证、商品检验与质量监督、商品包装和商标与商品储运与养护等基础理论知识及实务知识。本书内容实用，知识面较宽，并注意吸收最新的研究成果；体例较为新颖，每一章的开头编写了"导入语"，以引导学生学习，在知识阐述过程中穿插了"阅读材料"、"相关链接"、"案例分析"等内容，便于启发学生的思维，拓宽知识面，培养应用知识分析和解决实际问题的能力。

　　本书编写突出先进性和实用性，理论上以"必需、够用"为度，注重商品质量与分析能力的训练和培养。通过学习，使学生树立与时代发展要求相一致的商品质量观念及质量意识，提高学生分析和解决商品质量问题的能力和水平。同时，也为其从事企业管理、商品经营与贸易提供了必备的商品理论知识和实务知识。

　　本书由浙江商业职业技术学院王婉芳任主编，陈幼红任副主编。王婉芳编写第一～第五章，陈幼红编写第六、第七章。

　　由于时间仓促，加上编者水平有限，书中难免存在谬误，恳请广大读者及同行批评指正。

编　者
2019 年 7 月

目　录

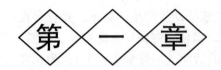

商品学概述

■ 商品概念及其整体构成
■ 商品学的研究对象与内容
■ 商品学研究的任务与方法

导入语

商品是能提供给市场以满足需要和欲望的任何物品。其既包括生产资料商品和生活资料商品等实物商品，也包括科学技术、文化艺术和信息等无形商品。实物商品的整体一般是由商品体、有形附加物和无形附加物三部分构成的。商品学是研究商品的科学，而且着重从商品的使用价值方面研究商品，因此商品使用价值及其变化规律就成为商品学的研究对象。商品是用来满足人和社会需要的，其有用性的大小（满足人们需要的程度的大小）通过商品质量和品种来集中反映和衡量。商品质量和品种是商品学研究的中心内容。

本章学习目标：

● 了解商品学的产生和发展；

● 熟悉商品的概念、特征和类型；

● 了解商品学的研究方法；

● 掌握商品学的研究对象和内容。

第一节　商品概念及其整体构成

一、产品的概念及类型

根据 GB/T 19000—2000 和 ISO 9000—2000 中对产品的定义，产品是指一组将输入转化为输出的相互关联或相互作用的活动所产生的结果。

公认的产品类型有四种，即硬件（如发动机机械零件、电子元器件）、软件（如计算机程序、数据库）、服务（如运输）和流程性材料（如润滑油）。

硬件通常是有形的产品实体，是不连续的具有特定形状的产品。如电视机、元器件、建筑物、机械零部件等，其量具有计数的特性，往往用计数特性描述。

软件由信息组成，是通过支持媒体表达的信息所构成的一种智力创作，通常是无形产品，并可以方法、记录或程序的形式存在。如计算机程序、字典、信息记录等。

服务通常是无形的，是为满足顾客的需求，供方（提供产品的组织和个人）和顾客

（接受产品的组织和个人）之间在接触时的活动以及供方内部活动所产生的结果，并且是在供方和顾客接触时至少需要完成一项活动的结果。如医疗、运输、咨询、金融贸易、旅游、教育等。服务的提供涉及为顾客提供的有形产品上所完成的活动（如维修的汽车）；为顾客提供的无形产品上所完成的活动（如为准备税款申报书所需的收益表）；无形产品的交付（如知识传授方面的信息提供）；为顾客创造氛围（如在宾馆和饭店）。

流程性材料通常是有形产品，是将原材料转化成某一特定状态的有形产品，其状态可能是流体、气体、粒状、带状，如润滑油、布匹，其量具有连续的特性，往往用计量特性描述。

硬件和流程性材料通常被称为货物。GB/T 19000 中的产品分解为产品与服务，特指一个机构生产或提供的具有特定名称、规格、包装等的单种物品或单项服务。

二、商品的概念与特征

（一）商品的概念

产品经过了专业的商品化流程，从一件普通的产品转变成了市场中流通的商品，商品化就是将有形的与无形的产品，通过对目标细分市场的研究，对其进行商业规范化，成为有效针对目标消费者的市场化商品的过程。

商品是为了交换或出卖而生产的劳动产品，是使用价值和价值的统一体。

商品的使用价值是商品对其消费（或使用）者的效用或有用性。对具体商品而言，商品的有用性是商品体本身具有能满足人与社会生产、生活的某种需要的用途和功能。商品的使用价值反映了商品的自然属性。

商品价值是凝结在商品中的无差别的人类劳动。人们按商品价值互相交换商品，实质上是互相交换各自的劳动。价值的表现形式是交换价值，交换价值的基础是价值。商品价值是人们在社会生产劳动中形成的，反映了人与人之间的社会关系。因此，商品价值反映了商品具有的社会属性。

商品具有自然属性和社会属性，是为社会生产（或者说为他人生产）的具有使用价值的劳动产品。就商品的自然属性而言，商品的使用价值就是商品的有用性，商品的基本功能是商品有用性的表征。商品的有用性是商品具有使用价值的起码要求，也是商品质量基本要求之一。但是，商品仅仅具备有用性还不是真正意义上的商品，因为商品还具有社会属性。商品的社会属性就是它必须符合具有复杂的时代色彩（或烙印）的多种需求，才能在市场上完成交换，实现其价值成为商品。

（二）商品的基本特征

作为人类劳动产品的商品，具有以下基本特征。

1. 商品是能够满足人们某种需要的劳动产品

那些不能满足人们需要的，甚至危害人体健康和财产安全的劳动产品，如假酒、假药、劣质电器等，不能算作真正意义上的商品。虽然具有使用价值，但未经劳动加工的天然物，如天然空气、未经开发的自然风景等，它们不属于劳动产品，所以也不能算作商品。

2. 商品是供他人和社会消费的劳动产品

商品的使用价值是为他人或为社会提供而生产的，而不是为满足自己需要而生产的，商品的功能、规格大小、外观造型等应根据他人需求或社会消费需求来设计与生产，才能做到适销对路。

3. 商品通过市场交换出去，并能适应社会发展需要

商品只有通过市场交换出去，到达了使用它的用户手里，才能实现其使用价值，也才能实现其价值。若商品在市场上卖不出去，使用价值就无法实现，其价值也就没有得到实现。而市场是不断发展的，用户的需求和交换信息也是不断变化的，因此，商品还要能适应社会发展的需要。

☞ **相关链接 1-1**

假冒伪劣产品

假冒产品是指使用不真实的厂名、厂址、商标、产品名称、产品标志等，从而使客户、消费者误以为该产品就是正版的产品。伪劣产品是指质量低劣或者失去使用性能的产品。假冒伪劣产品主要有以下几种情况。

(1) 伪造或者冒用认证标志、名牌产品标志、免检标志等质量标志和许可证标志的。

(2) 伪造或者使用虚假的产地的。

(3) 伪造或者冒用他人的厂名、厂址的。

(4) 假冒他人注册商标的。

(5) 掺杂、掺假，以假充真、以次充好的。

(6) 失效、变质的。

(7) 存在危及人体健康和人身、财产安全的不合理危险的。

(8) 所标明的指标与实际不符的。

(9) 国家有关法律、法规明令禁止生产、销售的。

国家质检总局还规定，经销下列产品经指出不予改正的，即视为经销伪劣商品。

(1) 无检验合格证或无有关单位允许销售证明的。

(2) 内销商品未用中文标明商品名称、生产者和产地（重要工业品未标明厂址）的。

(3) 限时使用而未标明失效时间的。

(4) 实施生产（制造）许可证管理而未标明许可证编号和有效期的。

(5) 按有关规定应用中文标明规格、等级、主要技术指标或成分、含量等而未标明的。

(6) 高档耐用消费品无中文使用说明的。

(7) 属处理品（含次品、等外品）而未在商品或包装的显著部位标明"处理品"字样的。

(8) 剧毒、易燃、易爆等危险品而未标明有关标志和使用说明的。

（三）商品的分类

根据消费者的购买习惯，可将商品分为便利品、选购品、特殊品和非渴求商品。

(1) 便利品，是指消费者经常购买或即刻购买，并几乎不作购买比较和购买努力的商品，如报纸、肥皂等。

（2）选购品，是指消费者在购买过程中，对产品的适用性、质量、价格和式样等基本方面要做有针对性比较的产品，如服装、家具等。对质量相似，但价格却明显不同进行选择的产品称为同质选购品；对价格和服务上的区别选择比价格更重要的产品称为异质选购品。

（3）特殊品，是指具有独有特征或品牌标记的产品。对于这些产品，有相当多的购买者一般都愿意为此做特殊的购买努力，如汽车等。

（4）非渴求物品，是指顾客不知道的物品，或者虽然知道却没有兴趣购买的物品。

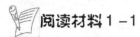 **阅读材料 1-1**

网络营销产品

电子商务已经开始成为主流销售方式，越来越多的人在网上购物，而且购物范围也越来越广泛，服务行业和日常生活用品成为主流。

来自中国互联网协会 DCCI 数据中心的调查报告显示，2007 年中国 B2B 电子商务交易增长超过 25%，交易规模达到 12 500 亿元。报告预计，未来两年中国 B2B 电子商务规模将继续高速增长，2008 年将达到约 16 200 亿元，2009 年突破 21 000 亿元。

2007 年度中国互联网调查统计数据显示：2007 年中国 C2C 电子商务市场保持健康增长，交易规模为 410.4 亿元人民币，较 2006 年增长 90%。

作为亚洲最大的网络零售平台，淘宝网正在改写众多细分行业的零售格局。2007 年全年淘宝网交易总额（GMV）突破 433.1 亿元，与去年同期相比增长 156.3%。这一数字高于华润万家的 379 亿元、大商集团的 361 亿元、家乐福的 248 亿元、物美的 231 亿元，仅次于百联集团 771 亿元，成为中国第二大综合卖场。

在淘宝网商品销售额的前十名中，生活用品占据六席，IT 数码类仅占四席，依次为：服装、手机、化妆品、居家日用品、家用电器、充值卡、相机摄像机、PC 及配件、笔记本电脑、保健食品。与 2006 年相比，居民消费品明显增多。其中，服装 2006 年排名季军，2007 年压倒手机成为冠军；名次上升最快的是家用电器，从去年的第 15 名上升到第 5 名，居家日用品从第 8 名上升到第 4 名。

产品作为连接企业利益与消费者利益的桥梁，包括形态、服务、人员、地点、组织和构思等。目前，从实际情况看，不是所有的产品都可以利用网络营销这种新的经营方式。

传统的市场营销理论要求企业根据消费者的需求开发和销售产品或服务，而网络营销对企业提出了更高的要求，即其产品还必须适合利用互联网进行推广和销售。从目前国内外的情况看，在网络上销售的商品，可以分为两大类，即实体商品和虚体商品，其品种可分为普通商品、数字化商品和联机服务三种。

实体产品是指具有物理形状的产品，包括工业产品、农业产品和消费品。在网络上销售有形产品的过程与传统的购物方式不同，网络上的交互式交流成为买卖双方交流的主要形式。比较适合在网上销售的产品有：具有高技术性能或与电子计算机相关的产品、需要覆盖较大地理范围的产品、不太容易设立店面的产品、网络营销费用远远低于其他销售渠道的产品、消费者可从网上获得信息并立即作出购买决策的产品、网络群体目标市场容量较大的产品、便于配送的产品。

虚体产品（无形产品）一般没有具体的物理形态，即使表现出一定形态也是通过其他载体体现出来；同时，产品本身的性质和性能也必须通过其他方式才能表现出来。网络上的虚体产品可以分为两大类，即软件商品和在线服务。软件商品包括各种软件游戏、电子图书、电子报刊等。在线服务又可以分为信息咨询服务、互动式服务和网络预约服务。

网络营销产品通常具有两个明显的特征，即以无形的服务产品为主和以标准化商品为主。

服务产品和实体产品有着质的差异。绝大多数服务产品的生产过程与消费过程是同时进行的，且一般由消费决定生产。服务产品的交易不存在所有权的转让，即只有服务的交换过程而无物流过程。服务产品的这些特征非常适合网上交易，因为生产者无须预先备有库存，需求者却可随时从网上直接获取产品，无须实物交割和中间媒介。因此，服务产品，尤其是信息提供和数字化服务产品，已成为网络营销的主体。

标准化商品具有匀质性。所谓匀质商品，是指书籍之类的知识产品、计算机之类的高科技产品以及订票、股票之类的产品。匀质商品的特点是购买决策的作出无须经过对产品的尝试和直接观察，即商品的物理外表无关紧要，商品的内容和品牌即为其核心，如电子计算机及其周边设备、软件、视听产品和书籍等，消费者只要在网上了解了它们的品牌或内容，即可作出购买决策。

三、现代商品的整体构成

商品按其形态分为有形商品和无形商品。有形商品是以物质形态存在的核心商品体及其有形附加物。无形商品是劳动的无形产物，它不以物质状态存在，如信息、知识、技术、股票、服务等。现代商品的整体概念是有形商品和无形商品的结合，是具有广义的商品概念，也称为通用商品。随着商品经济的不断发展，客户和消费者对商品质量的要求越来越高，对商品内容的要求愈加广泛，生产者和经营者也越来越重视商品质量的全面性和完整性。理论界早就提出了现代商品的整体概念，一方面，顺应了高度发达的市场经济条件下人们对商品交换中商品内容的不断追求，以及新的视角诠释商品所涵盖的完整内容，是对商品学理论的创新；另一方面，对于商品交换关系的进步和提升商品使用价值，也有积极的影响作用。

现代商品的整体概念内容分为商品体、有形附加物和无形附加物三个层次，如图1-1所示。

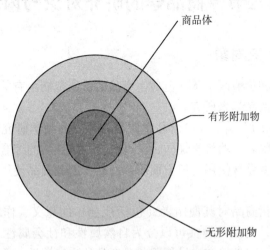

商品体

有形附加物

无形附加物

图1-1　现代商品的整体概念

1. 商品体

商品体是指商品实体由理化、力学、生化性能、形态结构等多层次要素组成的有机整体。

商品体首先是人们通过有目的、有效的劳动投入（如市场调查、规划设计、加工生产等）而创造出来的产物，通过功能来满足使用者的需要。不同的使用者要求商品具有不同的功能，而功能又是商品体在不同条件下所表现出来的某些自然属性和社会属性的总和。商品体能够具备哪些性质或功能，是由商品体的成分组成和形态结构，以及所反映的社会内涵所决定的。其中，商品体的成分组成又决定了商品体可能形成的形态结构。

因此，商品体是由多种不同层次要素构成的有机整体，是商品使用价值形成的客观物质基础。

2. 有形附加物

商品的有形附加物包括商品名称、商品包装及其装潢与标志、商标及注册标记、专利标记、质量和安全及卫生标志、环境（绿色或生态）标志、商品使用说明标签或标志、检验合格证、使用说明书、维修卡（保修单）、购货发票等。

商品的有形附加物主要是为了满足商品流通（运输、装卸、储存、销售等）需要、消费（使用）需要以及环境保护和可持续发展需要所附加的。其中，包装、商标本身也是一种商品，它们既有使用价值，又有价值。商标还会随着生产经营企业的技术进步和经营管理水平的提高而增加新的价值。

3. 无形附加物

商品的无形附加物是指人们在购买有形商品时所获得的各种服务和附加利益。

商品的无形附加物主要包括质量保证与售后服务、送货上门与免费安装调试服务、一定时期内的优惠折扣、退赔服务承诺、信息咨询等。善于开发和利用合法的商品无形附加物，不仅有利于充分满足消费者的综合需要，也为企业争取更多的消费者信赖，培养忠诚消费者打基础。

第二节　商品学的研究对象与内容

一、商品学的研究对象

商品具有使用价值和价值两个基本范畴。商品的价值范畴由有关经济类学科研究，商品的使用价值范畴主要由商品学来研究。

自从18世纪在德国的大学里开设商品学课程，开展商品学研究以来，经过了200多年的发展，商品学已成为既有自然科学性质，又有社会科学性质的综合性应用学科。商品学是研究商品的科学，而且着重从使用价值方面研究商品，因此商品使用价值及其变化规律就成为商品学的研究对象。

商品的使用价值是指商品对其使用者（包括社会）的意义、作用或效用。它是由商品具有的有用属性形成的，商品的属性可以分为自然属性和社会属性。商品作为有用途的物体，在形成使用价值时，起直接和主导作用的是商品的自然属性，主要包括商品的成分、结构、性质等；商品的社会属性是由商品的自然属性派生的，主要包括社会、经济、文化和艺术多方面的内容。商品的使用价值构成了社会财富的物质内容。同时，它又是商品交换价值的物质承担者。研究商品的使用价值，不仅要研究商品的成分、结构、性质等自然属性，也要研究商品的经济性、民族性、时尚性等社会经济属性。

商品自然属性的相对稳定性和商品社会经济属性的相对变化性，使商品使用价值成为一个动态的、综合性的概念，因此，商品学还要研究商品使用价值的变化规律，保证生产和销售的商品的品种和数量能满足消费者的需求。

例如，商品学中对酒类商品的研究主要从其原料、成分、品种、性质、质量要求、包装、保管等方面进行。

酒的主要品种有白酒、黄酒、葡萄酒、啤酒等。其中，白酒是中国特有的一种蒸馏酒，是以谷物等农产品为原料，经发酵蒸馏而成的一种高度酒。黄酒是中国特有的酿造酒。它多以谷物为原料，蒸熟后加入专门的酒曲和酒药，利用其中的多种霉菌、酵母菌、细菌等微生物的共同作用酿制而成。黄酒含有糖、氨基酸等多种成分，具有相当高的热量，是营养价值很高的低度酒，在日常生活中还作为烹饪调味料或解腥剂。啤酒是用麦芽花糖化后加入啤酒花，由酵母菌发酵酿制成的。啤酒是一种含有多种氨基酸、维生素、蛋白质和二氧化碳的营养丰富、高热量、低酒度的饮料酒，具有清凉、解渴、健胃、利尿、增进食欲等功效。

另外，酒在储藏保管过程中因各种因素的影响会发生变质、损耗现象，如挥发（俗称跑度）、渗漏、混浊、沉淀、酸败变质和变色、变味。白酒的酒精含量多，有杀菌能力，不会酸败变质，但会因其挥发性、渗透性强，易燃、易渗漏，还会因含杂醇油过多，或加浆用水硬度大，而出现混浊沉淀现象；同时，还会因包装、保管不当而出现变色、变味。黄酒、啤酒等低度酒，酒精含量少，酸类、糖分等物质含量较多，易受细菌感染。如保管温度过高，会使酒液再次发酵而混浊沉淀，酸败或者变色、变味。

因此，保管储存酒类必须针对各类酒的不同特点，因地制宜地选择清洁卫生、避光、干燥、温度适宜的仓库；要控制好保管温度；要注意清洁卫生，防止细菌感染等。从而保证酒类商品质量的稳定。

二、商品学的研究内容

商品是用来满足人和社会需要的，其有用性的大小，即满足人们需要的程度的大小，通过商品质量和品种来集中反映和衡量。

商品质量的含义包括狭义和广义两种，狭义的商品质量即自然质量，广义的商品质量即市场质量。商品的自然质量通常称为产品质量、实用质量、技术质量、客观质量和商品品质，是评价商品使用价值及与其规定标准技术条件的符合程度。它是反映商品的自然有用性和社会适应性的尺度，可概括为商品的性能、精度、寿命、美观、音响、气味、手感、安全性、艺术性、可靠性、经济性及售后服务等。它以国家标准、行业标准、地方标准或订购合同中的有关规定作为评价的最低技术依据。狭义的商品质量包括两个要素，即外观质量和内在质量。人们在评定商品质量时，通常以这两个要素为依据。商品的外观质量主要指商品的外表形态，如商品的艺术造型、形态结构、花色图案、款式规格以及气味、滋味、光泽、声响、包装等；商品的内在质量是指商品在生产过程中形成的商品体本身固有的特性，如化学性质、物理性质、机械性质、光学性质、热学性质及生物学性质等。商品的市场质量通常称为消费者最满意的质量、产品的制造质量和产品的服务质量，是指在一定条件下，评价商品体所具有的各种自然属性、经济属性、社会属性的综合及其满足消费者使用、需求的程度。它是一个动态的、发展的、变化的、相对的概念。消费者对质量的评价受时间、地点、使用条件、使用对象、用途和社会环境以及市场竞争等因素的影响。

商品品种是指按某种相同特征划分的商品群体，或者是指具有某种（或某些）共同属性和特征的商品群体。商品学研究商品品种的重点是研究商品品种发展变化的规律。通过对商品品种发展各种规律的认识，可运用不断发展的新技术开发新品种，对商品品种结构进行调整和更新，有效地配置资源，追求最大化地满足消费需求，使社会经济有序、健康发展。

商品质量和品种是商品学研究的中心内容。围绕商品质量和品种，商品学研究的具体内容还包括商品成分、结构、性质、生产工艺、功能、质量要求、检验评价、包装、储运与养护、使用和维护等（见图1-2）。商品学的研究内容还包括商品与人、商品与社会、商品与环境等内容。

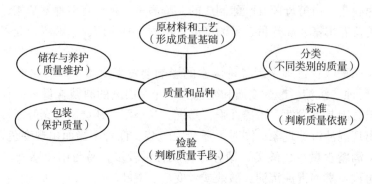

图1-2 商品学的研究内容

商品成分、结构、性能等属性是形成商品质量的基础。具体包括根据需要和优势选定的某大类商品，如食品类、纺织品类、机械类、化工品类、电子电器类的成分、结构和性能。

原材料、生产工艺及流通领域等环节是形成和影响商品质量的诸种因素。

商品分类、商品标准和标准化、商品检验等应用是管理、监督和评价商品质量的主要手段。其主要内容涉及商品分类与编码的原则、方法及应用，国际和国内商品分类与编码体系；国内外商品质量法律、法令、规章以及相关法律、法规与突破国际贸易技术壁垒的对策；商品的标准化与计量技术；商品的质量控制技术；商品质量管理组织与质量管理体系的策划、建立、运行、审核及改进；商品（服务）的宏观质量管理与质量监督；商品的抽样技术与质量检测技术；商品（服务）质量认证的基础、方式、标志。

商品包装、运输、仓储、养护的理论和方法是维护商品质量的理论和技术措施。其具体内容涉及商品包装的质量要求、环保要求与检测技术；商品储运质量管理与商品的养护技术。

商品开发、商品信息等是促进商品使用价值实现的有效手段。其内容涉及商品质量信息的分类、收集、处理与预测。

商品销售与售后服务、商品法令法规等是与商品自然属性相关的社会因素。

商品学是一门研究商品使用价值的科学，质量是其核心内容，从质量管理学方面的国际权威关于质量的定义到 ISO 9000—2000 中对质量的新定义，都充分体现了质量内涵随着社会发展的不断变化。商品学的研究对象也从最初的商品知识介绍扩充为围绕商品—人—环境系统，从技术、经济、管理、社会等方面研究流通、消费、消费后商品及包装废弃物处理等方面的商品质量要求、标准合理性、检验技术、储运中质量变化与保持、政府和社会宏观质量管理与监督、消费者权益保护、商品环境管理等问题的一门自然科学、技术科学与经济管理科学和人文社会科学相融合的交叉型应用学科，化学、物理学及微生物学的成果为商品学所采用并在商品学的体系下有机融合。

☞ **相关链接 1-2**

我国物流业发展的五大趋势
随着经济对外进一步开放和对内进一步搞活，国内外流通领域都将会进一步活跃和繁荣，物流需求将更加旺盛。有关政府官员及专家预测，近年内中国物流业将呈现五大趋势：一是发展环境更加宽松；二是国际巨头加速进入中国市场；三是第三方物流进入快车道；四是整顿物流业不会妨碍仓储业；五是物流标准战略规划将出台。 （资料来源：中国工业报）

第三节　商品学研究的任务与方法

一、商品学研究的作用

商品学研究目的是为了促进商品生产的发展，促进企业经营管理水平的提高，保护消费者的利益。这具体表现为：做好商品信息反馈，促进商品生产发展；恰当评价商品质量，保护消费者利益；准确了解消费需求，组织适销对路的商品；科学进行包装和储运，保护商品质量；科学进行商品分类，利于经营管理现代化；正确指导消费，充分发挥商品的作用。

例如，随着科学技术的发展和人民生活水平的提高，居民对住房的需求已从生存型转变为舒适型，健康已成为百姓家居的第一要素，家庭装修环保问题成为社会各界普遍关注的话题。

2003 年 12 月—2004 年 2 月，北京市消费者协会组织开展了《北京市家庭装修环境污染情况调查》。本次调查采取为消费者家庭装修免费检测的方法进行，检测项目主要是室内空气中对人体伤害比较大的甲醛、苯、甲苯、二甲苯等有害物质。同时，对于污染严重的消费者家庭，提供免费治理方案和采取治理措施。检测主要按 GB 50325—2001《民用建筑工程室内环境污染控制规范》和 GB/T 18883—2002《室内空气质量标准》进行，得出室内空气中甲醛和苯系物以及住宅周围大气环境中的有机挥发物质等分析数据 2 360 个。围绕室内装修对室内环境是否造成污染、装修后的室内环境受污染程度、室内环境污染的主要物质和成分、造成室内环境污染物质的主要来源和预防、治理室内环境污染的有效办法五项课题进行研究并得出初步结论。从调查结果看，室内空气质量优良率为 71.0%，其中甲醛指标合格率为85%，苯指标合格率为73.4%。

为此，北京市消费者协会提醒广大消费者：建立环保家装理念，提倡健康、科学、适度的装修；买建材或家具不要图便宜，尽量到正规的市场或超市去购买，选购贴有安全健康认证标志的产品，让经营者在发票上写明产品名称、有害物质限量、等级等内容，在使用材料时尽量留一些小块样品；选择好的装修公司；签订家装合同时最好加上居室的空气质量条款；装修后不要急于入住，应打开门窗通风一段时间，加快有害物质的释放，缩短释放周期；入住前最好请通过国家计量认证、具有室内空气质量检测资格的室内环境检测单位，对室内环境进行检测，只有当检测结果低于国家室内环境标准时，才可放心入住。

北京市消费者协会建议有关部门加强对室内环境污染问题的整治和管理；加快立法，加强管理；尽快出台空气净化产品效果评价标准；加强装修材料流通环节的控制。

北京市消费者协会建议生产和装修企业加强内部管理；加强建材生产环节污染的控制；正确引导消费者，提高诚信服务水平；建立科学的管理体系。

二、商品学研究的任务

商品学是阐明商品质量形成、评价、实现、维护及再生等内外因素及规律，解决与商品质量密切相关的问题，使商品使用价值充分实现，满足消费者的需求，最大限度维护消费者权益，并为政府和企业提供商品从规划开发、生产、流通、消费直至废弃处理全过程实行科学管理和决策服务的一门应用科学。

（一）在商品的设计开发环节，指导商品使用价值的形成

通过对市场的调查预测，结合商品资源和商品的需求研究等手段，为相关部门提供信息，为实施商品结构调整，商品科学分类，商品的进出口管理与质量监督管理，商品的环境管理，制定商品标准及政策法规、商品发展规划提供决策的科学依据；同时，也为企业提供评价商品基本质量要求标准，指导商品质量改进和新产品开发，促进企业产品适销对路，满足市场需求，提高企业的经营管理素质。

（二）在商品的生产环节，评价商品使用价值的高低

商品质量是决定商品使用价值的基本因素，是决定商品竞争力、销路、价格的基本条件。通过对商品使用价值的分析和综合，明确商品的质量指标、检验和识别方法，能够全面准确地评价、鉴定商品的质量，杜绝伪劣产品流入市场，保证商品质量符合规定的标准或合同，维护正常的市场竞争秩序，保护买卖双方的合法权益，切实维护国家和消费者的利益，创造公平、平等的商品交换环境。

（三）在商品的流通环节，防止商品使用价值的降低和监督商品使用价值的效用

通过分析和研究影响商品质量的内外因素，采用适宜的商品包装、储运和养护技术，保证商品质量，努力降低商品损耗。

（四）在商品的交换环节，促进商品使用价值的实现

通过消费者教育，大力普及商品和消费知识，使消费者在充分了解商品的基础上，学会科学地选购和使用商品，掌握正确的消费方式和方法，促进商品使用价值的实现。

（五）在商品的消费使用环节，研究商品使用价值的使用和废弃处理

通过对商品废弃物与包装废弃物处置、回收和再生政策、法规、运行机制、低成本加工技术等问题的研究，推动资源节约、再生和生活废弃物减量，保护环境，实现可持续发展。

三、商品学的研究方法

研究方法是指为了获取关于研究对象的知识，为了建立与发展科学理论应该遵循的程序，以及采用的途径、手段、工具方式等。研究方法对学科发展具有十分重要的意义。

从研究内容看，商品学是一门文理结合、多学科交叉的边缘学科；从研究对象看，商品学又是一门为技术经济管理服务的应用学科。商品学既要应用自然科学——技术学的研究方法，又要应用社会科学——经济学的研究方法。自然科学的研究方法包括实验、推理、归纳、演绎、数学、计算机技术等；社会科学的研究方法包括调查、分析、统计、比较、系统论、信息论等。商品学常用的研究方法有以下几个方面。

（一）科学实验法

科学实验法是指在实验室内运用一定的测试仪器和设备，对商品的成分、结构和性能等进行理论分析鉴定的研究方法。

例如，人们发现臭氧虽然与氧气是由同种元素组成的物质，但性质却大不相同。臭氧比氧气重，有特殊气味。在雷雨时，闪电使一些氧气转变为臭氧，大气中存在低浓度的臭氧，使雷雨后的空气格外清新。臭氧有极强的除臭、杀菌、防霉效能。生活中碰到的不愉快气味，如含硫化合物的臭鸡蛋味、醛类化合物的刺激性气味、胺类化合物的血腥味等，与臭氧发生反应后的最终产物都没有异味、没有毒性，不存在二次污染的可能。基于这种发现，提出了开发电冰箱电子灭菌除臭器的创意。通过定性实验，人们可以解决利用臭氧能否杀菌除臭的问题。同时，对设计的电子线路能产生多大的臭氧浓度；针对不同的消毒物品，应提供多大的臭氧浓度；平均杀灭菌率是多少；能在多长时间内杀灭电冰箱中危害人类的细菌和病毒等问题，借助定量实验，深入了解事物和现象的性质，揭示各因素之间的数量关系，确定某些因素的数值，为产品的研制开发提供科学的依据。

（二）现场实验法

现场实验法是通过一些商品专家或有代表性的消费者群体，借助人体的感官直觉，对构成商品质量有关方面作出评价的研究方法。

例如在新兴的移动应用中，手机支付是深受用户欢迎的项目。ACNielson 调研公司 2006 年在中国上海进行的调查显示，八成以上的消费者希望将公交卡、银行卡集成到手机上。诺基亚公司于 2006 年 4 月推出了全球第一款近距离通信（NFC）手机——诺基亚 3220，并在美国、德国和马来西亚成功完成 NFC 手机支付的商业试验。

2006 年诺基亚携手福建移动通信有限责任公司厦门分公司、厦门易通卡公司、飞利浦公司共同宣布在厦门启动中国首个 NFC 手机支付现场试验，即通过手机支付部分日常生活服务，方便市民出行购物，这一技术在日本已经十分成熟。

此次试验由招募的 100 名志愿者率先使用具备 NFC 功能的诺基亚 3220 手机，实现在厦门市任何一个厦门易通卡覆盖的公交汽车、轮渡、餐厅、电影院、便利店等营业网点的手机支付，亲身体验 NFC 技术带来移动支付的便捷。用户只要刷一下手中的诺基亚 3220 手机，便可轻松实现各种易通卡交易。

除了普通的易通卡功能外，手机支付的优越性还体现在用户可以通过手机屏幕读取易通卡余额并查询最近九笔历史交易记录。另外，用户还可以浏览一个内建的 WAP 站点，查询可以接受易通卡的商户范围以及消费者感兴趣的商品信息。

（三）技术指标分析法

技术指标分析法是在科学实验的基础上，对一系列同类商品，根据国内或国际生产水平，确定质量技术标准，供生产者、销售者、消费者和相关部门共同鉴定商品质量的方法。

例如，进出口商品残损鉴定是中国出入境检验检疫（CIQ）检验鉴定业务中一项重要工作。所出具的残损鉴定证书为有关方面办理索赔、理赔、交接、结算、通关等提供了可靠的依据。

按《中华人民共和国进出口商品检验法》（以下简称《商检法》）的规定，必须经商检机构检验的进口商品的残损鉴定属于法检，收货人或其代理人应当向商检机构申请办理。而非法检的进口商品，如发现质量不合格或残损短缺，需要由商检机构出证索赔的，收货人应当向商检机构申请检验出证。

商品残损的种类主要包括渍损（水渍、油渍、化学品渍、污渍）、残破、霉烂、变质、变形、短缺、锈损、火损（货物自燃或外因引起火灾）、气味感染、其他因素造成的残损（虫蛀、鼠咬、掺杂、温度影响等）。

进行残损鉴定的依据是：《商检法》及其实施条例，《海运进口商品残损鉴定办法》，相关国际惯例，贸易合同、租船契约，相关商品的检验标准，国家标准及行业标准等。

残损鉴定的常用方法有感官鉴定法、衡器计重法、测量计算法、物理测试法、化学分析法及生物试验法等。

残损鉴定涉及的工作项目包括舱口检视（了解情况，查舱，明确致损原因，判定责任归属）、载损鉴定（除完成舱口检视外，还要查货）、监视卸载（除完成载损鉴定外，还要监督卸货）、海损鉴定（了解情况，查舱，查资料，查货，对全船货物按提单分清好坏，对残损部分要分清单独海损和共同海损）、集装箱拆箱鉴定（外观检查，封识鉴定，查箱内货物，货物残损鉴定）、验残（查资料，验货，条件允许应进行登轮、赴现场查勘或向有关部门了解情况）。

（四）社会调查法

社会调查法主要借助现场调查、填写调查表、直接面谈、定点统计等方法和手段，搜集、整理和分析商品相关信息，为商品的研制、生产和开拓市场等提供有价值的信息，有效增强生产和消费之间的双向沟通，充分发挥商品的使用价值功效。

☞ **相关链接 1-3**

SK-II 出现质量问题对中国市场的影响

世界顶级化妆品品牌 SK-II 的 12 种产品被检出含有禁用物质铬和钕之后，在社会上已引起强烈反响。尽管宝洁中国目前已将 SK-II 产品暂时撤出中国市场，但消费者仍未平息对 SK-II 及 SK-II 代言明星的抱怨，甚至已影响了其他世界品牌在中国消费者心目中的地位。为进一步了解这一事件对其他世界品牌化妆品在中国市场上的影响，中国社会调查所（SSIC）对北京、上海、广州、武汉、成都、大连六个城市近千名公众进行了电话问卷调查。

调查显示，当问及"您是否听说SK-II因被检出含有禁用物质铬和钕而退出了中国市场"时，48%的公众表示都听说过，并且其中有9%的人表示自有关报道一开始就一直关注此事的发展动向；也有42%的人表示没听说过。数据显示，中国消费者对SK-II被检出含有禁用物质铬和钕而退出中国市场的事件非常关注，同时也反映出中国消费者非常注重自己的消费权益。

当问及"当您听说SK-II被检出含有禁用物质铬和钕的事件时有什么感觉"时，76.4%的被访者表示对SK-II这一国际品牌出现如此质量问题感到非常惊讶；65%的被访者表示由此事联想到诸如SK-II这样的其他国际品牌是否也存在质量问题；63.3%的被访者表示由此事已经让他开始怀疑所谓的国外顶级品牌是否真的顶级；68%的被访者表示我国有关部门应该对进口产品进行严格检验，不能让不合格产品或不良产品流入中国市场。由此可见，SK-II事件已经引起了中国消费者对国外名牌产品的怀疑。

当问及"当您听说SK-II已经退出了中国市场您有什么想法"时，46%的被访者反映SK-II退出中国市场不再对中国受害消费者进行退款和赔偿的行为已经严重损害了中国消费者的利益，同时也毁掉了SK-II在中国消费者心目中的品牌形象；67%的被访者表示为保护中国消费者的利益国家有关部门应该严格检验进口产品，将不合格的产品驱出国门；23%的被访者感叹还是国内产品有保障，即使出了质量问题售后服务也好而且不会撤出中国市场。调查结果表明，中国消费者已经开始从崇尚国外品牌转向国内品牌。

从调查的结果可以看出，通过SK-II出现质量问题而退出中国市场这一事件，中国消费者已经开始否定国外品牌至高无上的概念。

（资料来源：中国社会调查所）

（五）对比分析法

对比分析法是将不同时期、不同地区、不同国家的商品资料搜集积累，通过比较分析，找出提高商品质量、增加花色品种、拓展商品功能新途径的一种分析方法。通过对比分析，有利于生产部门不断改进产品质量，实现产品的升级换代；有利于流通部门有效组织货源，充分满足生产需要。

☞ 相关链接1-4

中日两国苹果产业国际竞争力的比较分析

苹果是中国和日本重要的水果品种，无论是种植面积还是产量，在本国水果生产中都占有很高的份额。在农产品贸易自由化的今天，鼓励本国有竞争优势的农产品出口是各国参与国际竞争的有效方式，而鼓励苹果出口则成为中日两国的共同选择。研究和比较两国苹果产业的国际竞争力状况，对发展两国苹果贸易和苹果产业的合作具有重要意义。

一、国际竞争实力的比较分析

1. 成本

生产者价格是在农户门口或第一次交易地点由农民出售自己产品时决定的价格，因此该价格从理论上讲比较接近成本，所以本文在比较中日两国苹果生产成本时，运用生产者价格进行分析。以 2002 年为例，日本苹果的生产者价格折合成人民币为 12 333 元，是中国苹果生产者价格 964 元的 12.8 倍，说明在这方面中国具有绝对的竞争优势。

2. 价格

从中日两国苹果的出口价格数据中我们可以看到，日本苹果的出口价格远远高于中国苹果的出口价格。1994—2003 年这 10 年里，日本苹果历年出口价格平均为中国苹果出口价格的 8 倍，有些年份达到 12 倍以上，说明中国苹果出口相对于日本来说具有极强的价格竞争力。

3. 质量与安全

从苹果的品质来看，中国苹果果实外观质量差，果实整齐度差，果个偏小，果面缺陷多，果形不端正，果面有色差，而且果实风味淡。而日本生产的苹果色泽鲜艳，芳香浓郁，而且没有缺陷；单果重在 250～300 克，每箱装 64～80 个，一个理想的苹果要足够一家人餐后分食。一般统计表明，我国优质果率约在 30%，达到出口标准的高档果率不足 5%；而日本的优质果率高达 70%，可供出口的高档果率也在 50% 左右。

判断一国农产品质量安全状况，可以看该国的农产品质量和安全标准体系是否完善。日本非常重视农产品的质量安全工作，目前共发布了日本农林标准（JAS）409 个，同时还制定了农产品检查法、饲料安全法和肥料管理法等法令。

日本对生产特定农产品的生产环境都规定了一定的标准，对农产品的生产全过程也有一系列标准和规范，还有严格的产品质量和安全标准体系。而中国由于长期处于短缺经济状态，一味追求数量型增长，顾不上质量标准，农业标准化工作长期被忽视。直到 1996 年，农业标准化工作才逐步展开，与日本相比还存在很大差距。

4. 生产技术

日本的苹果生产技术在世界上是非常先进的，主要体现在以下几个方面：①果品生产优质化；②品种选育国际化；③苗木生产专业化；④果品分级、包装、储藏技术现代化。

中国的苹果生产技术近些年虽然有了一定的提高，但与日本相比还存在一定差距，主要表现在：①果园管理技术水平低，平均单产低；②良种苗木繁育体系不健全；③采后环节薄弱。

5. 营销状况

在日本，果品销售是由社区性的农民合作组织——农协负责的，园场主只要把果品交给农协，销后再结算，价格有据可查，农协按比例收取手续费，因此果农只管种不管销。我国苹果生产基本以家庭为单位，规模小，缺乏组织性。从生产到销售市场各环节关联性差，"小生产与大市场"的矛盾突出，很难实现产、运、储、销一体化，削弱了终端产品的竞争力。龙头企业规模小、数量少，市场竞争力不足，没有与果农形成合作共同体。另外，企业品牌意识不强，没有形成具有国际市场竞争力的品牌，无法立足国际市场。

二、结论

从以上的比较分析中可以看出，从出口业绩上看，中国苹果产业的国际竞争力要比日本高一些，但两国在国际竞争实力上各有千秋。中国的竞争优势主要体现在成本和价格方面，而日本在产品质量、生产技术、营销手段等方面更具竞争力。可见，中国苹果要想打入日本市场，或在国际市场上与日本苹果相竞争，必须在产品质量上下工夫，并且要创立自己的品牌。只有这样，中国苹果在价格方面的优势才能真正发挥作用。

（资料来源：中国商品网）

本 章 小 结

本章阐述了商品的概念、商品学的研究对象与内容。

商品是能提供给市场以满足需要和欲望的任何物品。商品既包括生产资料商品和生活资料商品等实物商品，也包括科学技术、文化艺术和信息等无形商品。实物商品的整体一般是由商品体、有形附加物和无形附加物三部分构成的。

商品学是研究商品的科学，而且着重从商品的使用价值方面研究商品，因此商品使用价值及其变化规律就成为商品学研究对象。

商品是用来满足人和社会需要的，其有用性的大小，即满足人们需要的程度的大小，通过商品质量和品种来集中反映和衡量。商品质量和品种是商品学研究的中心内容。

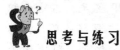

思考与练习

一、名词解释

便利品　选购品　商品体　有形附加物　无形附加物

二、判断题

1. 现代商品的整体概念就是在商品实体的基础上增加了包装。（　　　）
2. 商品学的研究对象就是商品价值，即该商品能卖多少钱。（　　　）
3. 商品学研究的中心内容是商品质量。（　　　）
4. 商品的价格是商品本身固有的特性。（　　　）

三、问答题

1. 什么是现代商品的整体概念？其构成如何？
2. 商品学的研究对象是什么？用实例说明。
3. 简述商品学的研究内容。

四、案例分析

2007年三季度浙江省商品交易市场运行情况分析

三季度，全省商品交易市场货源充足，交易旺盛。全省4 058家商品交易市场总成交额达2 287.35亿元，比去年同期增长17%。其中，消费品市场成交额达1 225.56亿元，生产资料市场成交额达1 051.46亿元，分别比去年同期增长13.67%和13.43%。主要特点如下。

1. 各类市场交易活跃，继续保持良好发展态势

（1）工业消费品市场需求趋旺。三季度，全省工业消费品市场成交额为641.62亿元，同比增长17.93%。其中，义乌中国小商品城和绍兴中国轻纺城成交额分别为75.01亿元和69.18亿元。服装、鞋帽类市场由于受国家宏观调控和欧美对中国服装、纺织品出口限制的影响，总成交额为124.14亿元，同比下降22.5%。家用电器、电子产品、日用品市场受季节消费和节假期消费拉动交易火暴，成交额分别达46.08亿元和66.81亿元，同比分别增长56.38%和26.73%。

（2）农副产品市场整体价格趋于稳定。三季度，全省农副产品交易市场总成交额达459.3亿元，与去年同期相比增长16.32%，其中粮食类、水产类、蔬菜类产品受价格上涨影响，成交额分别达到58.43亿元、138.64亿元和95.46亿元，同比增长28.59%、21.02%和8.12%。

（3）生产资料市场成交情况涨跌互现。三季度，我省生产资料市场整体上继续保持良好发展势头，工业生产资料市场、农业生产资料市场成交总额分别为1 038.44亿元和3.87亿元，同比分别增长18.58%和19.81%。钢材、煤炭、液体化工原料等生产资料市场，由于受国际原油、黄金、铜等大宗商品市场的影响，价格继续保持上扬趋势，成交额放大。但塑料及相关产品受上游原料价格上涨影响，加上出口退税政策和交易规则的调整，市场成交量减少。

2. 市场建设和改造提升步伐加大，成效明显

（1）专业市场绍兴中国轻纺城联合市场已正式通过工商部门核准登记，成为中国轻纺城新的增长点。濮院羊毛衫交易中心也顺利竣工，改造项目总投资1.29亿元，占地面积2.09万平方米，建筑面积达7.62万平方米。崇福皮毛市场适时推出市场二区扩建项目，总投资额3 000万元，占地面积1.91万平方米，市场三季度成交额1.05亿元，同比增长16.67%。余姚大型农副产品交易市场一期工程已完工。余姚裘皮城总投资约3.2亿元、占地5.3公顷、建筑面积10万平方米的改造提升项目，历时两年多已基本建成，成为宁波市最大的裘皮服装专业交易市场。

（2）农贸市场改造成效喜人。截至9月20日，杭州市列入改造提升的77家农贸市场已有9家正式营业，其余68家市场全部按三星级以上标准建设，预计也将在年底前完成。8月份，温州市在工商部门的牵头下城区70个农贸市场改造全面启动，计划今年完成改造20%。台州玉环中心农贸市场和黄岩区埭西综合市场，按照规范化、标准化进行提升改造，彻底改变了市场设施简陋、环境卫生差的状况，成为全市和全区农村与县城标准化示范市场。今年黄岩区共有17家农贸市场列入标准化建设，其中11家农村市场已全面启动，预计总投资达3 050万元。湖州市投资2.55亿元、建筑面积达4.5万平方米的长兴中心农贸市场工程也已近结顶。该市场共四层，设置摊位417个、独立商铺153间、活禽房500平方米以

及地下停车场和农产品自产自销交易区，有效带动了湖州市农贸市场改造的整体质量和水平。

3. 会展、旅游购物日趋成熟，成为拉动市场发展的强劲动力

9月中旬，2007年海宁家纺博览会在海宁中国家纺装饰城开幕。9月下旬，永康中国五金城第十二届博览会场馆规模再创新高，产品创新亮点纷呈，共设八大展区，展出面积2万多平方米，展位2638个，参会洽谈贸易27.5万人次，网上五金博览会访问量48.2万人次，洽谈科技项目402项，达成合作意向104项，达成交易额68.7亿元，比上一届增长16.8%。同时，义乌中国小商品城、海宁中国皮革城等一批龙头市场积极推进旅游购物业的发展，三季度分别接待游客98.8万人次和8万多人次。

（资料来源：浙江省工商行政管理局办公室）

问题：

1. 通过案例说明商品市场的发展状况。

2. 结合案例和本章的主要内容说明学习商品知识的重要性。

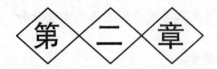

第二章

商品质量与质量管理

- 商品质量与质量观念
- 商品质量的基本要求
- 影响商品质量的因素
- 商品质量管理

导入语

商品质量的狭义和广义之分。狭义的商品质量是指产品与其规定的标准技术条件的符合程度，它以国家法规或国际条约、商品标准或贸易双方在合同中的约定作为最低的技术条件，是商品质量合格的依据。广义的商品质量是指商品适合其用途所需的各种特性的综合及满足消费者需求的程度，是生产商品质量的反映。质量观是指企业在商品和服务的质量标准意义等方面所持有的观点和态度。人们对商品质量的认识和理解是随着社会生产和经济发展而变化的，目前我国仍处在传统商品质量观与现代商品质量观共存的时期。

商品质量基本要求是根据其用途、使用方法以及消费者的期望和社会需求来确定的，一般根据商品的用途分为食品、纺织品和日用工业品三大类，再分别提出在质量方面的基本要求。商品质量是商品生产、流通和消费全过程中诸多因素共同影响的产物，而在这一过程中，人是控制着全过程的关键因素。

商品质量管理包括微观质量管理和宏观质量管理两个方面。微观质量管理是企业对所有生产经营商品的市场调研、设计和开发、生产、检验、包装、储运、销售、售后服务及用后处理的全程质量管理。宏观质量管理是指政府对商品质量的管理和调控，其管理对象是整个国家或地区，或者整个行业商品质量的规划、形成和实现的全过程，如商品质量的认证、标准化管理、质量监督、消费者保护、商品质量法规制定和实施。

本章学习目标：

- 充分认识商品质量的重要性；
- 了解并掌握食品、纺织品、日用工业品的质量要求；
- 在分析影响商品质量因素基础上做好商品质量管理工作。

第一节 商品质量与质量观念

一、商品质量

（一）质量

1. 质量的概念

ISO 9000—2000 和 GB/T 19000—2000《质量管理体系基础和术语》中对质量定义是"一组固有特性满足要求的程度"。

定义中并没有将质量限定于产品或服务，而是泛指一切可单独描述和研究的事物。它可以是活动或过程，可以是产品，也可以是组织、体系或人，以及上述各项的任何组合。因此，质量概念既可以用来描述产品和活动，也可以用来对过程、人员甚至组织进行描述。这个概念突出反映了质量概念的广泛包容性。

定义中的"要求"既可以是明确表述出来的，如商务活动中买卖双方通过契约所作的约定，也可以是隐含的、不言而喻的，如人们对绝大多数消费品的需要并特别明示出来。为了更好地满足这种隐含的需要，今后要求在产品说明书中尽可能地对之加以明确和定义。

定义中的"特性"是指事物可以区分的特征。固有特性是指事物本来就有的能长期具有的本质特征。质量特性包括功能性、准时性、可靠性和安全性等。正是由于事物具有各种特性才使它能够满足顾客以及其他利益相关方面的要求。

2. 质量特性

质量是对顾客需要的反映，而顾客需要的表述常常是感性的、模糊的，为了使满足顾客需要的质量得以实现，就必须将顾客的需要用清晰的、理性的、技术的或工程的语言表述出来，这就是质量特性。在 ISO 9000 标准中，质量特性的定义是：产品、过程或体系与要求有关的固有特性。

☞ **相关链接2-1**

质量特性的类型			
质量特性的类型及含义		实例	质量特性
技术或理化方面	构成产品对所有用户的"适用性"，可以用理化检测仪器精确测定，对质量进行更加客观的判断	机械零件	刚性、弹性、耐磨性等
		汽车	速度、牵引力、耗油量、废气排放量等
		手表	防水、防震、防磁等
心理方面	构成产品对每一具体用户的"适用性"，难以用准确的技术指标来加以衡量	服装	花色、款式、时尚等
		食品	色、香、味、形等
		汽车	颜色、车型、内饰等
时间方面	同"产品使用寿命"相联系	耐用品	可靠性、可维修性、精度保持性等
安全方面	同"是否能对顾客造成伤害和事故"相联系	家用电器	漏电、静电
		汽车	安全气囊、防盗报警等配置
社会方面	同"是否能对社会整体利益造成损失"相联系	洗涤用品	生物降解能力等
		汽车	噪声、废气排放量等

根据一定的准则，将顾客对商品或服务的需要转化为特性，这些特性就称为质量特性。如工业产品特性主要有性能、可靠性、维修性和保障性、安全性、适应性、时间性和经济性；而服务产品质量的特性有功能性、安全性、时间性、舒适性、文明性和经济性。由于质量特性是人为变换的结果，因此，所得到的或确定的质量特性实质上是相对于顾客需要的一种代用特性。这种变换的准确与否直接影响顾客的需要能否得到满足。变换越准确，顾客的需要越能得到准确的反映，就越能够实现顾客的满意。

（二）商品质量

1. 狭义的商品质量

狭义的商品质量即产品质量，习惯上称商品品质，是指产品与其规定标准技术条件的符合程度。它以国家标准、行业标准、地方标准、企业标准或订购合同中的有关约定作为最低技术条件，如加工精度、操作性能、使用寿命、安全可靠和外观要求等。

2. 广义的商品质量

广义的商品质量是指商品实体满足规定和潜在需要能力的特性之总和。广义商品质量不仅要反映满足用户需要的性能、可靠性、可维修性等指标，又要反映兼顾供需双方利益的经济要求、追求物美价廉基础上的适宜质量，同时还要反映维护社会利益的安全性、环境保护、节能减排等要求。因此，质量要求的规定要同时考虑供应、需求及社会三方面的利益和要求。

总之，商品质量包括狭义的商品质量和广义的商品质量。狭义的商品质量是指产品与其规定的标准技术条件的符合程度，以国家法规或国际条约、商品标准或贸易双方在合同中的有关约定作为最低的技术条件，是商品质量合格的依据。广义的商品质量是指商品适用其用途所需的各种特性的综合及满足消费者需求的程度，是生产商品质量的反映。

二、商品质量观念

质量观是指企业在商品和服务的质量标准意义等方面所持有的观点和态度。人们对商品质量的认识和理解是随着社会生产和经济发展而变化的。人们对商品质量好坏的评价却是主观的，它取决于人们选取的衡量质量优劣的水平基准。

（一）传统的商品质量观

在商品生产尚不发达、商品供不应求的社会经济条件下，物质需要占据主导地位，商品质量观主要强调内在质量。商品生产者和政府的首要任务是尽可能满足社会总需要，而在质量方面下的工夫远不如在产值产量上下的工夫大。因此，商品生产者没有市场竞争的压力，只需使商品符合较落后的技术标准即可；同时，又可以不讲成本、无原则地提高原材料质量等级或零部件精度，以迎合消费者结实耐用的要求。这种质量观适应了当时社会经济的需要，但不利于商品经济的进一步发展，也不利于商品质量的改进和人民生活质量的提高。

（二）现代的商品质量观

随着科学技术的进步、生产技术和经济的发达，促使商品交换逐渐从卖方市场转变为买方市场，供不应求转化为供大于求，市场竞争日益激烈。人们不再仅仅满足于基本的物质需要，开始追求更高层次的精神需要的满足，追求与人们根本利益相一致的社会需要的满足。现代的商品质量观不在只考虑商品的物质性内在质量和个体性质量，并且越来越注重商品的审美性（心理性）、外观质量和社会性质量。商品的内在质量包括商品的实用特征（如化学特性、电学特性、光学特性、热学特性、力学特性、声学特性、生物学特性等)、寿命、可靠性、安全性与卫生性等。商品的外观质量包括商品的外观构型、质地、颜色、气味、表面疵点、手感、主包装等。商品的社会性质量是指商品从生产、流通直到消费及废弃阶段，满足全社会利益所必需的特性，如不污染自然环境、节约有限的能源或其他资源等。

因此，商品质量观经历了内在质量观、外在质量观、经济质量观、社会质量观、市场质量观等过程。商品的内在质量即商品的实用性能（如化学性能、物理性能、生物性能等）、寿命、安全卫生性等。商品的外在质量指商品的外观构型、质地、色彩、气味、手感、表面疵点和包装等。经济质量指以尽可能低的价格获得尽可能优良的性能，并在消费中付出尽可能低的使用和维护成本，即物美与价廉的统一程度。社会质量指商品满足全社会利益的程度，如是否违反社会公德、是否造成环境污染、资源是否浪费等。市场质量强调的是主动适应市场、适应消费者的程度。

三、商品质量构成要素

商品质量的构成要素，可形象地用质量球来表示。球的中心部位即核心，代表质量意识或质量观念。次外层表示质量软件，如质量控制、质量标准、法规、管理规范、质量管理、情报信息、安全标志、商标服务和品牌等。最外层代表的是商品的成分、结构、性能、包装等质量硬件。以上三个部分构成了商品质量要素。

1. 在形成环节上，商品质量由设计质量、制造质量和市场质量构成

设计质量是指在生产过程之前的设计阶段，对商品品种、质地、规格、造型、花色、包装装潢等方面要求的质量因素；制造质量是指在生产过程中所形成的符合设计要求的质量因素；市场质量是指在流通过程中，对在生产环节中已形成的质量的维护保证与附加的质量因素。

2. 在表现形式上，商品质量由内在质量、外观质量和附加质量构成

商品内在质量是指通过测试、实验手段而能反映出来的特性或性质，如商品的物理性质、化学性质和机械性质等；外观质量是指商品的外形以及通过感觉器官而能直接感受的特性，如色泽、气味及规格等；附加质量主要是商品信誉、销售服务等方面的所要求的。

3. 在有机组成上，商品质量由自然质量、社会质量和经济质量构成

自然质量是商品自然属性给商品带来的质量因素，是构成商品质量的基础；社会质量是商品的社会属性所要求的质量因素，是商品质量满足社会需要的具体体现；经济质量是商品消费时所考虑的质量因素，反映人们对商品质量经济方面的要求。

阅读材料 2-1

为贯彻《中华人民共和国国民经济和社会发展"九五"计划和 2010 年远景目标纲要》，提高我国产品质量、工程质量和服务质量的总体水平，指导质量工作，特制定《质量振兴纲要（1996—2010 年）》。

质量振兴的主要目标是：经过 5～15 年的努力，从根本上提高我国主要产业的整体素质和企业的质量管理水平，使我国的产品质量、工程质量和服务质量跃上一个新台阶。重点

要在以下几个方面取得成效。

——到 2000 年，主要产业的整体素质有明显提高，并初步形成若干个具有国际竞争能力的重点产业及一批大型企业和企业集团。到 2010 年，主要产业的整体素质基本适应国际经济竞争的需要。

——到 2000 年，主要工业产品有 75% 以上按国际标准或国外先进标准组织生产，达到国际先进水平的优等品率有明显提高，产品售后服务有明显改善；国家重点产品可比性跟踪监督抽查的合格率达到 90% 以上；出口产品的出厂合格率达到 100%；主要产业的产品质量和服务水平基本达到国家标准。到 2010 年，主要工业产品有 80% 以上按国际标准或国外先进标准组织生产，达到国际先进水平的优等品率有较大幅度提高，形成规范化的售后服务网络；国家重点产品可比性跟踪监督抽查的合格率稳定在 95% 以上；形成一批具有国际竞争能力的名牌产品；主要产业的产品质量和服务水平接近或达到国际先进水平。据此，要突出抓好原材料、基础元器件、重大装备、消费品等四类重点产品的质量。

——到 2000 年，主要消费类产品的质量、安全和卫生指标全部达到国家强制性标准，主要耐用消费品的技术质量指标和整机可靠性接近或达到发达国家的平均水平。到 2010 年，主要消费类产品的质量、安全和卫生指标达到国际标准，主要耐用消费品的技术质量指标和整机可靠性接近或达到国际先进水平，并形成一批具有较强国际竞争能力的名牌产品。

四、商品质量的重要性

20 世纪末美国著名的管理专家朱兰博士在美国的一次国际会议上，作了告别全世界的企业界和管理界的主题发言。他在这篇发言中说："将要过去的 20 世纪是生产率的世纪，将要到来的 21 世纪是质量的世纪。"所谓"将要过去的 20 世纪是生产率的世纪"，是就整个世纪而言、就全球而言的，此期间大家关注的问题是产量、产值和生产效率，是属于粗放型的。所谓"将要到来 21 世纪是质量的世纪"，就是说在 21 世纪大家关注的是质量，因为市场的本质就是竞争，竞争的核心就是质量，没有质量也就没有市场，这是属于集约型的。从粗放型转变到集约型，意味着从重视产量到重视质量。

"十一五"规划中涉及了经济发展质量、增长质量、产品质量、对外贸易质量、利用外资质量、高等教育质量、环境质量、生活质量八大类质量。经济发展质量和增长质量目前已成为全社会普遍关心的问题。

（一）加强产品质量工作，对振兴我国经济具有非常重要的意义

目前，我国经济已进入一个新的发展阶段，主要商品已由卖方市场转为买方市场，面临经济结构调整的关键时期，质量工作正是主攻方向。提高产品质量，既是满足市场需求、扩大出口、提高经济运行质量和效益的关键，也是实现跨世纪宏伟目标、增强综合国力和国际竞争力的必然要求。没有质量就没有效益。放任假冒伪劣，国家就没有希望。改革开放以来，特别是近年来，我国质量管理工作有所加强，产品质量的总体水平有了较大提高，部分产品质量已达到或接近国际先进水平。但是，目前我国产品质量的状况与经济发展要求和国际先进水平相比，仍有比较大的差距，许多产品档次低、质量差、抽查合格率较低，假冒伪劣产品屡禁不止，优难胜、劣不汰相当普遍，影响经济健康发展和人民生活质

量的提高。

（二）质量是治国之本，关系党和政府在人民群众心中的威望

1992 年 9 月 2 日在北京举行的"迎接 21 世纪挑战——中国质量战略高层研讨会"明确提出，应该把产品质量问题作为一个战略问题抓好，应该把"质量第一"确立为我国的基本国策之一。应当质量立国，质量将名副其实地直接决定企业的生死存亡，直接决定民族工业的生死存亡。

对党和国家来说，产品质量高低不仅关系到经济效益，还关系到社会效益。社会主义的生产目的是为了不断满足人民日益增长的物质文化生活需要。这种需要不仅表现在所提供产品的数量上，而且还表现在产品的质量上。只有不断以质量高、数量足而且又适销对路的产品供应社会，才能实现社会主义生产的目的。此外，质量低劣的产品不仅不能给企业和国家带来经济效益，而且会造成社会资源的浪费，既不利于国民经济的健康发展，也不利于我国产品在国际市场的竞争。

因此，要不断完善政府的经济调节、市场监管、社会管理和公共服务的职能，加大立法力度，建立完善的商品质量法律体系；进一步加强流通领域商品质量监管工作，确保广大消费者购物质量和消费安全，维护良好的市场经济秩序；在开展流通领域商品质量监管工作中，要坚持依法行政，不能超越法律法规所赋予的权限。同时，要体现与时俱进的精神，从实际出发，在不违反法律法规的前提下，处理好监管工作中的具体问题；倡导和推行商品质量准入制度，推进监管工作关口前移；完善监管机制，切实保障各项制度落实到实处。

质量管理作为一种科学的管理理论和途径，已成为当前建立精干、高效的服务型政府的有力工具。政府转变职能，建立服务型政府，需要提高服务质量水平，开展质量管理是必由之路。为了建设社会主义市场经济，发挥政府职能作用，必须提高政府决策质量、政策执行质量和监控质量，建立精干高效的政府机构，提高政府运作效率。

（三）商品质量是决定企业竞争能力的重要因素

商品的品质是指商品的内在素质和外在形态的综合。前者包括商品的物理性能、机械性能、化学成分和生物特性等自然属性，后者包括商品的外形、色泽、款式或者透明度等。品质的优劣直接影响商品的使用价值和价值，是决定商品使用效能和影响商品价格的重要因素。在当前国际竞争空前激烈的条件下，许多国家都把提高商品的品质、力争以质取胜作为非价格竞争的一个主要组成部分，质量是加强对外竞销的重要手段之一。因此，在出口贸易中，不断改进和提高出口商品的质量，不仅可以增强出口竞争能力，扩大销路，提高销价，为国家和企业创造更多的外汇收入，还可以提高出口商品在国际市场的声誉，并反映出口国的科学技术和经济发展水平。在进口贸易中，严格控制进口商品质量关，使进口商品适应国内生产建设、科学研究和居民消费的需要，是维护国家和人民利益，并确保提高企业经济效益的重要问题。

（四）提高人民实际生活水平的一条途径

生活水平是指社会提供给广大居民用于生活消费的商品数量和质量的状况，主要反映居民在物质需求方面的满足程度。提高人民生活水平与质量和扩大社会就业、增加居民收入、完善社会保障、扩大城乡居民消费密切相关。

随着经济发展，不断增加城乡居民收入，不断拓宽消费领域、优化消费结构，满足人们多样化的物质文化需求。

为了更好地满足人们需要，提高人们的实际生活水平，应提高经济效益，创造出更多适应市场需要的商品和劳务；大力发展商品市场，引导消费、扩大消费，提高人民群众的消费水平；重视对市场的监督管理，加强工商、质检、物价等部门的协调合作，做好司法部门和行政执法部门的衔接，建立稳定的工作机制；建立重要敏感商品的市场准入制度，严厉打击假冒伪劣产品，切实保护消费者合法权益。

第二节　商品质量的基本要求

商品质量基本要求是根据商品用途、使用方法以及消费者的期望和社会需求来确定的。商品的种类很多，各有不同的特点和用途，其质量的基本要求也各不相同。同一类商品，在不同时期的要求也是不同的，会随着生产力的发展和人民生活水平的提高而不断改变。因此，人们对商品质量的要求也经常在变化着、提高着。

由于商品种类繁多，又在成分、结构和性能方面有所不同，可根据商品的用途按吃、穿、用分为食物、纺织品和日用工业品三大类，再分别提出在质量方面的基本要求。

一、食品商品质量的基本要求

食品是人类生活必需品，其质量高低直接关系着人民的生活和健康。对食品类商品的质量要求包括以下几个方面。

（一）具有一定的营养价值

食品的营养价值通过营养成分、可消化率和发热量来实现。

1. 食品的营养成分

食品的营养成分有糖类、蛋白质、脂肪、矿物质、维生素和水分等，各种营养成分的营养功能大致可归纳为：供给人们热量，促进机体生长发育，调节代谢。如糖类是人体热量的主要来源，蛋白质是生长肌肉的主要物质，维生素是调节和维持人体正常生理功能所必需的物质。因食品的种类不同，其所含营养成分种类和数量也有所差别，它们对人体的营养功能也不同。

2. 可消化率

可消化率是指食品在食用后，人体所能消化吸收的程度（或百分率）。这对于食品营养价值的最终实现是非常重要的。食品中所含的营养成分，除了水、无机盐和某些维生素等能够直接被人体吸收外，蛋白质、脂肪、多糖类等必须在消化道内进行分解，将结构复杂的大分子物质变成结构简单的小分子物质，才能够被人体吸收利用。食品中还有一部分物质成分，如植物性食品中的粗纤维、不溶性果胶、木质素等，是人体不能消化也不能吸收的，但它们对肠壁有刺激作用，能引起肠壁收缩蠕动，促进消化液分泌，有利于食物的消化。从可吸收利用程度来说，动物性食品的营养价值高于植物性食品。

3. 发热量

发热量指食品中的营养成分（指碳水化合物、蛋白质和脂肪）经人体消化吸收后产生的热能。如1克碳水化合物产生16千焦的热量，而1克脂肪能产生39千焦的热量。热量是人体运动的能量来源，人体对食品的需要量通常是采用三种产热营养成分的发热量来计算的。一般来说，营养成分含量和可消化率高，产热量大，营养价值就高。但也不完全如此，如粮食加工精度高，营养成分损失大了，但可消化率却提高了。因此，食品中营养成分的种类和数量，只能从功能上表明食品营养价值的高低，而生理上营养价值的高低却要取决于人体对各种营养成分的消化吸收程度。

（二）食品的色、香、味、形

食品的色泽、香气、滋味和外观形态，不仅是评定食品的新鲜程度、成熟度、加工精度、品质特点的重要指标，也反映食品的质量变化情况，并且直接影响人们对食品的消化和吸收的程度。这一结论的理论依据是俄国生物学家巴甫洛夫的"条件反射"理论。他把食用前食品的色、香、味、形引起人的消化液分泌的现象称为"反射相"分泌，把食品接触到消化器官后所引起的消化液分泌称为"化学相"分泌，两者结合起来，就能产生旺盛的食欲，从而使食品中各种营养成分得到充分的消化吸收。所以，食品的色、香、味、形对提高食品营养成分的消化吸收具有重要作用。如我国白酒的感官质量指标就包括色泽（指颜色和透明度）、香气和滋味。

 阅读材料2-2

白酒质量的感官鉴定

根据白酒的感官质量指标可对我国五种香型的白酒进行色泽、香气和滋味审评。

1. 白酒的色泽

白酒的色泽应无色、透明、无悬浮物和沉淀；发酵期较长的白酒往往带有轻微的浅黄色，这是许可的，如茅台酒。但一般白酒都要求无色。

2. 白酒的香气

白酒的香气可分溢香、喷香和留香三方面。当鼻腔靠近酒杯口，白酒中的芳香物质就溢散于杯口附近，很容易使人闻到其香气，叫溢香，也叫闻香。当酒液进入口腔后，香气即充满口腔，叫喷香。留香是指酒液咽下后，口中还余留的香气。一般白酒都应有一定的溢香，优质酒和名酒不仅要求有明显的溢香，而且还要求有较好的喷香和留香。白酒不应有各种异味，如焦煳味、腐臭味、泥味、糟味、糠味等。

鉴别香气时还要求区别其香型是否典型。我国的白酒根据国家标准可分为五种香型。

（1）酱香型，也称茅香型。我国酱香型白酒的种类不多，典型代表为茅台酒。其风味特点是：酱香突出，幽雅细致，酒体醇厚，回味悠长。其主体香气成分是酱香部分的酒。这部分的香气成分比较复杂，目前尚不完全清楚。但专家认为，除了存在醇类的各种衍生物外，还含有很多微量的呋喃类和吡喃类的衍生物等。酱香型白酒还略带焦香，但不能过头。装过酒的空杯仍留有香气是酱香型白酒的特点。

（2）浓香型，也称为窖香型。浓香型白酒在我国白酒中占的比重最大，典型代表为泸州老窖特曲。其风味特点是：绵柔甘洌，香气协调，尾净余长，可概括为香、甜、浓、净四个字。浓香型白酒可以稍带一点酱香，但不过头。浓香型白酒的香气主体成分是乙酸乙酯和适量的丁酸乙酯。浓香型白酒适合广大国内消费者的爱好。

（3）清香型，也称汾香型。汾香型白酒的典型代表为山西杏花村产的汾酒。其风味特点是：清香醇正，口味协调，微甜绵长，余味爽净。其主体香气成分是乙酸乙酯和乳酸乙酯，二者相互搭配协调。我国北方消费者也比较喜爱清香型白酒。

（4）米香型。米香型白酒的代表是桂林产的三花酒。其风味特点是：蜜香清雅醇正，入口绵柔，落口甘冽，回味怡畅。小曲酒多属于米香型，有时还带有令人愉快的曲药香。其主体香气成分以乳酸乙酯为主，乙酸乙酯稍低，除了酯类外，异戊醇和异丁醇的含量要高于其他香型白酒。

（5）其他香型，也称为兼香型、混合香型。其他香型白酒是指那些具有两种香型以上混合香气的白酒，为一酒多香风味。凡不属于上述四种香型的白酒多属于此类。代表酒如董酒、白云边（清香带酱香）酒等。

除上述五种香型外，还有豉香型、凤香型和芝麻香型等。芝麻香型白酒具有芝麻香气，如景芝白干酒。

3. 白酒的滋味

白酒的滋味要求醇正，无强烈的刺激性（烧灼喉舌），各味应协调。白酒的滋味与香气有密切的联系，香气较好的白酒，其滋味也较好。优质酒和名酒还要求滋味醇厚，味长，甘冽，回甜，入口有愉快舒适的感觉。

（三）食品的卫生性和无毒性

食品的卫生性和无毒性，是指食品中不应含有或不能含有超过许可限量的有害物质和微生物等。这是食品类商品的一个极为重要的质量要求。食品卫生关系到人体的健康和生命安全，某些有害物质的危害，甚至可以通过母体作用于胚胎或致突变作用而影响到子孙后代。

食品中的有害物质大体有两类：一类是有毒物质，主要包括一些金属毒物以及其他无机化合物和有机化合物、放射性元素等，如汞、镉、铅、砷、亚硝酸类、多环芳烃类、酚、有机磷、放射锶及一些目前尚不清楚的有毒物质等；另一类是病原微生物，包括病原微生物细菌及细菌毒素、霉菌及霉菌毒素、寄生虫及其虫卵和一些昆虫等。这些有毒有害物质在食品中都不得超过卫生标准所规定的限量。

食品中有毒有害物质和微生物的主要来源有以下三方面。

（1）少数食品本身含有的有害成分。有些天然食品中，本身就存在各种有害物质和寄生虫。例如，河豚鱼的肝、血、卵等含有河豚毒素；苦杏仁、木薯块根中含有氰甙类毒素；死后的鳝鱼、鳖、河蟹的体内含有组胺毒素等。

（2）生产加工过程中造成食品的卫生质量不符合要求。食品生产加工过程由于环节多，污染的可能性大，这就要求整个生产过程应处在良好的运行状态，即从制定合理的工艺流程着手，根据不同食品的特点，建立严格的生产工艺和卫生管理制度，避免食品在加工过程中受到污染。食品加工过程中的污染主要有热解产物、苯并〔α〕芘、亚硝胺、铅、砷，以及微生物、病毒等生物性污染。例如，食品在烟熏、烧烤等制作过程中产生的苯并〔α〕芘；食品加工中使用不洁的容器和各种添加剂；农作物生长时使用的有毒农药，造成果实、粮食中的农药残留等。

（3）流通过程中，食品商品可能由于储存、运输、销售、养护不善，受到污染或发生变质，而影响其卫生质量。例如，某仓库进行修建，涂刷氯丁橡胶沥青防水胶，几天后就储存鲜鸡蛋，结果造成鲜蛋吸附污染，食用时有较强的苯味。所以，商品的储存、运输等也是影响食品卫生质量的重要环节，必须严格卫生管理，保证商品卫生质量不受影响。

以上是对食品商品质量的基本要求。但是，由于食品种类繁多，食用目的也不相同，因此，对于食品质量要求的这几个方面，还需要根据不同种类的食品，有所侧重。例如，对于绝大部分食品来说，营养价值是评定食品质量的最基本指标；对于多数加工制品来说，有毒物质和有害微生物的数量往往是鉴定的重点；对于评定某些味觉食品的质量，如烟、酒、茶、糖果、调味品等，色、香、味、形的要求更为重要。

二、纺织品商品质量的基本要求

纺织品是人们日常穿着的生活必需品，并对生活起着美化装饰作用。对纺织品的质量要求也是根据其用途来确定的。纺织品的主要用途是制作服饰，满足人们穿戴的需求，因此，对纺织品自然质量的基本要求是：服用性、耐用性、卫生安全性、经济性和审美性。

（一）服用性

纺织品的服用性是指其穿用所必须具有的性能，包括纺织品的抗起毛、起球性，纺织品的缩水率，纺织品的舒适性，纺织品的刚挺度和悬垂性以及纺织品舒适性等。

1. 纺织品的抗起毛、起球性

在各种纺织品中，合成纤维较易起球，天然纤维和黏胶纤维虽易起毛、起球，但在穿用中会很快脱落。这是因为合成纤维间的抱合力小、纤维强度高，而天然纤维强度低的缘故。起毛、起球严重影响外观质量，是消费者投诉较多的热点问题之一，所以纺织品要求抗起毛、起球性要好。

2. 纺织品的缩水率

纺织品经水洗后可能引起缩水。纺织品缩水后，通常会引起面积减少，厚度增大。纺织品缩水还可能造成成衣变形，影响使用和外观。故各种纺织品缩水率的大小是消费者最关心的问题之一，也是影响纺织品质量的重要因素。通常在纺织品的标准中，对不同品种的纺织品明确规定其许可的缩水范围。如真丝防皱纺织品，其缩水率不得超过 5%。

3. 纺织品的刚挺度和悬垂性

纺织品的刚挺度直接影响纺织品的风格和手感，不同品种的纺织品对其刚挺度的要求不同。悬垂性好的纺织品，制成服装后很贴体，而且均匀下垂，形成小圆弧折裥，使衣服产生美观的线条。不同用途的纺织品要求悬垂性大小不同。纺织品的悬垂性与刚挺度相反，反映的是纺织品的柔软性。

4. 纺织品的舒适性

舒适性指人体着装后，纺织品具有满足人体要求并排除任何不舒适因素的性能。纺织品的舒适性表现在触觉舒适性、热湿舒适性和运动舒适性三方面。触觉舒适性主要反映在纺织品和皮肤接触时的粗糙感、瘙痒感、温暖感或阴凉感等触觉感受上。试验研究表明，纺织品与皮肤接触的粗糙感是由纤维的刚挺效应造成的，化纤纺丝过程中纤维黏结的硬头丝或珠子丝等疵点在内衣上会产生显著的瘙痒感。不同纺织品与皮肤接触时的温暖感或阴凉感，主要决定于织品面料的表面结构：光滑纺织品具有凉爽感，起毛拉绒纺织品具有温暖感。热湿舒适性是指由于人体自身调节热平衡的能力有限，故需要通过穿着适当的服装来进行调节，使衣服内层空间形成舒适的小气候。服装的热湿舒适性是由服装面料的保温性、透气性、透湿性以及服装式样与组合等因素决定的。运动舒适性是指由于人体运动的多方向、多角度和大弯曲性，要求纺织品有一定的延伸性，能自由地依顺人体活动。不同种类的织品要求延伸性不同，如西装的延伸性要求为15%~25%；内衣、运动装等延伸性要求较高，为35%左右。

（二）耐用性

耐用性是指纺织品在穿用和洗涤过程中的抗外界各种破坏因素作用的能力。它决定衣物的使用寿命，包括断裂强度与断裂伸长率、撕裂强度、耐磨强度、耐日光性、耐热性、染色牢度、耐霉蛀性等。因此，纺织品的耐用性实质是织品质量的集合要求。

（三）卫生安全性

纺织品的卫生安全性是指纺织品保证人体健康和人身安全所应具备的性质，主要包括纺织品的卫生无害性、阻燃性等几个方面的内容。

1. 卫生无害性

应该说，纺织纤维本身，无论是天然纤维还是化学纤维都没有发现对人体皮肤有明显的刺激作用。但面料在加工和染色过程中要使用多种化学物质，如染料、防缩剂、防皱性、柔软剂、增白剂等，这些物质如残留在衣料表面，就可能造成对皮肤的刺激，特别是对某些过敏性人群，化学刺激可能会导致皮肤障碍。另外，纺织品还必须具有一定的透气性，它直接影响纺织品的卫生属性。例如，我国出口的丝绸被退回，主要原因是面料上游离甲醛超标。

2. 阻燃性

多数纺织材料在一定条件下都能燃烧。从天然纤维来看，棉、麻比较容易燃烧，羊毛的阻燃性相对较高。从化学纤维来说，丙纶、腈纶较易燃烧，涤纶的阻燃性稍高。目前，国内外由于衣着商品引起的火灾伤亡事件不断增加，各国都重视纺织品和服装的阻燃性能标准的制定，有的还结合法律强制执行。因此，纺织品服装、尤其是婴儿和老年人服装必须具有阻燃性。提高纺织品和服装阻燃性的有效方法是纤维的阻燃改性和制品的阻燃整理。

（四）经济性

经济性是指合理的纺织品寿命周期费用。纺织品寿命周期费用包括开发研制过程、生产制作过程、流通使用过程以及用后处置所需费用的总和。产品寿命周期费用是设计者、生产者、销售者、消费者费用的总和。经济性并非单对哪一方面而言，而是各方面的利益所在。从各方面都受益的角度看，费用决不能过高。不计成本的高质量，只能是空中楼阁，既抑制消费，也阻碍生产。

（五）审美性

审美性（美观艺术性）要求纺织品和服装能满足消费者审美需要，达到一种精神与物质的综汇、技术与艺术的结合。所以，随着时代的发展，审美性成为吸引广大消费者购买的首选特性。审美性是一种整体美，主要包括内在美和外在美。内在美是指织品蕴涵的文化内涵；外在美是指织品呈现的外观、风格、色泽、装饰、图案等所体现的技术艺术性；外观包括平整、光滑、纹路以及无疵点等。

（六）绿色环保性

绿色环保性是指纺织品在印染和后期处理过程中要按绿色纺织品的标准处理。近年来，世界各国尤其是欧美等发达国家陆续制定出台了相关的环保法规和绿色纺织品标准，对进口的纺织品在PH值、染色牢度、甲醛残留、致癌染料、有害重金属、特殊气味等方面都有较为严格的限定；我国也于2000年出台并实施了《生态纺织品》标准。同时，绿色环保性不仅要求纺织品本身对人体无毒无害无刺激，而且从原料到生产环节以及所排出的废物、废水、废气都应按要求进行处理，对环境没有污染。

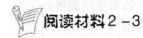 阅读材料 2-3

生态纺织品标准

欧盟是生态纺织品的摇篮，生态纺织品标准更是欧盟构筑技术壁垒的有效工具。纺织品生态问题已从最早以禁用染料为代表的指标体系发展到基于整个生产、消费过程的环境管理。欧盟以指令的形式发布相应的标准。随着加工技术的进步，与之相关的生态标准修订与补充十分频繁，标准也越来越严格，生态纺织品标准是发展最快的标准。欧盟各成员国依据各自国家的技术水平，制定出不低于欧盟生态标准的各自标准，主要内容如下。

（1）禁止规定。可以分解为致癌芳香胺或致癌的偶氮染料、其他致癌染料、会引起人体过敏的醋酸纤维染料、染色中使用的有机氯载体、防火处理及抗微生物处理助剂。

（2）限量规定。重金属、杀虫剂、pH 值、甲醛、防腐剂均应符合要求。

（3）色牢度等级。

（4）主要评价指标，包括可降解性、重金属指标、有机氯含量、生物毒性等。

欧盟各国制定的生态纺织品标准代表了不同的水平和消费、环境理念，更是对消费者在生态问题上的有效保证，满足相应标准的纺织品通常能够获得对应的纺织品环境标志。

三、日用工业品商品质量的基本要求

日用工业品商品的范围包括硅酸盐制品（玻璃、搪瓷和陶瓷制品）、日用金属制品、洗涤用品和化妆品、塑料制品、皮革和皮革制品、纸张和家用电器等。用途极其广泛，不仅能满足人们某种使用上的需要，而且还起着美化生活的作用。对日用工业品的质量基本要求是适用性、耐用性、安全卫生性和低公害性、外观与结构合理性。

（一）适用性

适用性是指日用工业品满足其主要用途所必须具备的性能。它是构成这类商品使用价值的基本条件。例如保温瓶必须具备保温性能，电视机必须要有满足收看和收听的清晰图像和伴音。即使同一类产品，由于品种不同，用途也不尽相同。

（二）耐用性

耐用性是指工业品在使用时抵抗外界因素对其破坏的性能。它反映工业品耐用的程度和一定的使用年限。如家用电器的耐用性可用使用寿命、可靠性、可修复性、一次开箱合格率和返修率等指标来衡量。工业品不同于食品，一般来说使用寿命较长，如果不耐用，使用寿命缩短，使用价值下降，会使用户受到经济上的损失。例如，皮革制品、纸张等，常用强度和耐磨耗损指标来鉴定耐用性能；某些家用电器则多直接测定其使用寿命来反映耐用性能。提高商品的耐用性能就延长了商品的使用期限。因此，耐用性是衡量商品使用价值的标志之一，也是评价绝大多数工业品商品质量的重要依据。

（三）安全卫生性

日用工业品在流通、使用过程中必须保障经营者和消费者的安全。安全性是衡量家用电器类商品质量的重要指标。例如，微波炉、电烤箱、洗衣机、热水器等家用电器，必须有良好的绝缘性能和防护设备，以保证安全使用。同时，在使用过程中不得产生有害人体健康、生命财产安全的伤害事故，也不得产生污染环境的情况。卫生性是衡量化妆品、塑料制品、洗涤制品等商品质量的重要指标。例如，牙膏、香脂等，其中的香精、色素等添加剂必须符合国家有关卫生安全标准的规定；用于制造日用品的塑料，如聚氯乙烯制品，因其组成中含有一定毒性的增塑剂和稳定剂，不宜用作食品的包装材料。

目前，塑料品种日益增多，同一类塑料往往可以制成多种多样的产品，而对同一制品，往往又可用各种塑料来制造。这样，对于商业工作者来说，仅了解各种塑料制品的性能、养护特点是不够的，还必须能够鉴别它们是由哪种塑料制成、其卫生安全性如何等，这对指导消费无疑是有益的。

（四）低公害性

低公害性又称环境价值，是指商品在流通、消费、废弃或回收等环节，应不造成允许限度以上的环境恶化和污染。对商品低公害性的要求，应有相应具体的规定，不符合低公害要求的商品，无论其使用价值多大，也要限制使用。如政府提倡使用布袋代替包装塑料袋，以减少对环境的"白色污染"。当前，生态环境日趋恶化，环境保护应得到高度重视，日用工业品的低公害性也就成为商品质量的重要的基本要求了。

（五）外观与结构的合理性

日用工业品的外观包括两方面的内容，一方面是指商品的外观疵点、缺陷等；另一方面是指商品表面的修饰、色彩、款式、花纹、图案和造型等外观艺术性。日用工业品的外观疵点、缺陷等不仅严重破坏了商品的美观，而且有些疵点、缺陷直接影响这种商品的适用性或耐用性，有些商品的外观疵点、缺陷还反映了商品变质的情况。对那些起美化装饰作用的日用工业品，它们的造型、式样、花纹、色彩等艺术要求更具有特殊的意义。实际工作中，往往由于商品的造型、式样不够新颖，外观不够美观，花纹图案不恰当，即使它们的适用性和耐用性都很好，也不会受到消费者的欢迎，结果造成商品的滞销和积压。

日用工业品的结构主要是指其形状、大小和部件装配等。对所有的日用工业品都要求具有合理的结构。结构不合理会影响商品的外观、适用性和耐用性。例如纺织品的组织结构不匀，会影响成品的外观和机械性能。商品结构不合理，主要由于产品设计不正确，或由于生产过程中其他因素造成的。在商品的流通、销售、保管、储运中由于各种因素的影响，也有可能使商品结构变形。另外，商品的结构还与商品的时代性、地域性要求有一定关系，所以工业品要求结构合理。因此，在研究日用工业品质量时，对其结构和外观进行全面的分析是十分重要的。

第三节　影响商品质量的因素

商品质量是商品生产、流通和消费全过程中诸多因素共同影响的产物，而在这一过程中，人是控制全过程的关键因素。为了能够对商品质量实施控制并得到预想的商品质量，就要分析和掌握这些影响商品质量的因素。

影响商品质量的因素主要可概括成以下几个方面。

一、人的因素

在影响商品质量的诸多因素中，人的因素是最基本、最重要的因素，其他因素都要通过人的因素才能起作用。生产和经营符合一定质量要求的商品，通常都要经过许多道工作程序，如市场调研、开发设计、原材料和零配件采购、工艺准备、生产设备运转维护及更新改造、生产过程控制、检验规范和检验设备控制、不合格品处置、储存和运输、安装和包装、售后服务等，它们无一不是在人的控制下完成的。人的因素包括人的质量意识、责任感、事业心、文化修养、技术水平和质量管理水平等。其中，人的质量意识、技术水平和质量管理水平对商品质量的影响更为重要。

（一）质量意识

质量意识是决定商品质量的关键因素。质量意识既是商品质量、服务质量和工作质量等在人的大脑中的反映，又是人的思想意识和专业素质的具体体现。人的任何自觉的行动都是在一定的思想意识支配下进行的，没有思想意识的支配就不会有任何自觉的行动。企业的领导和员工只有具有强烈的"质量第一"的思想意识，才会有高度的责任感与事业心，才能充分发挥个人和集体的智力和能力，充分发挥其他质量因素的作用，有效地实施总体和各项质量控制，千方百计地排除工作上的各种障碍，持之以恒地、不断地改进和提高商品质量。改革开放以来，我国商品质量已经有了明显的提高，但从总体来看，商品质量问题依然严重。问题的原因是多方面的，如企业管理不善、技术和设备落后、质量监控不力、经济指标的片面性、质量法规不配套等。然而稍加分析就可以发现，这些原因都是由质量意识薄弱这一根本原因派生出来的。产生质量意识薄弱的原因也是多方面的，既有历史原因，也有现实原因；既有主观原因，也有客观原因。质量意识薄弱是我国长期形成的一种社会现象，具有长期性、普遍性和复杂性，所以增强质量意识必然是一项长期、艰巨和复杂的工作。

1. 增强质量意识

首先要大力开展质量教育，通过质量教育解决什么是质量、为什么要提高质量和怎么提高等基本问题，要使企业员工尤其是主要领导真正重视和关心质量，把"质量第一"的思想提高到企业生存和发展的战略高度去认识，并且在实际工作中自觉贯彻执行。

2. 要推行严格的质量责任制

把企业员工的工资、奖金、晋级、福利等都与质量好坏挂钩，只有真正做到奖优罚劣和奖罚分明，才能促进企业员工质量意识的增强。

3. 要加强精神文明建设和质量法制建设

质量意识属于思想范畴，涉及人的职业道德、思想品质、精神风貌和知识修养等精神因素，所以开展精神文明建设，发扬爱国主义、对工作精益求精和对人民极端负责的精神，是增强质量意识的重要环节。此外，加强质量法制建设也是增强质量意识必不可少的环节。

（二）技术水平和质量管理水平

企业员工的技术水平（专业知识和技能）和质量管理水平（质量管理知识、方法和组织能力）是保证和提高商品质量的必要前提。否则，即使有了新材料、新设备、新技术等，也仍然生产不出优质商品。进行反复的、经常性的质量教育是提高企业员工技术水平和质量管理水平的好办法。质量教育应该把对领导干部的重点教育、对技术和管理人员的系统教育以及对工人的普及教育有机地结合起来。

 小 思 考

在日常生活中，哪些产品质量问题是由人的质量意识淡薄、责任感不强造成的？

二、生产过程中影响商品质量的因素

（一）市场调研

市场调研是商品开发设计的基础。在开发设计商品之前，首先，要充分研究商品的消费需求，以满足消费需求为商品质量的出发点和归宿；其次，要对影响消费需求的诸多因素进行研究，以保证商品的开发设计具有前瞻性；最后，必须收集、分析及比较国内外、同行业不同生产者的商品质量、品种信息，通过市场预测确定商品的质量等级、品种规格、数量和价格，以确保适应目标市场的需要。

通过市场调研，能了解分析提供市场信息，避免企业在制定营销策略时发生错误；可以帮助营销决策者了解当前营销策略以及营销活动的得失，作出适当建议；提供正确的市场信息，可以了解市场可能的变化趋势以及消费者潜在购买动机和需求，有助于营销者识别最有利可图的市场机会，为企业提供发展新契机；有助于了解当前相关行业的发展状况和技术经验，为改进企业的经营活动提供信息；市场调研在新产品开发中发挥着重要作用，通过市场调研可以了解和掌握消费者的消费趋向、新的要求、消费偏好的变化等。

（二）开发设计

设计是指为使产品和服务满足某方面的需要而进行的确定和解决问题的过程。或者说，设计是指根据某一目的要求，预先制订方案的过程。

产品设计是指从明确产品设计任务起，至确定产品整体结构的一系列工作过程。其主要包括确定产品的结构、成分、特征、规格，产品加工制造时所需的材料和外购配件，产品应达到的技术经济指标及使用方法。

产品设计是进行工艺准备、物质准备、试制和鉴定等工作的依据与基础。其程序分为技术调查、工艺研究、原型机（研制的样机）设计、原型机制造、原型机试验、试制机设计、试制机制造、试制机试验、生产设计九个阶段。

设计过程的质量管理是指根据产品设计的质量职能开展的质量管理活动。其任务是保证设计工作质量、组织协调各阶段质量职能、以最短时间最少消耗完成设计任务。其内容包括掌握市场调研结果，进行产品设计的总体构思；确定产品设计的具体质量目标；开展新技术的先行试验研究；明确产品设计的工作程序；进行早期故障分析；组织设计质量评审；根据质量水平确定目标成本；搞好产品试验验证；进行小批试制和产品鉴定；进行质量特性的重要性分级；加强设计过程的质量信息管理；加强设计文件管理。

设计质量使产品具有技术上的先进性和经济上的合理性，在设计中要积极采用新技术、新工艺和新材料，从而提高产品质量的档次；在工艺设计方面，使加工制造方便、降低制造成本、提高经济效益。

（三）原材料质量

原材料是商品生产过程中所使用的原料、材料和辅助物的总称。不同的原材料导致商品

的性能、质量等方面的差异，原材料是决定质量的重要因素。

（四）生产工艺和设备

生产工艺主要指产品在加工制造过程中的配方、操作规程、设备条件以及技术水平等。生产工艺的制定和设备的加工性能，影响商品的内在质量与外观质量的形成和固定。同样的原材料会因工艺的不同而产生不同品质的商品，也会因设备加工精度的不同而产生不同等级的商品。通过生产工艺的改进和设备的更新，能不断提高商品质量的水平。

（五）检验与包装

商品检验是保证商品质量的重要措施。通过对商品质量形成和实现过程中的每道环节的检验，使不合格的原材料和零部件不能进入生产线，不合格的半成品不能继续进入下一流程，不合格的成品不能出厂进入流通和消费环节。

包装质量是商品质量的重要部分，商品包装能有效防止和减少外界因素对商品的影响，同时能宣传商品、美化商品，提高商品的外观质量，促进商品的销售。

三、流通过程中影响商品质量的因素

（一）运输装卸

商品在运输和装卸过程中，由于外界的自然气候、一些物理机械作用及商品变质等化学作用的影响，降低了商品的效能。运输和装卸对商品质量的影响主要与运输的路线、时间、方式以及运输和装卸的工具等因素有关。

（二）储存条件

商品储存中商品自身的物理性质、化学性质是商品质量发生变化的内在因素，储存环境中的条件，如温度、湿度、日光、氧气、微生物等因素是商品储存期间发生质量变化的外在因素。因此，对储存场所的选择及对储存场所中的商品质量有效管理，可以将内在因素、外在因素对商品质量的不良影响降低到最低限度。

（三）销售服务

销售过程的服务主要包括商品的进货验收、入库短期存放、商品陈列、提货搬运、装配调试、包装服务、送货服务、技术咨询、维修和退换服务等。这些服务质量的高低都会对消者购买的商品质量产生影响。良好的售前、售中、售后服务质量已逐渐被消费者视为商品质量的重要组成部分。

四、使用过程中影响商品质量的因素

（一）使用范围和条件

商品都有其一定的使用范围和条件，使用中只有遵守其使用范围和条件，才能发挥正常的功能。

（二）使用方法和维护保养

为了保证商品质量和延长商品使用寿命，使用中消费者应在了解该种商品结构、性能特点的基础上，掌握正确的使用方法，具备一定的日常维护保养商品的知识。

（三）废弃处理

随着环境保护的日益重要，商品在使用过程中还应尽量减少和避免对环境的污染，使用完毕后，应及时进行回收或处理，逐步限制和严格禁止可能产生公害的商品生产，努力寻找无害的替代商品，以保护人类的生存环境。

五、改善商品质量的对策

（一）商品生产质量管理

商品生产阶段是质量形成的主要阶段，商品生产质量管理的主要内容如下。

（1）生产管理机构和管理制度方面，有完整的生产管理体系和指挥调度管理制度；建立从原辅料入库到成品出库各生产阶段的生产管理制度。

（2）生产设备方面，建立设备管理及保养制度，生产设备能够满足产品技术质量要求。

（3）工艺设备方面，生产过程中，主要工序的加工工艺装备齐全、准备完好。

（4）检测方面，检测手段齐全，建立计量管理制度，检测器具完好和准确。

（二）商品流通质量管理

商品流通质量管理主要是商业经营各环节中的商品质量管理。流通过程的质量管理涉及的环节如下。

（1）市场调研环节，包括消费者需求调查，确定经营商品的质量要求、经营特色、经营管理费用等。

（2）采购环节，包括建立商品进货管理制度、编制采购计划、选择合格的货源单位并签订商品质量合同、建立商品验收检验制度和检验机构、培训检验人员、对经销商品进行分类管理等。

（3）运输环节，包括制定科学的运输计划、选择合理的运输路线、确定适宜的运输条件和运输工具、建立商品交接验收制度等。

（4）储存环节，包括制定商品储存计划、建立商品出入库验收制度和仓库管理制度、选择适宜的储存条件和科学的储存养护方法、认真管理仓库温湿度、做好商品的在库检查、及时发现和处理商品质量问题、加快商品出库速度、提高经济效益等。

（5）销售环节，包括编制商品的销售计划、制定合格营业员的条件、确定适宜的销售环境、规定销售过程及质量要求、提高服务质量等。

（6）售后服务环节，包括制定和实行三包规定、送货上门、免费安装调试、开展质量咨询服务和质量信息反馈等。

（三）商品使用质量管理

商品使用质量管理是商品质量管理的最后环节，其目的是指导消费。通过售后服务，积极开展技术服务、技术咨询，最大限度地实现商品使用价值。

第四节　商品质量管理

一、商品质量管理概念

人类历史自有商品生产以来，就开始了以商品的成品检验为主的质量管理方法。根据历史文献记载，我国早在2400多年以前，就已有了青铜兵器的质量检验制度。随着社会生产力的发展、科学技术和社会文明的进步，质量的含义不断丰富和扩展，从开始的实物产品质量发展为产品或服务满足规定和潜在需要的特征和特性的总和，再发展到今天的实体，即可以单独描述和研究的事物（如某项活动或过程，某个产品，某个组织、体系或人及其任何组合）的质量。

（一）质量管理的发展阶段

质量管理是指在质量方面指挥和控制组织与质量有关的彼此协调的活动。指挥和控制组织与质量有关的活动通常包括质量方针和质量目标的建立、质量策划、质量控制、质量保证和质量改进。

质量管理经历了传统质量管理阶段、统计质量管理阶段、全面质量管理阶段和综合质量管理阶段。

1. 传统质量管理阶段

传统质量管理阶段从开始出现质量管理一直到 19 世纪末资本主义大工厂逐步取代分散经营的家庭手工作坊为止。这一时期受小生产经营方式或手工作坊式生产经营方式的影响，产品质量主要依靠工人的实际操作经验，靠手摸、眼看等感官估计和简单的度量衡器测量而定。工人既是操作者又是质量检验者、质量管理者，且经验就是"标准"。质量标准的实施是靠"师傅带徒弟"的方式口授手教进行的，因此，有人又称之为"操作者的质量管理"。

资产阶级工业革命成功之后，机器工业生产取代了手工作坊式生产，劳动者集中到工厂内共同进行批量生产劳动，于是产生了企业管理和质量检验管理。也就是说，通过严格检验来控制和保证出厂或转入下道工序的产品质量。检验工作是这一阶段执行质量职能的主要内容。质量检验所使用的手段是各种各样的检测设备和仪表，它的方式是严格把关，进行百分之百的检验。

传统质量管理阶段是以检验为基本内容，方式是通过严格把关，对最终产品是否符合规定的要求作出判定，因而属于事后把关，无法起到预防控制的作用。

2. 统计质量管理阶段

统计质量管理阶段以数理统计方法与质量管理的结合，通过对过程中影响因素的控制达到控制结果的目的。

利用数理统计原理，预防产出废品并检验产品质量的方法，由专职检验人员转移给专业的质量控制工程师承担。这标志着将事后检验的观念改变为预测质量事故的发生并事先加以预防的观念。

但是，在这个阶段过分强调质量控制的统计方法，忽视其组织管理工作，使人们误认为"质量管理就是统计方法"，数理统计方法理论比较深奥，是"质量管理专家的事情"，因而对质量管理产生了一种"高不可攀、望而生畏"的感觉。这在一定程度上限制了质量管理统计方法的普及推广。

我国从 20 世纪 70 年代末开始制定数理统计标准，1981 年 11 月成立了全国统计方法应用标准化技术委员会（与 ISO/TC69 对应），现已初步形成一个数理统计方法标准体系。该标准体系主要有六个方面的标准：一是数理统计方法术语与数据标准；二是数据的统计处理和解释；三是控制标准；四是以数据统计方法为基础的抽样检查方法标准；五是测量方法和结果的精度分析标准；六是可靠性统计方法标准。

3. 全面质量管理阶段

全面质量管理（TQM）是基于组织全员参与的一种质量管理形式。全面质量管理内容和特征可以概括为"三全"，即"管理对象是全面的、全过程的、全员的"。

4. 综合质量管理阶段

顾客满意是指顾客对其要求已被满足的程度的感受。综合质量管理阶段同样以顾客满意为中心，同时也重视与全体职工、社会、交易伙伴、股东等顾客以外的利益相关者的关系，重视中长期预测与规划和经营管理层的领导能力，重视人及信息等经营资源，使组织充满自律、学习、速度、柔韧性和创造性。

（二）商品质量管理

商品质量管理是指以保证商品应有的质量为中心内容，运用现代化的管理思想和科学方法，对商品生产和经营活动过程中影响商品质量的因素加以控制，使用户得到满意的商品而进行的一系列管理活动。

商品质量管理包括微观质量管理和宏观质量管理两个方面。微观质量管理是企业对所有生产经营商品的市场调研、设计和开发、生产、检验、包装、储运、销售、售后服务及用后处理的全程质量管理。宏观质量管理是指政府对商品质量的管理和调控，其管理对象是整个国家或地区，或者整个行业商品质量的规划、形成和实现的全过程，如商品质量的认证、标准化管理、质量监督、消费者保护、商品质量法规制定和实施。

二、商品质量管理的相关法律法规

商品质量法规是指有关商品（产品）质量方面的法律、法令、规定、条例的总称。商品质量法规是世界各国政府解决商品质量的重要途径和手段，制定和实施商品质量法规能有效地管理和保证商品质量，保护消费者的合法权益，维护社会经济秩序，促进国内市场经济和对外贸易的发展。商品质量法规的种类如下。

（一）产品责任法

产品责任是指产品的制造者和销售者由于其提供的产品具有缺陷造成消费者人身或财产方面的损害而应当向受害者承担的民事法律责任。产品责任法就是调整上述产品责任关系的法律规范总体，其目的在于最大限度地约束生产者和销售者的行为，维护消费者利益并促进商品经济的发展。

1986年4月5日，国务院发布《工业产品质量责任条例》（以下简称《质量责任条例》），主要规定的是行政责任，产品也只限于工业产品，还不是真正意义上的产品责任法。第七届全国人民代表大会常务委员会第三十次会议于1993年2月22日通过的《中华人民共和国产品质量法》（以下简称《产品质量法》）则包含了产品责任法的主要内容。此外，我国有关产品责任的规定还散见于各有关法律法规中，如《中华人民共和国民法通则》、《中华人民共和国消费者权益保护法》（以下简称《消费者权益保护法》）、《中华人民共和国食品卫生法》等。

《质量责任条例》包括总则、产品生产企业的质量责任、产品储运企业的质量责任、产品经销企业的质量责任、产品质量的监督管理、产品质量责任争议的处理、罚则、附则，共8章31条。第一条规定立法目的，是为了明确工业产品质量责任，维护用户和消费者的合法权益，保障有计划的商品经济健康发展。第二条规定"产品质量责任"，是指因产品质量不符合国家法规、质量标准和合同规定的要求，给用户和消费者造成损失后应承担的责任。此产品质量责任概念，是中国的创造，实际上包括三种法律责任，即行政责任、民事责任、刑事责任。

《产品质量法》对于产品生产者和产品销售者采用不同的归责原则。对于生产者的责任，在第四十一条规定："因产品存在缺陷造成人身、缺陷产品以外的其他财产（以下简称他人财产）损害的，生产者应当承担赔偿责任。"按照这一规定，因产品存在缺陷，造成人身财产损害的，应由该产品的生产者承担赔偿责任。此生产者的赔偿责任，不以生产者具有过错（故意或过失）为责任成立要件，因此属于严格责任。

对于销售者的责任，《产品质量法》第四十二条第一款规定："由于销售者的过错使产品存在缺陷，造成人身、他人财产损害的，销售者应当承担赔偿责任。"条文明示，销售者的过错使产品存在缺陷的情形，销售者应当承担赔偿责任。此销售者的责任，以销售者具有过错为责任成立要件，因此属于过错责任。

（二）产品质量法

1989 年 9 月 3 日国务院《关于严厉打击在商品中掺杂使假的通知》指出，最近一个时期，一些从事生产、收购、储运、国内经销、外贸出口的单位和个人，无视国家法律、法规，明目张胆地在商品中掺杂使假，牟取暴利。有的竟把掺杂使假当成一种发财致富的专门职业，甚至开办掺假制假的企业。目前，掺假商品之多，手段之恶劣，已到了令人发指的地步。掺假商品不仅严重危害工农业生产，使国民经济受到极大损失，而且破坏了国家和企业的信誉，严重损害了消费者的利益，有的甚至危及人身安全，已引起广大群众的强烈不满。在这种背景下，立法机关总结此前的立法经验，认为《质量责任条例》属于行政法规，在法律体系中的位阶较低，强制力不够，有必要制定规范产品质量的法律。1993 年 2 月 22 日第七届全国人民代表大会常务委员会第三十次会议通过的《产品质量法》包括总则，产品质量的监督管理，生产者、销售者的产品质量责任，损害赔偿，罚则，共 5 章 51 条。2000 年 7 月 8 日第九届全国人民代表大会常务委员会第十六次会议，通过关于修改《产品质量法》的决定，主要是强化产品质量的行政管理和行政责任。

（三）消费者保护法

1993 年 10 月 31 日第八届全国人民代表大会常务委员会第四次会议通过了《消费者权益保护法》并于同日公布。《消费者权益保护法》的颁布标志着我国消费者保护法制建设发展到了一个新的阶段。《消费者权益保护法》是一部宣言性的法律，在我国消费者保护法律体系中起统率作用，类似于消费者保护法总纲。其内容包括总则、消费者的权利、经营者的义务、国家对消费者合法权益保护、消费者组织、争议的解决、法律责任及附则，共 8 章 55 条。

消费者权益保护法律和法规明确规定："消费者有权要求经营者提供的商品和服务，符合保障人身、财产安全的要求"，"有权要求经营者提供商品的用途、性能、等级、有效期、检验合格证明、使用方法说明书等有关情况"。"因购买、使用商品或者接受服务受到人身、财产损害的，享有依法获得赔偿的权利"。"经营者向消费者提供商品或者服务，应依照《产品质量法》和其他有关法律、法规的规定履行义务"。"对消费者就其提供的商品或服务质量和使用方法等问题提出询问，应作出真实、明确的答复"。"应当保证其提供的商品或服务的实际质量与表明的质量状况相符"。经营者提供商品或服务如有缺陷，不具备应有的使用性能而出售时未作说明的，不符合在商品或其包装上注明的标准，不符合商品说明、实物样品等方式表明的质量状况，是国家明令淘汰的或失效变质的商品，应依法承担民事责任，构成犯罪的，则追究刑事责任。

消费者保护法包括消费者政策法、消费者合同法和消费者安全法。消费者政策法规定在现行《消费者权益保护法》中，是该法的主要内容。消费者合同法规定在《中华人民共和国合同法》，主要是该法关于格式合同的规则和关于免责条款的规则。消费者安全法包括产品质量行政管理法（《产品质量法》的主要内容）、产品质量刑法（刑法关于产品质量犯罪的规定）、严格产品责任法（《产品质量法》）。《产品质量法》是消费者安全法的重要部分。其目的和任务是，通过确保产品质量以保障消费者人身安全，救济因产品缺陷导致人身安全遭受损害的消费者，制裁生产销售不合格产品的违法行为人。

（四）商品质量监督管理、检验、认证等方面的质量法规

为了保护国家和消费者利益，督促企业保证产品质量，依据《产品质量法》、《中华人民共和国标准化法》、《商检法》等法律，由国家技术监督部门及有关部门制定了《产品质量监督办法》、《国家监督抽查产品质量的若干规定》、《建筑工程质量监督条例》、《锅炉、压力容器安全监察条例》等一系列产品质量监督方面的法规和规章。

我国产品质量监督法规可以分为三类：一是国家监督抽查检验法规和规章，包括国家技术监督部门发布的法规、进出口商品质量监督检验法规；二是市场商品质量监督法规和规章，如国务院先后发布了《关于严厉打击在商品中掺杂使假的通知》（1989年9月）、《关于严厉打击生产和经销假冒伪劣商品违法行为的通知》（1992年7月）等法规，1993年7月第八届全国人民代表大会常务委员会第二次会议又通过《关于惩治生产、销售伪劣商品的犯罪的决定》作为刑法的补充规定；三是专业产品质量监督法规和规章。

为了规范质量认证活动，提高产品和企业信誉及竞争力，保护用户和消费者利益，促进国际贸易的发展，国务院和国家技术监督部门先后发布了《产品质量认证管理条例》、《产品质量认证管理条例实施办法》、《产品质量认证委员会管理办法》、《产品质量认证检验机构管理办法》、《产品质量认证质量体系检查员和检验机构评审员管理办法》、《产品质量认证证书和认证标志管理办法》、《质量体系认证机构认可规则》、《质量体系认证实施程序规则》等一系列法规和规章。

为了保护和改善生活环境与生态环境质量，防治环境污染，我国制定了《中华人民共和国环境保护法》（以下简称《环境保护法》），一些省（市、区）也制定了地方环境保护条例，组成了我国环境质量管理法规体系。《环境保护法》明确规定，"国务院环保部门制定国家环境质量标准，各省（市、区）政府可以制定地方环境质量标准"。"地方各级人民政府应当对本辖区的环境质量负责，采取措施改善环境质量"。"产生环境污染和其他公害的单位，必须把环境保护纳入计划，采取有效措施，防治废水、废气、废渣、粉尘、恶臭气体、放射性物质以及噪声、振动、电磁波辐射等对环境的污染和危害"。"对环境造成严重污染的企事业单位，限期治理"。"任何单位不得将产生严重污染的生产设备转移给没有污染防治能力的单位使用"。

三、质量管理的基本术语

质量管理的职能是制定质量方针，制定具体措施，组织人员共同参与质量管理活动，贯彻实施质量方针。

质量方针又叫质量政策，是企业各部门和全体人员执行质量职能和从事质量活动所必须遵守的原则和指针，是统一和协调企业质量工作的行动指南，也是落实"质量第一"思想的具体体现。如海尔集团的质量方针是："不断引进世界先进技术和管理，为用户提供优质的产品和满意的服务，做世界级的合格供应商。"同时，海尔集团还制定了设计开发、生产制造和售后服务的分质量方针，其售后服务质量方针为："用户永远是对的。"为此，海尔集团坚持不懈地开展国际星级真诚服务，即留下海尔的真诚——真诚到永远，带走用户的烦恼——烦恼到零。

质量目标指根据质量方针的要求，企业在一定期间内所要达到的预期效果，即所规定的数量化目标。根据达到目标的期限长短，可划分为长期目标和短期目标。质量目标是企业目标体系中的组成部分，它应力求数量化，以便于统一领导层的思想，成为激励职工的动力，有利于日常的考核和评定，促进目标的实现。

质量策划是质量管理中致力于设定质量目标并规定必要的作业过程和相关资源以实现其质量目标的部分。

质量控制是质量管理中致力于达到质量要求的部分。

质量保证是质量管理中致力于达到质量要求提供信任的部分。

质量改进是质量管理中致力于提高有效性和效率的部分。有效性是指完成所策划的活动并达到所策划的结果程度的度量。效率是指所达到的结果与所使用资源之间的关系。当质量改进是渐进的并且组织积极寻求改进机会时，就是持续质量改进。

质量体系是指为保证产品、过程或服务质量，满足规定（或潜有）的要求，由组织机构、职责、程序、活动、能力和资源等构成的有机整体。质量体系按体系目的可分为质量管理体系和质量保证体系两类，企业在非合同环境下，只建有质量管理体系；在合同环境下，企业应建有质量管理体系和质量保证体系。质量管理体系是指企业内部建立的、为保证产品质量或质量目标所必需的、系统的质量活动。它根据企业特点选用若干体系要素加以组合，加强设计、研制、生产、检验、销售、使用全过程的质量管理活动，并予以制度化、标准化，成为企业内部质量工作的要求和活动程序。质量保证体系是指企业为生产出符合合同要求的产品，满足质量监督和认证工作的要求，对外建立的质量体系。它包括向用户提供保证质量的技术和管理"证据"，这种证据，虽然往往是以书面的质量保证文件形式提供的，但它以现实的质量活动作为坚实后盾，即表明该产品或服务是在严格的质量管理中完成的，具有足够的管理和技术上的保证能力。

四、商品质量管理方法

（一）PDCA 循环

PDCA 循环是提高产品质量，改善企业经营管理的重要方法，是质量管理体系运转的基本方式。

PDCA 循环最早由美国质量管理学家戴明博士提出，他把质量管理过程分四个阶段，即计划（Play）、执行（Do）、检查（Check）、处理（Action）。

1. PDCA 模式的阶段和步骤

PDCA 模式可分为四个阶段、八个步骤。

第一阶段是计划（P），它分为五个步骤，即分析现状；找出存在问题的原因；分析产生问题的原因；找出其中主要原因；拟定措施计划，预计效果。

第二阶段是实施（D），执行技术组织措施计划。

第三阶段是检查（C），把执行的结果与预定的目标对比，检查计划执行的情况是否达到预期效果。

第四阶段是处理（A），巩固成绩，把成功的经验尽可能纳入标准，进行标准化，对遗留问题转入下一个 PDCA 循环去解决。

2. PDCA 循环的特点

PDCA 循环一定要按顺序进行，靠组织的力量来推动，像车轮一样向前进，周而复始，不断循环。

企业每个部门、车间、工段、班组，直至个人的工作，均有一个 PDCA 循环，这样一层层地解决问题。

（二）DMAIC 模式

六西格码模式由摩托罗拉公司于 1993 年率先开发，采取六西格码模式管理后，该公司平均每年提高生产率 12.3%，由于质量缺陷造成的费用消耗减少了 84%，运作过程中的失误率降低 99.7%。通用电气公司的韦尔奇则指出："六西格码已经彻底改变了通用电气，决定了公司经营的基因密码（DNA），它已经成为通用电气现行的最佳运作模式。"

西格码原文为希腊字母"σ"（sigma），其含义为"标准偏差"，六西格码意为"6 倍标准差"，在质量上表示每百万坏品率少于 3.4。

六西格玛管理的实现手段是持续的过程改进，DMAIC 模式是六西格玛管理的过程改进模式，通过持续运行的 DMAIC 流程而实现质量的持续改进。

推行六西格码模式可以采用由定义、度量、分析、改进、控制构成的改进流程。DMAIC 模式的五个阶段是：定义（Define），确定主要问题，定义改进项目的目标和确定关键特性 CTQ；度量（Measure），度量现有水平，建立改进基线；分析（Analyze），分析现有水平与目标水平的差距和问题的根本原因；改进（Improve），用经济有效的方法求得突破和改进；控制（Control），建立控制措施并使其标准化，将结果用于其他同样或类似的场合，并将其结果用于新产品（服务）的开发。

本 章 小 结

本章阐述了商品质量的含义和质量观念。

商品质量包括狭义的商品质量和广义的商品质量。狭义的商品质量是指产品与其规定的标准技术条件的符合程度，它是以国家法规或国际条约、商品标准或贸易双方在合同中的有关约定作为最低的技术条件，是商品质量合格的依据。广义的商品质量是指商品适合其用途所需的各种特性的综合及满足消费者需求的程度，是生产商品质量的反映。

人们对商品质量的认识和理解是随着社会生产和经济发展而变化的，处在不同的经济发展时期和不同的经济区域，就会有不同的质量观。质量观是指企业及消费者在商品和服务的质量标准意义等方面所持有的观点和态度。目前，我国仍处在传统商品质量观与现代商品质量共存的时期。

本章阐述了商品质量的基本要求与质量管理。对商品质量的基本要求是根据其用途、使用方法以及消费者的期望和社会需求来确定的，根据商品用途可按吃、穿、用将商品分为食品、纺织品和日用工业品三大类，再分别提出在质量方面的基本要求。商品质量是商品生产、流通和消费全过程中诸多因素共同影响的产物，而在这一过程中，人是控制着全过程的关键因素。

商品质量管理包括微观质量管理和宏观质量管理两个方面。微观质量管理是企业对所有生产经营商品的市场调研、设计和开发、生产、检验、包装、储运、销售、售后服务及用后处理的全程质量管理。宏观质量管理是指政府对商品质量的管理和调控，其管理对象是整个国家或地区，或者整个行业商品质量的规划、形成和实现的全过程，如商品质量的认证、标准化管理、质量监督、消费者保护、商品质量法规制定和实施。

 思考与练习

一、名词解释

商品质量　商品质量观　纺织品舒适性　商品质量管理

二、选择题

1. 目前，消费者对纺织品质量投诉最多的三大问题是（　　　）。

    A. 缩水、起毛起球、染色牢度

    B. 保温性、透气性、透水性

    C. 耐磨性、保暖性、美观性

2. 具有满足明确需要和隐含需要能力的商品实体是（　　　）。

    A. 高质量的商品　　　　　　　　B. 符合质量标准的商品

    C. 合格的商品　　　　　　　　　D. 消费者满意的商品

3. 产品责任法和产品质量法的共同点都是要求生产者和销售者（　　　）。

    A. 对商品和消费者负责　　　　B. 只对商品负责　　　　C. 只对消费者负责

三、问答题

1. 结合实际谈一谈食品商品质量的要求和食品污染的防治措施。

2. 纺织品质量的基本要求有哪些？

3. 日用工业品质量的基本要求有哪些？

4. 影响商品质量的因素主要有哪些？其中最关键的因素是什么？

四、案例分析

<h2 style="text-align:center">苏 宁 电 器</h2>

苏宁电器是中国 3C（家电、个人计算机、通信）家电连锁零售企业的领先者。截至2007 年 3 月，苏宁电器在中国 28 个省和直辖市、120 余个城市拥有连锁店，员工人数超过 80 000 名。

1. 快速发展，上演"苏宁速度"

（1）执著一事，专营空调。20 世纪 90 年代初，苏宁电器在南京宁海路成立，从事空调专营。1993 年苏宁电器凭借"规模经营、厂商合作、专业服务"三大优势，在市场竞争中脱颖而出，当年销售额 3 亿元。1994 年，苏宁电器以年销售 5.6 亿元，摘取了全国最大空调经销商桂冠，保持至今长达 16 年之久。

（2）探索连锁，建设终端。20世纪90年代中后期，苏宁电器顺应市场变化，适时转型做零售，探索零售终端体系连锁建设。1999年，苏宁电器从单一空调业务全面转向电器、个人计算机、通信为一体的3C模式经营，苏宁电器连锁经营进入"3C时代"。

（3）纵横驰骋，连锁全国。2000年，苏宁电器开始二次创业，加快连锁发展步伐，横向扩张与纵向渗透相结合，逐步在中国建立了从直辖市到省会级城市，从地级市到发达县级市的网络布局，构建了核心商圈的3C旗舰店、亚商圈的中心店、社区店的区域布局系统，形成了区域合理的市场网络，快速占领全国一级市场，并向二三级市场全面渗透。

2. 自主创新，引领行业发展

苏宁电器坚持"整合社会资源，合作共赢；满足顾客需要，至真至诚"的经营理念，全力打造并逐步形成了自己的包括店面规模、服务能力、信息技术、服务品牌、协同供应和企业文化的核心竞争力体系，一直引领行业发展。

（1）连锁全国引领中国家电连锁业高速扩张，苏宁模式成为业界标准。

（2）至真至诚，持续提高四大终端服务能力。

（3）着力建设最先进的商业网络数字化平台。

（4）实施品牌战略，引领行业稳健发展。

（5）协同供应，锻造优秀的供应链体系。

（6）注重质量，树立行业管理运营标杆。

（7）创新管理，建设务实的企业文化。

苏宁电器的企业精神是"执著拼搏，永不言败"。苏宁电器提出了"制度重于权力，同事重于亲朋"的管理理念，制度规范与情感纽带相结合，成为苏宁电器管理的个性和特色。按照"人品优先，能力适度，敬业为本，团队第一"的人才理念，苏宁电器不断优化团队整体素质，不拘一格使用人才，为全体员工提供发挥才华的平台。

3. 回报社会，追求企业价值

苏宁电器始终把投身公益、回报社会当做自己的职责，在解决就业、捐资公益、体育事业、环境保护等各方面付出自己的努力。

苏宁电器将持之以恒地以市场和顾客为导向，专注电器连锁主业，树立行业服务典范，为打造中国最优秀的连锁服务品牌而努力。

（资料来源：苏宁电器）

问题：

1. 本案例说明了什么？

2. 结合本章所学内容，说明通过本案例所获得的启示。

五、实训题

选择一家本地企业，了解其质量现状，分析原因并提出质量改进对策。

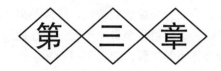

第三章

商品分类与编码

- 商品分类概述
- 商品分类体系与商品目录
- 商品编码
- 商品条码

☞ **导入语**

商品分类是指根据商品的属性或特征，按照一定的原则和方法，将商品总体进行区分和归类，并建立起一定的分类系统和排列顺序，以满足某种需要。商品分类体系是指根据特定的分类目的，通过商品分类、赋予商品代码和编制商品目录等工作后，所形成的相互联系、相互制约的商品品种的集合，即详细的商品目录。建立科学实用的商品分类体系，是进行商品分类的最终目的。商品的生产、流通、贸易统计和信息交流都是依据具体的商品分类体系来进行的。商品条码是指由国际物品编码协会和统一代码委员会规定的、用于表示商品标志代码的条码，包括 EAN 商品条码（商品条码）和 UPC 商品条码。

本章学习目标：
- 了解商品分类的概念和主要的分类标志；
- 了解常见的商品目录和商品分类体系；
- 熟悉商品分类的原则，掌握商品分类方法和商品编码的方法；
- 理解商品条码的内涵，掌握商品条码的类型和结构。

第一节　商品分类概述

一、商品分类的概念

分类是根据一定的目的和标志（特征），按照归纳共同性、区别差异性的原则，将某集合总体科学地、系统地逐次划分成若干个概括范围更小、特征更趋一致的部分（局部集合体），直到划分成最小单元的一种方法。分类是人类社会发展的必然产物，是科学研究的重要方法，分类水平反映着科学技术水平，科学的分类使复杂的事物和现象系统化、条理化，从而深化人们的认识能力，更有效地认识和研究其发生、发展的规律，推动人类社会不断向前发展。

商品是由数以万计的具体商品品种集合而成的总体。商品分类是根据商品的属性或特征，按照一定的原则和方法，将商品总体进行区分和归类，并建立起一定的分类系统和排列顺序，以满足某种需要。或者说，商品分类是为了一定目的，选择恰当的分类标志或特征，将商品集合总体逐级划分为一系列不同的大类、中类、小类、品类、品种、细目直至最小单元，并在此基础上进行系统编排，形成一个有层次的逐级展开的商品分类体系的过程，如表 3-1 所示。

表 3-1　商品分类排列程序及其应用

商品类目名称	应 用 实 例	
商品门类	消费品	消费品
商品大类	日用工业品	食品
商品中类	家用化学品	副食品
商品小类	肥皂、洗涤剂	乳和乳制品
商品品类或品目	肥皂	奶
商品种类	洗衣皂、浴皂	牛奶
商品亚种	香皂	饮用牛奶
商品品种	硫磺香皂	全脂饮用牛奶
质量等级		

门类是按国民经济行业共性对商品总的分门别类。

（1）商品的大类是根据商品生产和流通领域的行业来划分的，既要与生产行业对口，又要与流通组织相适应，如食品类、日用百货类、纺织品类等大类。

（2）商品中类或小类，一般按中、小行业或专业来划分。

（3）商品品类或品目是具有若干共同性质或特征的多个商品品种的总称。

（4）商品的品种是指具体商品的名称，如西服、洗衣机、皮鞋、啤酒等品种。

（5）商品细目是对商品品种的详尽区分，包括商品的规格、花色、质量等级，可以更具体地反映出商品的特征，如 170/72 A 型女西服、23 号女式高跟皮鞋等。

在不同的时期，经营业态、经营规模等不同，商品的经营范围、分类对象并不完全相同，因此商品分类的层次也不一样。如作为以满足消费者对基本生活用品一次性购足需要为经营宗旨的超级市场，是一种经营品项较多的零售业态。在超级市场的商品品类管理中，商品分类一般采用综合分类标准，将所有商品划分成大分类、中分类、小分类和单品四个层次，目的是为了便于管理，提高管理效率。

零售业中商品分类举例如表 3-2 所示。

表 3-2　超市商品一般分类

商品分类名称	分类标准	应 用 实 例
大分类	商品特征	畜产品、水产品、果蔬、日配加工食品、一般食品、日用杂货、日用百货、家用电器等
中分类	功能与用途	日配品可分出牛奶、豆制品、冰品、冷冻食品等
	制造方法	畜产品可细分出熟肉制品（咸肉、熏肉、火腿、香肠）
	商品产地	水果可细分出国产水果与进口水果
小分类	产品部位	猪肉细分出排骨、里脊肉、猪头肉等
	规格包装	饮料细分出盒装饮料、瓶装饮料、听装饮料等
	产品口味	饼干细分出甜味饼干、咸味饼干、奶油饼干等
单　品	独立的商品品项	里脊肉进一步细分为肉丝、肉块、肉丁、肉馅

二、商品分类的作用

商品分类是将千万种商品在商品生产与交换中实现科学化、系统化管理的重要手段，通过科学的方法对商品进行条理化、系统化分类，有利于实现商品使用的合理化和流通管理的现代化，对发展生产、促进流通、满足消费、提高现代管理水平和企业效益等有着重要作用。

（一）商品分类为国民经济各部门实施各项管理活动奠定了科学基础

商品的种类繁多、特征多样、价值不等、用途各异，只有将商品进行科学的分类，从生产领域到流通领域的计划、统计、核算、税收、物价、采购、运输、养护、销售等各项管理工作才能顺利进行，统计数据才具有实用价值。因此，国民经济各部门的日常管理工作及国民经济状况的分析都是建立在商品分类基础上的。

（二）商品的科学分类有利于标准化的实施

通过科学的商品分类，可使商品的名称、类别统一化和标准化，从而避免同一商品在生产和流通领域的不同部门由于商品名称的不统一而造成的困难，便于安排生产和流通，有利于产销平衡的调节。在制定各种商品标准时，必须有明确的商品分类方法、商品的质量指标和对各类商品的具体要求等，所有这些都离不开对商品进行科学的分类。

（三）商品分类有助于行业、企业生产经营管理活动的开展

通过商品分类，可以了解消费需求的结构及变化趋势，为制定产业政策、提供行业与市场相关信息，以及制定行业标准和规范提供依据。企业可以根据市场需要组织生产与销售，同时也为提高商品质量和合理使用、储存与运输商品创造条件。

（四）商品分类便于消费者和用户选购商品

通过科学的商品分类和编制商品目录，根据消费需求有序地组织市场供给，零售企业按商品分类和商品目录要求，设立商品部、柜组并陈列、销售商品，方便消费者和用户选购和消费。

三、商品分类的基本原则

对商品进行分类时，首先，应明确分类的商品集合体所包括的范围；其次，必须提出商品分类的明确目的；最后，必须选择适当的分类标志。为了实现商品的科学分类，使商品分类能够满足特定的需要，应遵循以下原则。

（一）科学性原则

科学性是商品分类的基本前提，是指商品在分类中所选择的标志必须能反映商品的本质特征，并具有明显的区别功能和稳定性，以满足分类的客观要求，发挥分类的作用。

（二）系统性原则

商品分类的系统性是指以选定的商品属性或特征为依据，将商品总体按一定的排列顺序予以系统化，并形成一个合理的科学分类系统。

（三）实用性原则

商品分类首先应满足国家总政策、总规划的要求，同时应充分满足生产、流通及消费的需要。

（四）可扩展性原则

可扩展性原则又称后备性原则，是指进行商品分类要事先设置足够的收容类目，以保证新产品出现时不至于打乱已建立的原有的分类体系和结构，同时为下级部门便于在本分类体系的基础上进行开拓细分创造条件。

（五）兼容性原则

兼容性原则要求商品分类既要与国家政策和相关标准协调一致，又能与原有的商品分类保持连续性和可转换性，以便进行历史资料对比。

四、商品分类标志

商品分类标志实质上是商品本身所固有的各种属性，分类标志是编制商品分类体系和商品目录的重要依据和基准。因此，在对商品进行分类、选择商品分类标志时应遵循以下原则：能满足分类的目的和要求；能包容拟分类的全部商品；能从本质上区别不同类别的商品；保证每个商品只能在分类体系内的一个类别中出现；使体系中的不同商品类别间或并列、互隶属的逻辑关系清晰；实际运用中便于操作和使用。

商品分类标志的选择是商品分类的基础，可供商品分类的标志较多，按其适用性可分为普遍适用分类标志和局部适用分类标志。普遍适用分类标志常用做划分商品大类、中类、小类等高层次类目的划分，如商品种类共有特征、性质、原材料、生产方法、用途等。局部适用分类标志又称特殊分类标志，是指部分商品共有的特征，如某些商品的化学成分、颜色、外观、产地、收获季节、功率等，常用于某些商品细目的划分。

（一）按商品的原材料分类

原材料的种类和质量，在很大程度上决定商品的性能和质量。选择以原材料为标志的分类方法是商品的重要分类方法之一。

例如，纺织品以原材料为标志分为棉织品、麻织品、丝织品、毛织品、化纤织品、混纺织品等。

以原材料为分类标志较适用于原材料性商品和原材料对成品质量影响较大的商品。而对那些与原材料关系不大或由多种原材料制成的商品（如微波炉、空调器等）不宜采用。

（二）按商品的生产加工方法分类

很多商品即使采用相同的原材料制造，由于生产方法和加工工艺不同，所形成商品的质量、性能、特征等都有明显差异。因此，对使用相同原材料却可选用多种加工方法生产的商品，适宜以生产加工方法作为分类标志。

如茶叶按制造方法有红茶、乌龙茶、绿茶、紧压茶、白茶、黄茶、花茶之分。红茶是茶树芽叶经萎凋、揉捻、发酵、干燥等工艺制成的发酵茶。乌龙茶是茶树芽叶经萎凋、做青、炒青、揉捻和干燥做成的半发酵茶。绿茶是茶树嫩芽叶经杀青、揉捻和干燥等工序制成的不发酵茶。紧压茶又称再制茶，是以各种散毛茶为原料经加工成半成品，再经过高温蒸汽压制而成的茶饼、茶砖等。花茶是利用茶叶具有吸收异种气味的特性，在成品茶的基础上加入鲜花窨制而成的，集茶叶的鲜爽和花的清香于一体。

（三）按商品的主要成分或特殊成分分类

成分尤其是组成商品的主要成分或特殊成分往往决定商品的性能、质量、用途等，因此，以商品的主要成分或特殊成分作为分类标志，可以通过商品的主要成分或特殊成分说明其主要性能和用途。如塑料制品可按其主要成分合成树脂的不同，分为聚乙烯塑料制品、聚氯乙烯塑料制品、聚苯乙烯塑料制品、聚丙烯塑料制品等。

对化学成分复杂的商品或化学成分不明显的商品，则不宜采用以主要成分或特殊成分作为分类标志。

（四）按商品的用途分类

商品的用途是体现商品使用价值的标志，同时也是探讨商品质量的重要依据，所以按商品的用途分类，在实际工作中应用最广泛。它不仅适用于商品大类的划分，也适用于对商品种类、品种等的进一步详细分类。例如根据商品的基本用途，将商品分为生产资料与生活资料两大类；生活资料商品按用途又可分为食品、衣着用品、家用电器、日用品等类别；在日用品类中，可按用途分为鞋类、玩具类、洗涤用品、化妆品类等。

以用途为标志的分类方法，有利于开发商品新品种；有利于对相同用途的商品质量进行分析比较；有利于流通部门搞好商品的经营管理；有利于消费者按用途选购商品。但对于多用途的商品，则不宜采用这种分类标志。

（五）以其他特征为分类标志

除上述主要分类标志外，商品的形状、结构、尺寸、颜色、重量、产地、产季等均可作为商品分类的标志。

各种分类标志选择方法皆有一定的局限性，也只能满足一定的需要。因此，在确定分类方法时，需根据分类工作的需要，选择适宜的商品分类标志对商品进行分类。

五、商品分类的基本方法

商品分类通常采用线分类法和面分类法两种。在构建商品分类体系与编制商品分类目录时，通常将这两种方法结合起来使用。

（一）线分类法

线分类法又称层级分类法。该法将初始分类对象按选定的若干属性或特征，逐次地分成相应的若干个层级类目，并排成有层次的、逐级展开的分类体系。同位类目之间存在着并列关系，下位类目与上位类目之间存在着从属关系（见图3-1）。

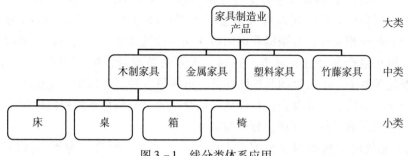

图3-1　线分类体系应用

线分类法的主要优点是信息容量大，层次清楚，逻辑性强；主要缺点是弹性差，分类体系一旦建立后其结构不能改动。线分类法常用于商品大类或行业分类，我国的国家标准商品分类体系采用的就是这种方法。

（二）面分类法

面分类法是指将选定的分类对象的若干个属性视为若干个"面"，每面又可分为独立的若干个类目，将这些类目加以组合，形成一个复合类目。如表3-3中形成的复合类目：纯毛男式西装。

表3-3　面分类体系应用

面料	款式	穿着对象	面料	款式	穿着对象
纯毛	西装	男人	毛涤	茄克	儿童
纯棉	衬衣	女人	涤棉	连衣裙	女人

面分类法的优点是灵活方便、结构弹性好；缺点是组配的结构较复杂。在商品的实际分类中其常作为线分类法的补充或辅助方法，如零售商店中大类、中类用线分类法分类，而品种、细目的分类辅以面分类法。

第二节　商品分类体系与商品目录

商品分类体系是指根据特定的分类目的，通过商品分类、赋予商品代码和编制商品目录等工作后，所形成的相互联系、相互制约的商品品种的集合，即详细的商品目录。建立科学实用的商品分类体系，是进行商品分类的最终目的。商品的生产、流通、贸易统计和信息交流都是依据具体的商品分类体系来进行的。

一、国家标准分类体系

国家标准分类体系是为适应现代化经济管理的需要，以国家标准的形式对商品进行科学、系统的分类编码而建立的商品分类体系，如《全国主要产品分类与代码　第一部分：可运输产品》（GB/T 7635.1—2002）（以下简称"可运输产品代码"标准）。该标准是在GB 7635—1987《全国工农业产品（商品、物资）分类与代码》的基础上根据新需要由国家质检总局修订而成的，于2003年4月1日开始实施。"可运输产品代码"标准代码结构为六层八位数，前后层采用了联合国统计委员会《主要产品分类》（CPC）的结构，其内容与CPC可运输产品部分相对应，并根据我国国情在相应位置增加了产品类目，第六层是新增加的产品类目。可运输产品分五大部类，共列入5万余条类目，40多万个产品品种或品类。该标准是标准化领域中一项大型的基础性标准，可提供一种具有国际可比性的通用的产品目录体系，为国家、部门、行业及企业对产品的信息化管理和信息系统提供依据，以实现各类产品的各种信息数据的采集、处理、分析和共享。

"可运输产品代码"标准与《全国工农业产品（商品、物资）分类与代码》相比，主要变化如下。

（1）对GB/T 7635—1987标准名称进行了修改。

（2）对代码结构和编码方法进行了修改。GB/T 7635—1987代码结构是四层八位数字码，每层二位码，采用了平均分配的办法。"可运输产品代码"标准代码结构是六层八位数字码，前五层是一层一位码，第六层是三位码，采用了非平均分配代码方法。如在"可运输产品代码"标准中，与粮食行业相关的产品分类代码涉及我国原粮、米面油产品和粮油加工机械产品三个方面，如表3-4所示。

表3-4 与粮食行业相关的产品分类代码

代码	产品名称	说　明
0	农林（牧）渔业产品；中药	
01	种植业产品	包括农产品、园艺和供应市场的菜果园产品等，即包括农业种植业产品和林业种植业产品，如花卉、水果和林木种子、苗木等
011	谷物、杂粮等及其种子	薯类、杂豆类（干的去荚的豆），见代码0121、0122；薯类根茎、块茎见代码01213
0111	小麦及混合麦	用GB 1351—1999的产品名称和分类
01111	小麦	
01111·010～·099	冬小麦	
01111·011	白色硬质冬小麦	种皮为白色或黄色的麦粒不低于90%，角质率不低于70%的冬小麦
01111·012	白色软质冬小麦	种皮为白色或黄色的麦粒不低于90%，粉质率不低于70%的冬小麦
01111·013	红色硬质冬小麦	种皮为深红色或红褐色的麦粒不低于90%，角质率不低于70%的冬小麦
01111·014	红色软质冬小麦	种皮为深红色或红褐色的麦粒不低于90%，粉质率不低于70%的冬小麦
01111·100～·199	春小麦	
01111·101	白色硬质春小麦	种皮为白色或黄色的麦粒不低于90%，角质率不低于70%的春小麦
01111·102	白色软质春小麦	种皮为白色或黄色的麦粒不低于90%，粉质率不低于70%的春小麦
01111·103	红色硬质春小麦	种皮为深红色或红褐色的麦粒不低于90%，角质率不低于70%的春小麦
01111·104	红色软质春小麦	种皮为深红色或红褐色的麦粒不低于90%，粉质率不低于70%的春小麦
01112	混合麦	
0112	玉米（指谷类）	用GB 1353—1999的产品名称和分类；菜玉米、笋玉米除外，见代码01239·011、·012
01121	黄玉米	种皮为黄色，并包括略带红色的黄色玉米；专用玉米除外
01121·011	黄马齿型玉米	
01121·012	黄硬粒型玉米	
01122	白玉米	种皮为白色，并包括略带淡黄色或粉红色的白色玉米；专用玉米除外
01122·011	白马齿型玉米	
01122·012	白硬粒型玉米	
01123	混合玉米	指混入本类以外玉米超过5.0%的玉米
01124	专用玉米	甜玉米、笋玉米除外，见代码01239.011、.012

代码	产品名称	说　明
01124·011	爆裂玉米	
01124·012	糯玉米	
01124·013	高油玉米	
01124·014	高淀粉玉米	
01124·015	优质蛋白玉米	
0113	稻谷、谷子和高粱	用 GB 1350—1999 的产品名称和分类
01131	稻谷	

（3）产品分类和类目的设置进行了较大幅度的调整。

（4）采用了 GB/T 10113—1988《分类与编码通用述评》中确立的术语，产品类目采用了规范的产品名称。

二、国际贸易商品分类体系

（一）《海关合作理事会税则目录》

《海关合作理事会税则目录》（Customs Cooperation Council Nomenclature，CCCN），是国际上使用最广泛的商品分类目录之一。海关合作理事会于 1950 年 12 月 15 日在比利时首都布鲁塞尔成立。其税则目录于 1959 年生效，1965 年、1972 年及 1978 年经过了三次系统的修订。CCCN 在 1974 年前称为《布鲁塞尔税则目录》（Brussel Tariff Nomenclature，BTN）。CCCN 第三次修订本将所有商品归为 21 类 99 章，计 1 011 个税目。第 1～24 章为农产品；第 25～99 章为工业品。税目号以 4 位数字表示，中间用圆点隔开。前两位数字表示所属章次号，后两位数字表示该税目在此章内的顺序。采用 CCCN 的约有 150 个国家（或地区），其中包括 20 个对中国给予最惠国待遇的国家。

（二）《国际贸易标准分类》

《国际贸易标准分类》（Standard International Trade Classification，SITC）由联合国统计局主持制定、联合国统计委员会审议通过、联合国秘书处出版颁布，旨在统一各国对外贸易商品的分类统计和分析对比。

SITC 采用经济分类标准，按照原料、半制品、制成品顺序分类，并反映商品的产业来源部门和加工阶段。SITC 第三版采用五位数编码结构，把全部国际贸易商品按经济类别划分为十大类：食品和活动物，饲料和烟草，非食用原料（燃料除外），矿物燃料、润滑油和相关原料，动植物油、脂及蜡，化学和相关产品，按原料分类的制成品，机械和运输设备，杂项制品，未分类的商品。大类下依次分为 67 章、261 组、1 033 个目和 3 118 个基本编号。

（三）《商品名称及编码协调制度》

《商品名称及编码协调制度》（Harmonized Commodity Nomenclature and Coding System，HS），是《商品名称及编码协调制度公约》的附件，是海关合作理事会在 CCCN 和 SITC 的基础上，参照国际间其他的主要税则、统计、运输等分类协调制定的一个多用途的国际贸易商品分类目录，于 1988 年 1 月 1 日正式实施。

HS 对所有的国际贸易商品尽可能详细地进行了分类。HS 将商品分为 21 个大类，类下面再分三大层。第一层为章，共有 97 章。其中，1～24 章（1～4 类）为农副产品，25～96 章（5～21 类）为工业产品，第 77 章留空作为备用章。第二层为品目，第三层为子目。每个品目编一个四位数的品目号，前两位数字表示该品目所属的章，后两位数字表示该品目在这一章内的顺序号，中间用圆点隔开。例如 62.05 代表第 62 章（机织服装）05 顺序号下的商品，即机织男衬衫。一个品目号可以代表一种商品，也可表示一组相关的商品。

HS 编码以六位码表示其分类代号，前两位码代表章次，第三、四位码为该产品于该章的位置（按加工层次顺序排列），第一至第四位码为节（Heading），其后续接的第五、六位码称为目（Subheading），前面六位码各国均一致。第七位码以后为各国根据本身需要制订的码数。如服装属 HS 分类制的第十一类及第 61、62 章。第 61 章为针织或钩编制品，编号为 6101.1000～6101.9000，共 120 个编码；第 62 章为非针织或非钩编织服装及衣着附件，适用于除絮胎以外任何纺织物的制成品，编号为 6201.1100～6217.9000，共 155 个编码，分别按款式、性别、年龄、原材料的不同来进行分类。

2007 年 1 月 1 日起实行的新版 HS，是根据世界海关组织（WCO）上每五年对 HS 进行一次修订的规定在 2002 年版 HS 的基础上制定的。本次税则修订后，商品名称及编码协调制度六位子目总数将从 5 224 个调整到 5 052 个，共有 30 个章、1 888 个八位数子目发生变化。修改较大的产品范围包括：电子和信息产品（第 84、85 和 90 章），化工产品（第 28、29 和 38 章），木制品（第 44 章），钢材及钢铁制品（第 73 章），汽车及其零件（第 87 章），玩具、游戏品和运动用品（第 95 章）等。

自 2007 年 1 月 1 日起，我国将采用以世界海关组织 2007 版 HS 为基础的进出口税则。世界海关组织为确保各缔约国统一理解、执行 2007 版 HS，编制了《商品名称及编码协调制度注释》，该注释是关于"协调制度"各品目的商品范围及所涉及商品的法定解释。

三、商品目录

商品分类是编制商品目录的前提，商品目录是商品分类的具体表现。没有商品分类，就无法编制商品目录，只有在科学地进行商品分类的基础上编制的商品目录，才能使商品品种清单系列化、条理化，才有助于管理工作的科学化。商品目录是指国家或部门所经营管理商品的全部商品品种的明细表。在编制商品目录时，必须先将商品按一定的标志进行划分，因此，商品目录又称为商品分类目录，也可称为初级的商品分类体系。

商品目录依据适用范围可分为国际商品目录、国家商品目录、部门商品目录和企业商品目录。

（一）国际商品目录

国际商品目录是指由权威的国际组织或区域性组织通过商品分类所编制的商品目录，如联合国统计委员会编制的《国际贸易标准分类目录》、国际关税合作委员会编制的《商品、关税率分类目录》、海关合作理事会编制的《海关合作理事会商品分类目录》和《商品分类及编码协调制度》、全球尼斯协定成员国编制的《商标注册用商品和服务国际分类》等。国际商品分类目录是在国际范围内进行进出口业务、贸易统计和经营管理时应共同遵守的准则。

（二）国家商品目录

国家商品目录是指由国家指定专门机构编制，在国民经济各部门、各地区进行计划、统计、财务、税收、物价、核算等工作时必须一致遵守的全国性统一商品目录。如"可运输产品代码"标准（GB/T 7635.1—2002），它是国家从事经济管理应遵守的准则。

（三）部门商品目录

部门商品目录是指由行业主管部门根据本部门业务工作需要所编制并发布的仅在本部门、本行业统一使用的商品目录，如国家统计局编制发布的《综合统计商品目录》等。

（四）企业商品目录

企业商品目录是指由企业在兼顾国家和部门商品目录分类原则的基础上，为充分满足本企业工作需要，而对本企业生产或经营的商品所编制的商品目录。企业商品目录的编制，必须符合国家和部门商品目录的分类原则，并在此基础上结合本企业的业务需要，进行适当的归并、细分和补充。如营业柜组经营商品目录、仓库保管商品经营目录等。

第三节　商品编码

一、商品代码的概念与类型

（一）商品代码的概念

商品编码是指赋予某类或某种商品的一组或一个有序的符号排列的过程。商品代码是指为了便于识别、输入、存储和处理，用来表示商品一定信息的一个或一组有规律排列的符号。目前，最为普遍的商品代码为全数字符号型代码。

编制商品代码可提高商品分类体系的概括性和科学性，有利于加强企业经营管理，提高工作效率，同时也有利于商品分类的标准化和信息化手段的应用。

依照代码所表示的信息内容的不同，商品代码可以进一步划分为商品分类代码和商品标识代码两类。例如，国际上通行的 HS 和我国的"可运输产品代码"标准（GB/T7635.1—2002）等主要商品（产品）分类目录，采用的都是商品（产品）分类代码；国际上通用而我国广泛采用的 EAN/UCC – 13 代码、EAN/UCC – 8 代码等，则都是商品标志代码，它是由国际物品编码协会（International Article Numbering Association，EAN）和统一代码委员会（UCC）规定的，用于标志商品的一组数字。

商品代码具有分类、标志和便于信息交换的功能。

（二）商品代码的类型

商品代码依据其所用符号的组成不同，可分为数字型商品代码、字母型商品代码和数字 – 字母混合型商品代码三种。

1. 数字型商品代码

数字型商品代码是用一个或若干个阿拉伯数字来表示分类对象信息的商品代码。这种商品代码的特点是结构简单、使用方便、易于推广，便于计算机识别和处理。目前，数字型商品代码在各国际组织和世界各国的商品（产品）代码标准中被普遍采用。

2. 字母型商品代码

字母型商品代码是用一个或若干个字母表示分类对象信息的商品代码。按字母顺序对商品进行分类时，一般用大写字母表示商品大类，用小写字母表示其他类目。在中欧，主要用拉丁字母和希腊字母按其顺序为商品编制代码。字母型代码便于记忆，使用习惯，可提供便于人们识别的信息，但不便于计算机处理信息，特别是当分类对象数目较多时，常常会出现重复现象。因此，字母型商品代码常在分类对象较少时使用，而在商品分类编码中很少使用。

3. 数字－字母混合型代码

数字－字母混合型商品代码是由数字和字母混合组成的商品代码。它兼有上述两者的优点，结构严密，具有良好的直观性和表达方式，同时又有使用上的习惯。但由于代码组成形式复杂，给计算机录入带来不便，因此，在商品编码中并不常使用这种混合型商品代码，只有少数国家在标准分类时采用。

二、商品代码的编码方法

（一）数字型代码

数字型代码编码常用的方法有层次编码法、平行编码法和混合编码法等。

1. 层次编码法

层次编码法是按商品类目在分类体系中的层级顺序，依次赋予对应的数字代码的编码方法，即代码的层次与分类层级一致，这种编码方法常用于线分类（层级分类）体系。由于分类对象是按层级归类的，所以在给类目赋予代码时，编码也是按层级依次进行的，分成若干个层次，使每个分类的类目按分类层级，一一赋予代码。从左至右的代码，第一位代表第一层级（大类）类目，第二位代表第二层级（中类）类目，以此类推。

"可运输产品代码"标准采用层次码，代码分六个层次，各层分别命名为大部类、部类、大类、中类、小类、细类。代码用八位阿拉伯数字表示。其中，第一至第五层各用一位数字表示，第一层代码为 0～4，第二层、第五层代码为 1～9，第三层、第四层代码为 0～9，第六层用三位数字表示，代码为 010～999；第五层和第六层代码之间用圆点（·）隔开，信息处理时应省略圆点符号。代码结构如 3－2 所示。

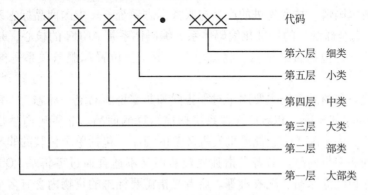

图 3－2　代码结构

层次编码法的优点是代码较简单，逻辑性、系统性较强，信息容量大，能明确地反映出分类编码对象的属性或特征及其隶属关系，容易查找所需类目，便于计算机汇总数据，便于管理和统计；缺点是结构弹性较差，为延长其使用寿命，往往要用延长代码长度的办法，预先留出相当数量的备用号。

2. 平行编码法

平行编码法又称特征组合编码法，是将编码对象按其属性或特征分为若干个面，每个面内的编码对象按其规律分别确定一定位数的数字代码，面与面之间的代码没有层次关系和隶属关系，最后根据需要选用各个面中的代码，并按预先确定的面的排列顺序组合成复合代码的一种编码方法。平行编码法多用于面分类体系中，其优点是编码结构有较好的弹性，可以比较简单地增加分类编码面的数目，必要时还可更换个别的面。其缺点是代码过长，代码容量利用率低。

如国产空调型号编码：KF（R）—23GW、KC—23、KF—50LW。其中，K 代表空调；F 代表分体；R 代表冷暖；C 代表窗机；横杠后数字代表名义制冷量；23 代表制冷量为 2300W；L 代表室内落地式；G 代表室内挂机；W 代表室外机。

3. 混合编码法

混合编码法是层次编码法和平行编码法的合成，代码的层次与类目的等级不完全相适应。在编码实践中，在把分类对象的各种属性或特征分列出来后，其某些属性或特征用层次编码法表示，其余的属性或特征用平行编码法表示。这种编码方法吸取了两者的优点，在实际使用中效果比较好。如《机动车检测维修设备及工具分类与代码》标准，采用字母与数字混合层次编码法，大类为一位字母型代码，小类为二位数字型代码。大类代码可以单独使用，小类代码须与大类代码组合使用，编排代码时留有空码备用。如 A49 表示是汽车密封性试验装置。

（二）商品标志代码

商品标志代码通常是指由 EAN 和 UCC 系统的编码标准所规定，并用于全球统一标志商品的数字型代码。它包括 EAN/UCC－13、EAN/UCC－8、UCC－12 和 EAN/UCC－14 四种代码。商品条码是用来表示国际通用的商品标志代码的一种模块组合型条码，可被机器快速识读和处理。中国物品编码中心（ANCC）成立于 1989 年，由国务院授权统一组织、协调和管理全国的条码工作。1991 年，ANCC 代表中国加入 EAN。经过 10 多年的探索，研究制定了一套适合我国国情、技术先进的产品与服务标志系统——中国商品标志系统。

ANCC 是一套全球统一的标准化编码体系。编码体系是 ANCC 的核心，是对流通领域中所有的产品与服务，包括贸易项目、物流单元、资产、位置和服务关系等的标志代码，如图 3－3所示。

商品标志代码和商品条码主要用于对零售商和非零售商的统一标志。零售商品是指在零售端销售点（Point of Sales，POS）管理系统扫描结算的商品。非零售商品是指不经过 POS 系统扫描结算的、用于配送、仓储或批发等环节的商品，包括单个包装的非零售商品和含有多个包装等级的非零售商品。前者是指独立包装但又不适合通过零售端 POS 系统扫描结算的商品，如独立包装的冰箱、洗衣机等。后者是指需要标志的货物内含有多个包装等级，如装有 24 条香烟的一整箱烟或装有六箱烟的托盘等。

POS 系统是利用现金收款机作为终端机与主计算机相连，并借助光电识读设备为计算机录入商品信息。当带有条码符号的商品通过结算台扫描时，商品条码所表示的信息被录入计算机，计算机从数据库文件中查询到该商品的名称、价格等，并经过数据处理，打印出收据。

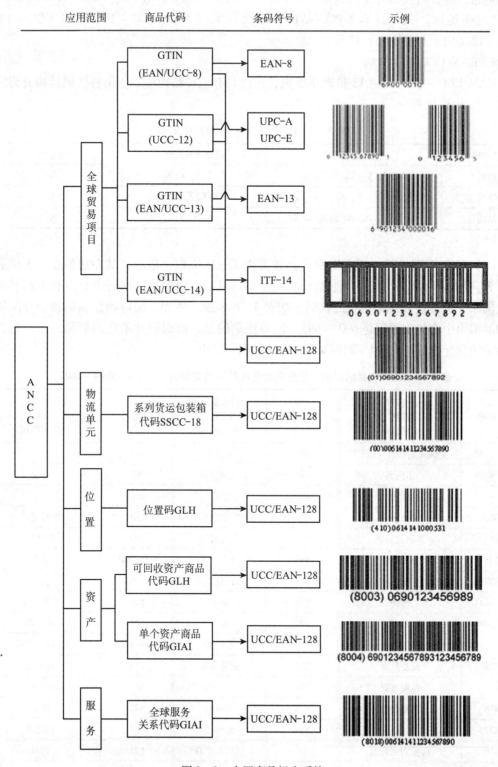

图 3 - 3　中国商品标志系统

通常，零售商品的标志代码采用 EAN/UCC – 13、EAN/UCC – 8、UCC – 12 和 UCC – 12（用于北美地区）代码，非零售商品的标志代码采用 EAN/UCC – 14、EAN/UCC – 13 和 UCC – 12（用于北美地区）代码。

1. EAN/UCC – 13 代码

EAN/UCC – 13 代码由 13 位数字组成，该代码有三种结构形式，每种代码结构分为三个层次，如表 3 – 5 所示。

表 3 – 5　EAN/UCC – 13 代码的结构

结构种类	厂商识别代码	商品项目代码	校验码
结构一	$X_{13}\,X_{12}\,X_{11}\,X_{10}\,X_9\,X_8\,X_7$	$X_6\,X_5\,X_4\,X_3\,X_2$	X_1
结构二	$X_{13}\,X_{12}\,X_{11}\,X_{10}\,X_9\,X_8\,X_7\,X_6$	$X_5\,X_4\,X_3\,X_2$	X_1
结构三	$X_{13}\,X_{12}\,X_{11}\,X_{10}\,X_9\,X_8\,X_7\,X_6\,X_5$	$X_4\,X_3\,X_2$	X_1

（1）厂商识别代码。厂商识别代码通常由 7～9 位数字组成，其左边的 2～3 位数字（$X_{13}\,X_{12}$ 或 $X_{13}\,X_{12}\,X_{11}$）称为前缀码，是 EAN 编码组织（国际物品编码协会）分配给其所属成员国家（或地区）编码组织的代码，如表 3 – 6 所示。例如，国际物品编码协会分配给中国物品编码中心的前缀码是 690～695。值得注意的是，前缀码并不代表商品的原产地，而只能说明分配和管理有关厂商识别代码的国家编码组织。

表 3 – 6　国际物品编码协会已分配给各成员国的前缀码（GB/T 12904—2003）

前缀码	编码组织所在国家/应用领域	前缀码	编码组织所在国家/应用领域	前缀码	编码组织所在国家/应用领域
00～13	美国及加拿大（UPC）	480	菲律宾	569	冰岛
20～29	店内码	481	白俄罗斯	57	丹麦
30～37	法国	482	乌克兰	590	波兰
380	保加利亚	484	摩尔多瓦	594	罗马尼亚
383	斯洛文尼亚	485	亚美尼亚	599	匈牙利
385	克罗地亚	486	格鲁吉亚	600、601	南非
387	波黑	487	哈萨克斯坦	608	巴林
40～44	德国	50	英国	609	毛里求斯
45、49	日本	520	希腊	611	摩洛哥
460～469	俄罗斯	528	黎巴嫩	613	阿尔及利亚
474	爱沙尼亚	529	塞浦路斯	616	肯尼亚
475	拉脱维亚	531	马其顿	619	突尼斯
476	阿塞拜疆	535	马耳他	622	埃及
477	立陶宛	539	爱尔兰	624	利比亚
478	乌兹别克斯坦	54	比利时和卢森堡	625	约旦
479	斯里兰卡	560	葡萄牙	626	伊朗

前缀码	编码组织所在 国家/ 应用领域	前缀码	编码组织所在 国家/ 应用领域	前缀码	编码组织所在 国家/ 应用领域
627	科威特	76	瑞士	869	土耳其
628	沙特阿拉伯	770	哥伦比亚	87	荷兰
629	阿拉伯联合酋长国	773	乌拉圭	880	韩国
64	芬兰	775	秘鲁	885	泰国
690～695， 471，489， 958	中国	777	玻利维亚	888	新加坡
70	挪威	779	阿根廷	890	印度
729	以色列	780	智利	893	越南
73	瑞典	784	巴拉圭	899	印度尼西亚
740	危地马拉	786	厄瓜多尔	90、91	奥地利
741	萨尔瓦多	789～790	巴西	93	澳大利亚
742	洪都拉斯	80～83	意大利	94	新西兰
743	尼加拉瓜	84	西班牙	955	马来西亚
744	哥斯达黎加	850	古巴	977	连续出版物
745	巴拿马	858	斯洛伐克	978、979	图书
746	多米尼加	859	捷克	980	应收票据
750	墨西哥	860	南斯拉夫	981、982	普通流通券
759	委内瑞拉	867	朝鲜	99	优惠券

注：各国家或地区编码组织负责指导本国或本地区范围内对前缀码 20～29、980、981、982、99 的应用；以上信息截至 2002 年 2 月。

（2）商品项目代码。商品项目代码由 3～5 位数字组成，用以表示商品项目的代码。商品项目是按商品的基本特征划分的商品群类。商品项目代码由厂商根据有关规定自行分配。在编制商品项目代码时，厂商必须遵守商品编码的基本原则，即同一商品品类的商品只能编制一个商品项目代码，对不同的商品品类必须编制不同的商品项目代码。商品名称、商标、种类、规格、数量和包装类型等商品基本特征不同，应视为不同品类的商品。

（3）校验码。校验码 X_1 为 1 位数字，用来校验其他代码 $X_{13}\sim X_2$ 编码的正误，它的数值是根据 $X_{13}\sim X_2$ 的数值按一定方法计算出来的，如表 3-7 所示。

表 3-7　校验码的计算方法

步　　骤	举 例 说 明
1. 自右向左顺序编号	位置号：13 12 11 10 9 8 7 6 5 4 3 2 1 代　码：6 9 0 1 2 3 4 5 6 7 8 9 X_1
2. 从序号 2 开始求出偶数位上的数之和（1）	$9+7+5+3+1+9=34$　（1）
3. （1）×3＝（2）	$34\times3=102$　（2）
4. 从序号 3 开始求出奇数位上的数之和（3）	$8+6+4+2+0+6=26$　（3）
5. （2）＋（3）＝（4）	$102+26=128$　（4）
6. 用大于或等于结果（4）且为 10 最小整数倍的数减去（4），其差即为所求校验码的值	$130-128=2$ 校验码 $X_1=2$

2. EAN/UCC - 8 代码

EAN/UCC - 8 代码由八位数字组成,用于印刷面积较小的商品零售包装,其结构如表 3 - 8 所示。

表 3 - 8　EAN/UCC - 8 代码的结构

商品项目识别代码(包括前缀码)	校 验 码
$X_8 X_7 X_6 X_5 X_4 X_3 X_2$	X_1

EAN/UCC - 8 代码结构分为商品项目识别代码和校验码两个层次。其中,商品项目识别代码由七位数字组成,校验码为一位数字。

(1)商品项目识别代码。商品项目识别代码是各国(地区)EAN 编码组织在国际物品编码协会分配的前缀码($X_8 X_7 X_6$)的基础上分配给厂商特定的商品项目的代码。EAN/UCC - 8 代码与 EAN/UCC - 13 代码有所不同。为了保证代码在全球范围内的唯一性,在我国,凡需使用 EAN/UCC - 8 代码的商品制造厂家,除正常申报加入中国条码系统的手续外,还需将本企业准备使用 EAN/UCC - 8 代码的商品目录及其外包装(或设计样张)报至中国物品编码中心或其分支机构,由中国物品编码中心统一赋码;已具备中国商品条码系统成员资格的厂家,其新产品要使用 EAN/UCC - 8 代码时,只能上报中国物品编码中心并由中国物品编码中心统一分配使用。

(2)校验码。与 EAN/UCC - 13 代码相同,校验码 X_1 为一位数字,其数值的计算方法与 EAN/UCC - 13 代码相同(只需在 X_8 前面加上五个 0,补齐至 13 位数)。

3. UCC - 12 代码

UCC - 12 代码是在美国和加拿大等北美国家已使用 30 多年的 12 位数字的商品标志条码。表示 UCC - 12 代码的条码符号结构有两种,即 UPC - A(12 位)代码和压缩了零的 UPC - E(8 位)代码,如表 3 - 9 和表 3 - 10 所示。

表 3 - 9　UPC - A 代码(12 位)

厂商识别代码和商品项目识别代码	校 验 码
$X_{12} X_{11} X_{10} X_9 X_8 X_7 X_6 X_5 X_4 X_3 X_2$	X_1

表 3 - 10　UPC - E 代码(8 位)

商品项目识别代码	校 验 码
$X_8 X_7 X_6 X_5 X_4 X_3 X_2$	X_1

表 3 - 9 中,X_{12} 是系统字符,其应用规则是:0、6、7 应用于一般商品;2 应用于商品变量单元;3 应用于药品及医疗用品;4 应用于零售商店内码;5 应用于优惠券;1、8、9 保留。中间 10 个数字是编码数字,分为中左五位和中右五位,前者为制造厂商识别代码,用于标志制造厂商,由 UCC 分配和管理;后者为商品标志代码,用于标志商品的特征和属性,由商品制造厂商根据 UCC 的规则自行编制和管理。最后一位数字为校验码,用于检验代码输入的正确性。校验码的计算方法如表 3 - 11 所示。

表 3 –11　校验码的计算方法

步　骤	举例说明
1. 将前面 11 位数字自左向右顺序编号	位置号：1　2　3　4　5　6　7　8　9　10　11 代　码：6　9　0　1　2　3　4　5　6　7　8　X_1
2. 求出奇数位上的数之和（1）	$6+0+2+4+6+8=26$　　（1）
3.（1）×3 ＝（2）	$26 \times 3 = 78$　　（2）
4. 求出偶数位上的数之和（3）	$9+1+3+5+7=25$　　（3）
5.（2）＋（3）＝（4）	$78+25=103$　　（4）
6. 用大于或等于结果（4）且为 10 最小整数倍的数减去（4），其差即为所求校验码的值	$110-103=7$ 校验码 $X_1 = 7$

UPC – E 商品代码是将系统字符为 0 的 UCC – 12 代码进行消零压缩所得，其中 X_8 为系统字符，取值为 0；校验码为消零压缩前 UPC – A 商品条码的校验码。

通常情况下，一般不选用表示 UCC – 12 代码的商品条码（UPC 商品条码），只有当产品出口到北美地区并且客户指定时，才申请使用 UPC 商品条码。中国厂商如需申请使用 UPC 商品条码，须经过中国物品编码中心统一办理。

4. EAN/UCC – 14 代码

EAN/UCC – 14 代码由 14 位数字组成，是用于非零售商品的标志代码，其结构如表 3 – 12所示。EAN/UCC – 14 代码结构分为指示符、内含商品的标志码（不含校验码）和校验码三个层次。其中，指示符为一位数字，内含商品的标志代码包括内含商品的厂商识别代码和商品项目代码共为 12 位数字，校验码仍为一位数字。

表 3 – 12　EAN/UCC – 14 代码结构

指　示　符	内含商品的标志代码（不含前缀码）	校　验　码
X_{14}	X_{13} X_{12} X_{11} X_{10} X_9 X_8 X_7 X_6 X_5 X_4 X_3 X_2	X_1

（1）指示符。指示符的赋值区间为 1～9，其中 1～8 用于定量的非零售商品，9 用于变量的非零售商品。最简单的方法是按顺序分配指示符，即将 1、2、3……分别分配给非零售商品的不同级别的包装组合。

（2）内含商品的厂商识别代码、商品项目代码及校验码。其含义与 EAN/UCC – 13 零售商品标志代码相同。

第四节　商品条码

一、商品条码的概念

商品条码是指由 EAN 和 UCC 规定的，用于表示商品标志代码的条码，包括 EAN 商品条码（EAN – 13 商品条码和 EAN – 8 商品条码）和 UPC 商品条码（UPC – A 商品条码和 UPC – E 商品条码）。

随着全球经济一体化对物流供应链管理要求的不断提高，EAN 也在不断地完善 EAN·

UCC 系统，并相应调整自身的组织架构。继 UCC 和拿大电子商务委员会（ECCC）加入 EAN 后，2005 年 2 月，该协会正式向全球发布了更名信息，将组织名称由 EAN International 正式变更为 GS1。GS1 致力于建立"全球统一标志系统和通用商务标准——EAN·UCC 系统"，通过向供应链参与方及相关用户提供增值服务，来优化全球供应链的管理效率。更名后的 GS1 从一个单一的标准化组织发展成为一个集"标准推广"和"服务提供"功能为一体的机构，成为供应链管理领域的国际一流的标准化组织，意味着机构从单一的条码技术向更全面、更系统的技术领域及服务体系发展。

经过 30 多年的不断完善和发展，GS1 已拥有一套全球跨行业的产品、运输单元、资产、位置和服务的标志标准体系和信息交换标准体系，使产品在全世界都能够扫描和识读；GS1 的全球数据同步网络（GDSN）确保全球贸易伙伴都使用正确的产品信息；GS1 通过电子产品代码（EPC）、射频识别（RFID）技术标准提供更高的供应链运营效率；GS1 可追溯解决方案，帮助企业遵守欧盟和美国食品安全法规，实现食品消费安全。

EAN－13、EAN－8、UPC－A、UPC－E 共同组成了全球范围内用于 POS 结算的商品条码标识体系，实现了全球范围内零售结算的革命，如图 3－4 所示。

(a) UPC-A　　(b) UPC–E　　(c) EAN-13　　(d) EAN–8

图 3－4　条形码示意

二、商品条码编码的基本原则

（一）唯一性原则

唯一性原则是商品编码的基本原则，是指同一商品项目的商品应分配相同的商品标志代码，不同商品项目的商品必须分配不同的商品标志代码。基本特征相同的商品应视为同一商品项目，基本特征不同的商品应视为不同的商品项目。通常商品的基本特征包括商品名称、商标、种类、规格、数量、包装类型等。

（二）稳定性原则

稳定性原则是指商品标志代码一旦分配，只要商品的基本特征没有发生变化，就应保持不变。同一商品项目，无论是长期连续生产，还是间断式生产，都必须采用相同的标志代码。即使该商品项目停止生产，其标志代码应至少在四年之内不能用于其他商品项目上。另外，即便商品已不在供应链中流通，由于要保存历史记录，需要在数据库中较长期地保留它的标志代码，因此，在重新启用商品标志代码时，还需要考虑此因素。

（三）无含义性原则

无含义性原则是指商品标志代码中的每一位数字不表示任何与商品有关的特定信息。

三、商品条码的结构

全球贸易项目代码（GTIN）是目前 ANCC 编码体系中应用最广泛的标志代码，贸易项目是指一项产品或服务，该产品需要获取预先的信息，并且可以在供应链的任意节点进行标价、订购或开具发票，以便所有贸易伙伴进行交易。UPC－A、UPC－E、EAN－13、EAN/UCC－8 及 ITF－14 统称为全球贸易项目代码。

GTIN 有四种数据结构，即 EAN/UCC－14、EAN/UCC－13、EAN/UCC－8 和 UCC－12，如图 3－5 所示。

EAN/UCC-14	数据结构	指示符	内含项目的GTIN(不含校验位)		校验位
		N_1	N_2 N_3 N_4 N_5 N_6 N_7 N_8 N_9 N_{10} N_{11} N_{12} N_{13}		N_{14}

EAN/UCC-13	数据结构	厂商识别代码	项目代码	校验位
		N_1 N_2 N_3 N_4 N_5 N_6 N_7 N_8 N_9 N_{10} N_{11} N_{12}		N_{13}

UCC-12	数据结构	厂商识别代码	项目代码	校验位
		N_1 N_2 N_3 N_4 N_5 N_6 N_7 N_8 N_9 N_{10} N_{11}		N_{12}

EAN/UCC-8	数据结构	前编码	项目代码	校验位
		N_1 N_2 N_3 N_4 N_5 N_6 N_7		N_8

图 3－5　GTIN 的四种数据结构

在我国，零售商品的标志代码主要采用 GTIN 的三种数据结构，即 EAN/UCC－13、EAN/UCC－8 和 UCC－12。EAN/UPC 商品条码包括 EAN 商品条码（EAN－13 和 EAN－8）和 UPC 商品条码（UPC－A 和 UPC－E）。EAN－13 商品条码又称标准版的商品条码，表示 EAN/UCC－13 代码。EAN－8 商品条码也称缩短版的商品条码，表示 EAN/UCC－8 代码（GB 12904—2003）。

（一）EAN/UCC－13 的代码结构

（1）当前缀码为 690、691 时，条码由 3 位国别码、4 位厂商代码、5 位商品代码及 1 位校验码构成。EAN/UCC－13 的代码结构如图 3－6 所示。

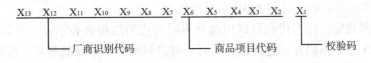

图 3－6　EAN/UCC－13 代码结构

（2）当前缀码为 692、693 时，条码由 3 位国别码、5 位厂商代码、4 位商品项目代码及 1 位校验码构成。EAN/UCC－13 的代码结构如图 3－7 所示。

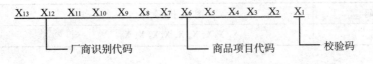

图 3－7　EAN/UCC－13 代码结构

（二）EAN/UCC - 8 的代码结构

EAN/UCC - 8 的代码结构如图 3 - 8 所示。

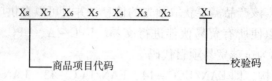

图 3 - 8　EAN/UCC - 8 代码结构

四、店内条码

连锁超市内经营的某些商品，如鲜肉、水果、熟食品等，消费者变量消费、商店变量销售。这些商品的编码任务一般不宜由生产者负责，而应由零售商完成。零售商进货以后，对商品进行包装，用专用设备（计量打印机）对商品称量并自动编码和制成店内条码，然后将条码粘贴到商品外包装上。自行编码和印制的条码只限于自己商店内部使用，因此称为零售商店内码。

1. 店内条码的使用

从杭州市场上连锁超市店内条形码的使用情况看，店内码的数据结构有 18 位和 13 位之分，18 位数据结构的店内码中含有价格信息和称量信息；13 位数据结构的店内码中或有价格信息或有称量信息。

2. 店内形码的主要功能

连锁超市通过编制使用店内条码，可以掌握每个门店散装商品销售的详细情况，自动统计散装商品的销售数量和金额，便于商品销售分析。

五、EAN 系统的图书代码

图书作为商品的一种，不仅具有商品的一般属性，而且具有流动量大、流速快、流通范围广和流通环节多等特点。EAN 与国际标准书号中心（International Standard Book Number，ISBN）达成一致协议，把图书作为特殊的商品，将 EAN 前缀码 978 作为国际标准书号（ISBN）系统的专用前缀码，并将 ISBN 书号条码化。

按照 EAN 的规定，图书代码可以用两种不同的代码结构来表示：一种是把图书视作一般商品，按 EAN 商品编码方法进行编码；另一种是利用图书本身的书号，按照 EAN 和 ISBN 协议规定，将 978 作为图书商品的前缀码进行编码。

1. 将图书按一般商品进行编码

将图书按一般商品进行了编码，其代码结构如表 3 - 13 所示。

表 3 - 13　图书按一般商品进行编码的代码结构

国别代码	图 书 代 号	校验字符
$P_1P_2P_3$	$X_1\ X_2X_3\ X_4\ X_5\ X_6X_7\ X_8\ X_9$	C

$P_1 \sim P_3$：前缀码，是 EAN 分配给各国编码组织的国别代码。

$X_1 \sim X_9$：图书代码，图书代码的具体结构由各国编码组织根据本国特点自行定义。例如，厂商代码 + 书名代码，或出版社代号 + 书名，或出版物代码 + 价格代码。

C：校验字符，计算方法与 EAN 代码的校验字符相同。

2. 直接采用图书的书号

直接采用图书的书号，其代码结构如表 3 - 14 所示。

表 3 - 14　直接采用图书 ISBN 号的代码结构

前 缀 码	图书项目代号	校验字符
978	$X_1\ X_2 X_3\ X_4\ X_5\ X_6 X_7\ X_8\ X_9$	C

前缀码 978：EAN 分配给 ISBN 系统专用的前缀码，用于标志图书。979 为 EAN 留给 ISBN 系统的备用前缀码。

图书项目代码 $X_1 \sim X_9$：直接采用图书的书号（不含其校验码）。

校验字符 C：图书代码的校验码，计算方法与 EAN 相同。

3. EAN 系统的中国图书代码结构

根据 EAN 的规定，各国编码组织有权根据自己的国情在图书编码的两种方案中作出自己的选择。由于我国已加入 ISBN，并且全国的图书已采用 ISBN 书号，书号完全可以满足 EAN 物品标志的需要。因此，我国选择第二种方案标志我国的图书出版物，并于 1991 年发布了国家标准《中国标准书号（ISBN 部分）条码》，开始在全国图书上推广普及条码标志。

六、EAN 系统的期刊代码

按照 EAN 的规定，期刊可以有两种不同的编码方式：一种方式是将期刊作为普通商品进行编码，编码方式按照标准的 EAN - 13 代码的编码方式进行，这种方法可以起到商品标志的作用，但体现不出期刊的特点；另一种方法是按照国际标准期刊号（International Standard Serial Number, ISSA）体系进行编码。ISSN 是由国际标准期刊中心统一控制，在世界范围内广泛采用的期刊代码体系。按照这个体系编码完全可以达到标志系列出版物的目的。因此，EAN 与国际标准书号中心签署协议，并将 EAN 前缀码 977 分配给国际标准期刊系统，供期刊标志专用。

对于每个国家具体采用何种编码方法来标识期刊，EAN 不作统一规定，每个国家的编码组织可以根据自己的实际情况进行选择。

1. 按普通商品编码规则编码

按普通商品编码规则，编码的构成如表 3 - 15 所示。

表 3 - 15　按普通商品编码规则编码的构成

国别代码	期刊标志代码 （由各国编码机构自行定义）	EAN - 13 代码的校验字符	补充代码表示 期刊的系列编号
$P_1 P_2 P_3$	$X_1\ X_2 X_3\ X_4\ X_5\ X_6 X_7\ X_8\ X_9$	C	$S_1 S_2$

$P_1 P_2 P_3$：国别代码，由 EAN 分配。

$X_1 \sim X_9$：期刊标志码，是用来唯一标志期刊的代码，代码的结构由各国物品编码组织自行确定。利用这种结构的代码来标志期刊，期刊的价格应表示在 $X_1 \sim X_9$ 中确定的位置，并且能直接在出版物的所在国使用。这样一旦该出版物流通到国外，尽管价格可能不再适用，但作为普通标志编码的整体并没有破坏，同样可以作为期刊标志编码使用。

C：EAN-13 代码的校验字符，可以由通过商品代码（EAN 码）的方法计算出来。

$S_1 S_2$：期刊代码的补充代码，由两位数字构成，表示一周以上出版的期刊的系列号（即周或月份的序数）。

2. 直接采用 ISSN 号对期刊进行编码

直接采用 ISSN 号对期刊进行编码，其代码结构如表 3-16 所示。

表 3-16　直接采用 ISBN 号对期刊进行编码的代码结构

前缀码	ISSN 号	备用码	校验字符	期刊系列号
977	$X_1 \sim X_7$	$Q_1 Q_2$	C	$S_1 S_2$

前缀码 977：EAN 分配给国际标准期刊系统的专用前缀码。

$X_1 \sim X_7$：期刊号，不含其校验码。

$Q_1 Q_2$：备用码，当 $X_1 \sim X_7$ 不能清楚地标志期刊时，可以利用备用码 $Q_1 Q_2$ 来辅助区分出版物。日刊或一周内发行几次的期刊，可以利用 $Q_1 Q_2$ 分配不同的代码。

$S_1 S_2$：期刊系列号，仅用于表示一周以上出版一次的期刊系列号（即周或月份的序数）。期刊系列号的代码构成如下：

周刊 $S_1 S_2$：$01 \sim 52$（周的序列数代码）；

双周刊 $S_1 S_2$：02，04，06，…，52 或 01，03，05，…，51；

月刊 $S_1 S_2$：$01 \sim 12$（月份的序数代码）；

双月刊 $S_1 S_2$：02，04，…，12 或 01，03，…，11；

季刊 $S_1 S_2$：与双月刊类似（以第一期的发行月份决定月份的序数代码的使用）；

季节性刊物：S_1 用本年度的最后一位数（如 2009 年即为 9）表示；S_2 用季节代码表示，即春季——1，夏季——2，秋季——3，冬季——4；

双季节性刊物 $S_1 S_2$：与季节性刊物相同，S_1 用本年度的最后一位数表示；S_2 为第二季度的代码（如夏季刊物取 2）；

年刊 $S_1 S_2$：S_1 为本年度的最后一位数字，S_2 为 5；

特殊刊物（不定期）$S_1 S_2$：$01 \sim 99$。

七、物流条码

（一）物流条码的概念

物流条码是指由 EAN 和 UCC 指定用于商品单元的全球统一标志的条码。商品单元由消费单元、储运单元和货运单元组成，如图 3-9 所示。

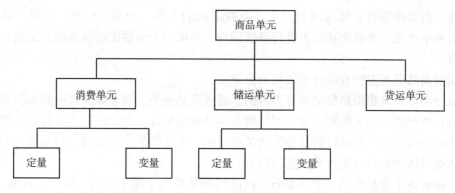

图 3 - 9　商品单元组成

物流条码是供应链中用于标志物流领域中具体实物的一种特殊代码,是整个供应链包括制造业、配送业、运输业和最终用户等不同环节的共享数据。它连接整个贸易过程,并通过物流条码数据的采集、反馈来提高整个物流系统的经济效益。

(二) 国际通用的物流条码种类

目前,国际上通用和公认的物流条码有三种,即消费单元条码、储运单元条码和货运单元条码。

1. 消费单元条码

消费单元条码又称商品条码,它采用 EAN - 13 条码,主要用于零售业,在我国的超市里已被广泛采用。与之对应的是国家标准《商品条码》(GB 12904)。

2. 储运单元条码

储运单元条码一般采用 ITF - 14 条码。目前,在我国部分超市的配送中心已开始使用,主要用于商品的纸质包装箱上。与其对应的是国家标准《储运单元条码》(GB/T 16830)。

3. 货运单元条码

货运单元条码是物流条码最常用的形式,也是国际物流业中普遍推广使用的全球通用物流条码,我国许多物流企业和生产企业已开始使用货运单元条码。货运单元条码采用 EAN·UCC系统 128 条码,也可缩写为 UCC/EAN - 128 条码,主要用于运输、仓储等物流标签上,与其对应的是国家标准《EAN·UCC 系统 128 条码》(GB/T 15425)。

在选用上述条码时,要根据货物的不同和商品包装的不同,采用不同的物流条码。单个大件商品,如电视机、电冰箱、洗衣机等商品的包装往往采用 EAN - 13 条码。储运包装箱采用 ITF - 14 条码或 UCC/EAN - 128 条码,包装箱内可以是单一商品,也可以是不同的商品或多件头商品小包装。

本 章 小 结

本章主要阐述了商品分类的含义、分类方法与分类体系。商品分类是指根据商品的属性或特征,按照一定的原则和方法,将商品总体进行区分和归类,并建立起一定的分类体系和排列顺序,以满足某种需要的过程。或者说,商品分类是为了一定目的,选择恰当的分类标志或特征，将商品集合总体逐级划分为一系列不同的大类、中类、小类、品类、品种、细目，直至最小单元，并在此基础上进行系统编排，形成一个有层次的逐级展开的商品分类体系的过程。

常用的商品分类方法有线分类法和面分类法。

商品分类体系是指根据特定的分类目的，通过商品分类、赋予商品代码和编制商品目录等工作后，所形成的相互联系、相互制约的商品品种的集合，即详细的商品目录。建立科学实用的商品分类体系，是进行商品分类的最终目的。商品的生产、流通、贸易统计和信息交流都是依据具体的商品分类体系来进行的。

本章还阐述了商品代码与商品编码。商品代码是指为了便于识别、输入、存储和处理，用来表示商品一定信息的一个或一组有规律排列的符号。商品编码是指赋予某类或某种商品的一组或一个有序的符号排列的过程。商品代码依据其所用符号的组成不同，可分为数字型商品代码、字母型商品代码和数字－字母混合型商品代码三种。

商品条码是指由 EAN 和 UCC 规定的、用于表示商品标志代码的条码，包括 EAN 商品条码（EAN－13 商品条码和 EAN－8 商品条码）和 UPC 商品条码（UPC－A 商品条码和 UPC－E 商品条码）。

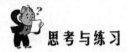

思考与练习

一、名词解释

商品分类　商品分类标志　线分类法　面分类法　商品代码　商品条码

二、选择题

1. 商品代码与商品的对应关系是（　　）。
   A. 一个代码对应一个商品　　　　B. 一个代码对应多个商品
   C. 一个商品对应多个代码

2. 选择商品分类标志应遵循（　　）等基本原则。
   A. 满足分类的目的和要求　　　　B. 对商品进行科学定义
   C. 便于计算机处理　　　　　　　D. 在同一类别范围内只能采用一种分类体系
   E. 能囊括分类的全部商品

3. 能用于商品编码的符号有（　　）。
   A. 字母　　　　　　　　　　　　B. 数字
   C. 字母和数字　　　　　　　　　D. 条形符号构成的图形
   E. 特殊标记

4. 商品目录的种类很多，可分为（　　）。
   A. 地区商品目录　　　　　　　　B. 国家商品目录
   C. 部门商品目录　　　　　　　　D. 企业、单位商品目录
   E. 零售商品目录

5. HS 编码制度将所有国际贸易商品分为（　　）类。
   A. 19　　　　　　　　　　　　　B. 20
   C. 21　　　　　　　　　　　　　D. 16

三、问答题

1. 目前常用的商品分类标志有哪些？

2. 什么是商品分类体系？简述国际贸易商品分类体系的主要构成。

3. 目前商品条码有哪些类型？EAN-13条码的构成如何？

四、案例分析

阅读杭州某超市商品经营类别表，回答有关问题（见表3-17）。

表3-17　杭州某超市商品经营类别表（部分）

商品大类		商品中类		商品小类					
代码	名称	代码	名称	代码	名称	代码	名称	代码	名称
1	包装食品	101	休闲食品	10101	膨化食品	10102	干果炒货	10103	果脯蜜饯
				10104	肉脯食品	10105	鱼片		
		102	饼干糕点	10201	饼干	10202	派类	10203	糕点
				10204	曲奇				
		103	糖果	10301	香口胶	10302	巧克力	10303	硬糖
				10304	软糖	10305	果冻		
		104	冲调食品	10401	奶、豆粉	10402	麦片/餐糊	10403	茶叶
				10404	夏凉饮品	10405	功能糖	10406	固体咖啡
				10407	藕粉、羹				
		105	营养保健品	10501	参茸滋补	10502	浓缩保健	10503	减肥食品
				10504	药酒	10505	蜂产品		
2	饮料烟酒	201	饮料	20201	碳酸饮料	20102	饮用水	20103	茶饮/咖啡
				20104	果汁	20105	功能饮料	20106	常温奶品
		202	酒类	20201	国产白酒	20202	葡萄/色酒	20203	啤酒
				20204	功能酒	20205	进口酒	20206	其他
		203	烟草	20301	国产烟	20302	进口烟	20303	雪茄
				20304	烟叶、丝	20305	烟具		
3	副食	301	罐头	30101	水果罐头	30102	农产罐头	30103	畜产罐头
				30104	水产罐头	30105	果酱	30106	沙拉酱
		302	调味制品	30201	调味料	30202	调味汁	30203	调味酱
		303	土产干货	30301	农产干货	30302	水产干货	30303	畜产干货
		304	酱菜	30401	酱菜	30402	腐乳		
4	粮油	401	速食品	40101	方便面	40102	方便粥/饭	40103	速食调理
		402	粮食类	40201	米面类	40202	杂粮类	40203	粮食制品
		403	食用油	40301	花生油	40302	调和油	40303	色拉油
				40304	粟米油	40305	菜籽油		
		404	物类	40401	宠物食品	40402	宠物用品		
5	生鲜类	501	畜禽类	50101	猪肉及分割	50102	猪肉加工品	50103	牛肉及分割
				50104	牛肉加工品	50105	羊肉及分割	50106	羊肉及加工品
				50107	禽类及分割	50108	禽类加工品		
		502	水产类	50201	淡水鱼类	50202	海水鱼类	50203	虾蟹贝龟

商品大类		商品中类		商品小类					
代码	名称	代码	名称	代码	名称	代码	名称	代码	名称
				50204	水产制品	50205	水发制品		
		503	蔬果类	50301	蔬菜	50302	水果	50303	干菜
		504	熟食速食	50401	熟食制品	50402	速食制品		
6	日配类	601	面包主食	60101	面包西点	60102	主食面点		
		602	熟食素食	60201	熟食制品	60202	豆制小菜	60203	半成品
				60204	素食制品				
		603	奶蛋类	60301	鲜奶	60302	发酵奶	60303	调味奶
				60304	奶油乳酪	60305	蛋品类		
		604	冻品类	60501	速冻面点	60502	微波食品	60503	肉类制品
				60504	水产制品	60505	蔬菜制品	60506	冰棒雪糕
		606	保鲜果汁	60601	鲜果汁	60602	鲜菜汁		

问题：

说明该超市商品的分类标志和分类方法。

五、实训题

1. 选择一家百货商场，了解其经营的商品类别及主要分类方法。

2. 选择一家超市，了解该超市店内码的编码方法及代码结构。

第四章

商品标准与质量认证

■ 商品标准
■ 商品标准化
■ 商品质量认证
■ 产品质量认证标志

☞ 导入语

商品标准是技术标准中的一种，是指为保证商品的适用性，对商品必须达到的部分或全部要求所制定的标准，包括商品品种、规格、技术要求、检验规则、包装、储存及运输等。我国标准分为国家标准、行业标准、地方标准和企业标准四级。

标准化工作的任务是制定标准、组织实施标准和对标准的实施进行监督。"通过制定、发布和实施标准，达到统一"是标准化的实质。"获得最佳秩序和社会效益"则是标准化的目的。

产品（商品）质量认证是依据产品（商品）标准和相应的技术要求，经认证机构确认并通过颁发认证证书和认证标志来证明某一产品（商品）符合相应标准和相应技术要求的活动。我国产品认证按认证的内容不同分为合格认证、安全认证和综合认证三种。产品质量认证标志是指产品经法定的认证机构按规定的认证程序认证合格，准许在该产品及其包装上使用的表明该产品的有关质量性能符合认证标准的标志。

本章学习目标：

● 理解商品标准和商品标准化的作用；
● 熟悉商品标准的分类、内容、制定原则和程序；
● 掌握商品标准的分级及表示方法；
● 了解商品质量认证的类型和商品质量体系认证。

第一节　商品标准

一、标准与商品标准的概念

（一）标准的概念

我国颁布的 GB 3935.1—83《标准化基本术语　第一部分》中对"标准"作了以下定义：标准是对重复性事物和概念所作的统一规定。它以科学技术和实践经验的综合成果为基础，经有关方面协商一致，由主管机构批准，以特定形式发布，作为共同遵守的准则和依据。

制定标准的基本出发点是取得国民经济的最佳效果；制定标准的领域和对象是需要协调统一的重复性事物和概念；制定标准的依据是科学技术和实践经验的综合成果；标准是经有关方面在充分协商的基础上产生的；标准的本质特征是统一；标准文件有着自己的一套格式和制定颁发的程序。

标准按照其性质可以分为基础标准、技术标准、管理标准和工作标准四大类。

1. 基础标准

基础标准是指具有广泛的普及范围或包含一个特定领域的通用规定的标准。基础标准经常用来作为其他标准的基础。

2. 技术标准

技术标准是指对标准化领域中需要协调统一的技术事项所制定的标准。技术标准中的标准化对象是各种技术问题、技术方法和产品。如产品标准、技术基础标准等。

3. 管理标准

管理标准是对标准化领域中需要协调统一的管理事项所制定的标准。"管理事项"是指在营销、设计、采购、工艺、生产、检验、能源、安全、卫生和环境保护等管理中，与实施技术标准有关的重点事项和概念。如营销管理标准、生产管理标准、能源管理标准等。

4. 工作标准

工作标准是指对标准化领域中需要协调统一的工作事项所制定的标准。"工作事项"是指在执行相应管理标准和技术标准时，与之有关的工作岗位和职责、岗位人员的基本技能。如岗位工作标准、人员操作标准等。

（二）商品标准的概念

商品标准（在现行的标准体系中体现为产品标准）是指对商品质量和有关质量的各个方面（如成分、结构、等级、品种、规格、用途、检验方法、包装、运输、储存、使用条件等）所规定的典范或准则。商品标准是技术标准中的一个组成部分，是评定商品质量的依据和准则。

由于商品品种众多，每种商品的成分、结构、性质、用途、使用方法等各不相同，不同消费者对每种商品的质量要求千差万别，所以需要对不同商品制定出各自的质量准则。

商品标准是社会生产力发展的产物，又是推动社会生产力发展的一种手段。由于商品标准是根据一定时期社会发展需要和生产技术水平制定的，因此它也是科学技术及社会生产发展水平的标志。

《中华人民共和国标准化管理条例》规定，正式生产的商品必须制定商品标准，并认真执行。因此，商品标准是商品生产和商品流通的一种共同技术依据，是评定商品质量的准则，还是产销双方对商品质量产生争议时进行仲裁的依据。

人类文明是以"创造标准"为基础缔造出来的。语言、度量衡、货币等单位，归根结底都属于广义的标准。可以说，没有标准，人类生活就无法进行。当今时代，标准对发展我国社会主义市场经济，促进科学技术进步，保证产品质量，提高社会经济效益，维护国家和人民的利益，发展对外经济往来都有着重要的意义。

商品标准统一是全球经济一体化的必然要求和发展趋势，表达了生产者、经销者、管理者和消费者对商品的共同要求，商品标准是通过商品标准化来实现目的、发挥作用的。

二、商品标准的分类

（一）按商品标准的表现形式分类

1. 文件标准

文件标准是指用特定格式的文件，以文字、表格、图样等形式，表达对全部或者部分商品质量有关内容（如规格、检验、成分等）的规定。绝大多数商品标准是文件标准。

2. 实物标准

当用文件难以准确表述商品的质量内容时，如色泽、气味、手感等，需制作实物标准，即用商品实物制成符合规定质量要求的标准样品来表示。它主要用于粮食、茶叶、烟叶、棉花、羊毛等农牧产品。在实践操作中，实物标准与文件标准互为补充，相互配套使用。

（二）按商品标准的约束程度分类

1. 强制性标准

强制性标准又称法规性标准。属于保障人体健康、人身及财产安全的标准和法律、行政法规规定强制执行的标准都是强制性标准。它一经批准发布，在其规定的范围内必须严格贯彻执行，并受国家有关机构的监督，不执行的企业要承担法律责任。我国绝大多数标准都是强制性标准。

2. 推荐性标准

推荐性标准又称自愿性标准，具有指导生产和流通的作用，应积极推广使用，但不具有法律约束力，国家鼓励企业自愿采用。强制性标准以外的其他标准属于推荐性标准。国际标准和先进国家的标准，都可视为推荐性标准。由于推荐性标准大多具有先进性的特点，所以很多企业愿意采用。在我国现行体制中，国家标准、行业标准、地方标准都可制定推荐性标准。

（三）按商品标准的成熟程度分类

1. 正式标准

绝大多数标准都是正式标准。

2. 试行标准

试行标准的标准号与正式标准表示方法相同，但在封面右下角要注明试行年、月、日。试行标准同样具有法律效力，一般在试行2～3年后，经讨论修订，作为正式标准发布。

（四）按商品标准的保密程度分类

1. 内部标准

少数标准涉及军事技术、尖端技术或因政策性原因，不能或不许对外公开，故作为内部标准。内部标准的代号是在公开标准代号后加"n"，即 GBn。企业为了保证商品质量或竞争需要，常制定比国家标准或行业标准严格的内部标准，该标准对外保密，主要用于生产过程。

2. 公开标准

绝大多数商品标准都是公开标准。

此外，按照商品标准的级别还可以分为国家标准、行业标准、地方标准和企业标准；按照其适用范围可分为生产型标准和贸易型标准、出口商品标准和内销商品标准。

三、商品标准的内容

我国的商品标准一般由概述、技术内容（正文）和补充三部分构成。

（一）概述部分

概述部分概括地阐明标准的主题、内容目录、标准的适用对象和适用范围。具体内容如下。

1. 封面与首页

应明确列出标准名称、标准号、级别，批准发布日期，实施（或试行）的日期。其印刷格式应符合国家标准的规定。

2. 目录

只有在标准内容结构复杂时才编写目录，否则可仅用文字加以概述。

3. 商品标准的名称

应简单明确地表明标准的主题、对象和内容，以与其他标准相区别。标准名称可直接用商品名称表示，也可用商品名称加"技术条件"表示，还可用商品名称加某项或某几项技术特征表示。

4. 引言

引言概述本标准采用、参考国际标准的程度及制定本标准的目的、作用等内容。

（二）技术内容部分

技术内容是商品标准的实质性内容，属于标准的正文部分。具体内容如下。

1. 主题内容与适用范围

主题内容是指本标准统一规定的项目，即标准化的对象。适用范围是指本标准适用于何种原料、工艺，作用用途及何种商品。

2. 引用标准

简要说明本标准直接引用的标准，以及与本标准配套使用的标准。

3. 名词、术语、符号和代号

凡在国家基础标准中未作统一规定的有关商品的名词、术语、符号和代号，都应在本标准中作出规定。

4. 商品分类

商品分类即产品品称、规格，是指在标准中规定产品的种类和型式，确定商品的基本参数和尺寸等，作为合理发展商品品种、规格及供用户选用的依据。其主要内容包括商品的品种、规格、结构和尺寸及其系列，基本参数，材料（配方），标记，工艺特征，产品命名和型号编制方法等。

5. 技术要求

技术要求是指为保证产品的使用性能而对制造质量所作的规定。它是指导生产、使用产品并对产品质量进行检验的依据。

技术要求内容很多，其主要内容包括产品理化性能、使用性能、稳定性、质量等级及质量指标，防护、卫生和安全要求，环境条件，工艺要求，质量保证等。列入标准的技术要求，应是对产品质量有重大影响，而且必须是可以测定或鉴定的关键性指标。

6. 试验方法

试验方法是指对产品的制造质量是否符合标准而进行检测的方法、程序和手段所作的统一规定。其基本内容应根据技术要求制定。试验方法可包括：试验项目及其方法和原理；试验所用仪器设备、材料工具、试剂和样品；试验条件及其准备工作和试验程序；试验结果的计算、分析和评定；试验记录和试验报告的内容等。

7. 检验规则

检验规则是指产品提交产品质量检验部门或收购部门进行质量验收的有关技术规定。其主要包括：检验项目、抽样方法及数量、复验抽样规定；检验方法、检验结果的评定及复验规则；检验方式。

8. 标志、包装、运输和储存

这是为使商品从出厂到交付使用的过程中，不致受到损失所作的规定。标志是对产品标志和外包装标志的内容和标志位置等方面的规定；包装是为保证商品在运输、储存过程中，不受损失所作的要求，包括包装材料、包装容器、包装方式及包装中商品数量、重量和体积等方面的要求；运输和储存主要规定该商品在运输和储存时的特殊要求，如对运输工具、条件和注意事项的特殊要求；对储存地点、条件，放置方法、储存期限及储存中应检查项目等方面的要求。

（三）补充部分

商品标准的补充部分主要分为附录和附加说明。

1. 附录

根据需要，一个标准可以有若干个附录。附录按其性质又可分为以下几种形式。

（1）补充件。补充件是标准部分的补充，与标准条文具有同等效力。

（2）参考件。其主要包括：标准中重要规定的依据，某些重要的专门事项的介绍，某些条文的参考资料或推荐性方法；正确使用标准的说明等。它属于参考性内容，不具有与标准条文同等的效力。

2. 附加说明

附加说明是制定、修订标准中的一些说明事项。如本标准的提出部门、起草单位、负责起草人、负责解释单位，首次发布、历次修订和复审确认的年月，以及其他需要加以说明的问题等。

四、商品标准的制定与实施

（一）商品标准的制定

制定商品标准是标准化工作中首要的和关键的一环。只有制定先进合理的标准，并认真贯彻实施，才能获得较好的效果，发挥标准化的作用。

国家标准的制定有一套正常程序，每一个过程都要按部就班地完成。同时，为适应经济的快速发展，缩短制定周期，除正常的制定程序外，还可采用快速程序。制定商品标准须经历一个复杂的过程，必须以科学的态度，按照科学的程序进行。

我国依据 ISO/IEC 导则第一部分：技术工作程序（1995 年版）颁发了国家标准《国家标准制定程序的阶段划分及代码》（GB/T 16733—1997），该标准将国家标准的制定程序划分为九个阶段，即预阶段、立项阶段、起草阶段、征求意见阶段、审查阶段、批准阶段、出版阶段、复审阶段和废止阶段。

国家技术监督局于 1998 年发布了《采用快速程序制定国家标准的管理规定》。快速程序是在正常标准制定程序的基础上省略起草阶段或省略起草阶段和征求意见阶段的简化程序。凡符合下列之一的项目，均可申请采用快速程序：①等同采用或修改采用国际标准制定国家标准的项目；②等同采用或修改采用国外先进标准制定国家标准的项目；③现行国家标准的修订项目；④现行其他标准转化为国家标准的项目。采用快速程序的项目，按《国家标准管理办法》的有关规定和 GB/T 16733—1997 的要求进行管理。制定行业标准和地方标准的程序与国家标准差不多，企业标准的制定程序可适当简化。

（二）商品标准的实施

商品标准制定后的贯彻实施，是整个标准化活动的关键性环节之一。商品标准只有通过在社会实践中贯彻实施，才能够产生作用和效果，才能够评价其质量和水平，才能够发现存在的问题，明确改进和提高的方向。

商品标准发布以后，强制性商品标准就具有法规的效力，必须严格按照执行。不符合强制性商品标准的产品，禁止生产、销售和进口。违犯者要承担法律责任，由规定的行政主管部门和工商行政管理部门依法处理，没收产品和违法所得，并处以罚款；造成严重后果构成犯罪者，要依法追究刑事责任；县级以上政府标准化主管部门，负责对商品标准的实施情况进行监督检查，并可根据需要，设置检验机构或授权其他单位的检验机构，对产品是否符合标准进行检验，作为处理产品纠纷的法律依据。

贯彻实施商品标准，必须严肃认真，建立配套措施。一般步骤大致可分为计划、准备、实施、检查和总结五个阶段。贯彻实施商品标准，绝不是一个部门的事，也不是只靠企业自己努力就能做好的。它需要各级主管部门、归口单位、企业等各方面密切配合，分工协作；也需要与用户、消费者和监督检验工作者密切合作。

（三）商品标准的修订

由于现代科学技术发展异常迅速，新科学、新技术不断涌现，使科学技术从发明创造到生产应用、获得效益的平均周期日益缩短，加速了产品的更新换代。同时，科学技术的发展也促进了生产和社会经济的发展，这必然会使一些现行的商品标准失去原有的制定基础，不再具备先进合理性，阻碍生产和技术的进步。因此，《中华人民共和国标准化法》（以下简称《标准化法》）规定，"标准实施后，制订标准的部门应当根据科学技术的发展和经济建设的需要适时进行复审，以确认现行标准有效或者予以修订、废止"；"标准复审周期一般不超过五年"。

标准经过复审，应分别予以确认、修订或废止。经过修订的商品标准，其编号中的顺序号不变，只改变发布年代号。修订商品标准的程序与制定商品标准时相同，但可根据情况，简化程序中的某些环节。

五、商品标准的分级与表示方法

（一）国际商品标准的分级

为了适应不同生产技术水平和管理水平，满足各种不同的经济技术需要，更有效地提高和监督商品质量，更好地进行管理，通常要根据商品标准的适用领域和有效范围，将其划分为国际标准、区域（地区性）标准、国家标准、行业（专业、协会）标准、地方标准、企业（公司）标准六个级别。

1. 国际标准

国际标准是指由国际上有权威的机构或组织制定的，并为国际所承认和通用的标准。通常是指国际标准化组织（ISO）、国际电信联盟（ITU）和国际电工委员会（IEC）所制定的标准；或经国际标准化组织认可并公布的国际组织以及其他国际组织所制定的标准。国际标准化组织认可并公布的国际组织有：世界卫生组织（WHO）、国际照明委员会（CIE）、国际计量局（BIPM）、国际合成纤维标准化局（BISF）、国际原子能机构（IAEA/AIEI）、世界知识产权组织（WIPO）、国际无线电咨询委员会（CCIR）、国际空运联合会（IATA）、联合国教科文组织（UNESCO）等；其他国际组织是指联合国粮农组织（UNFAO）、国际羊毛局（IWO）、国际电信联盟（ITU）、国际棉花咨询委员会（ICAC）、万国邮政联盟（UPU）等。

国际标准的制定，要经过各级技术组织充分讨论和多次修订，使之既能代表当代科学技术发展水平，保证它的科学性和先进性，又能够符合各有关方面的需要，使之易于为各方面接受，具有民主性。

国际标准属于推荐性标准。由于它具有较高的权威性、科学性和先进性，故为大多数国家的企业所自愿采用，而且这已成为世界性的发展大趋势。许多国家都等同、等效或参考使用国际标准。我国于 1978 年 9 月加入了 ISO，为加强标准化的国际交流提供了条件，也为扩大我国标准的使用范围奠定了基础。目前，我国正积极采用国际标准并参与国际标准的制定。

国际标准由标准代号（如 ISO、ITU）、标准序号、发布年代号和标准名称表示，如图 4 - 1 所示。

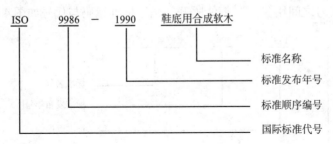

ISO　9986　—　1990　鞋底用合成软木

标准名称
标准发布年号
标准顺序编号
国际标准代号

图 4 - 1　国际标准的代号和编号

2. 国际区域性标准

国际区域性标准又称区域标准，是指由世界上区域性组织或标准化机构制定、颁布的标准。这种国际区域性（或国家集团性）组织有的是由于地理原因，有的是由于政治经济原因而形成的，这些标准仅在这些区域（或国家集团）内发生作用。如欧洲标准化委员会（CEN）所制定颁发的欧洲标准、非洲地区标准化组织（ARSO）和亚洲标准咨询委员会（ASAC）等制定的标准。目前，欧盟已经制定和实施了统一的欧洲标准，各国进入欧盟市场的商品必须符合欧洲标准的要求。

3. 国家标准

国家标准是指由某一个国家制定、颁发，在其全国范围内统一执行的标准。

此外，各国的行业标准、地方标准和企业标准的含义均与我国同级标准的含义相类似，将在下文加以介绍。

（二）我国商品标准的分级和表示方法

根据《标准化法》的规定，我国的商品标准按其适用范围，可以分为国家标准、行业标准、地方标准和企业标准四级。

1. 国家标准

国家标准是指对全国经济、技术发展有重大意义，必须在全国范围内统一的标准。其范围包括：需要在全国范围内统一、互换配合、通用的技术语言要求；有关广大人民生活的量大面广的或跨部门生产的重要工农产品标准；保障人体健康和人身、财产安全的技术要求；基本原料、燃料、材料的技术要求；通用基础件的技术要求；通用的试验、检验方法；通用管理技术要求；工程建设的重要技术要求；国家需要控制的其他重要产品的技术要求、被采用的国际标准等。

国家标准由国务院标准化行政主管部门（国家质检总局）制定，即由国家标准化管理委员会负责编制计划，组织草拟，统一审批、编号和发布。有关工程建设、药品、食品卫生、兽药、环境保护的国家标准，分别由国务院各主管部门组织草拟、审批，其编号、发布办法由国务院标准化行政主管部门会同国务院有关行政主管部门制定。特别重大的，报国务院审批和发布。

国家标准分为强制性国家标准和推荐性国家标准。

国家标准由国务院标准化行政主管部门编制计划，协调项目分工，组织制订（含修订），统一审批、编号和发布。

国家标准的编号，依次由国家标准代号、标准顺序编号和发布的年代号构成，标准顺序编号和发布的年代号之间用"—"横线隔开。国家标准编码与代号如图4-2所示。

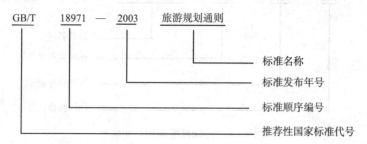

图4-2 国家标准编码与代号

我国标准采用国际标准的程度和代号分别为：IDT（Identical），等同采用；MOD（Modified），修改采用；NEQ（Not Equivalent），非等效采用。等同采用国际标准是指在制定国家标准（或制定专业标准、企业标准）时，把国际标准采纳到我国标准中，使我国标准在技术上、编写上与国际标准相同，或编写上有编辑性修改。等效采用国际标准是指使制定的标准与相应的国际标准在技术上只有小的差异，在编写方法上可以不完全相同。非等效采用国际标准是指制定的标准与国际标准在技术内容上有重大差异，但性能和质量水平与国际标准相当，在通用、互换、安全、卫生等方面与国际标准协调一致。

对于等同、修改采用国际标准（包括即将制定完成的国际标准）和国外先进标准（不包括国外先进企业标准）编制的我国标准，在标准封面上必须注明采用标准和采用程度；在标准前言中，写明被采用标准的组织、国别、编号、名称、采用的程度和简要说明我国标准同被采

用标准的主要差别。非等效采用编制的我国标准，则不需在封面上标注。但在前言中应说明
"本标准与ISO ××××：××××标准的一致性程度为非等效"。

2. 行业标准

行业标准是指对没有国家标准而又需要在全国某个行业范围内统一技术要求所制定的标
准。如行业的工艺规程标准，行业范围内通用的零配件标准，行业范围内通用的术语、符
号、规则、方法等基础标准。行业标准在国际上也称"协会标准"，是指由行业协会、科研
机构和学术团体制定的标准。行业标准由国务院有关行政主管部门制定、审批和发布，并报
国家质检总局备案。有关行业标准之间应保持协调、统一，不得重复，行业标准不得与国家
有关法律、法规或国家标准相抵触。在发布实施相应的国家标准之后，该项行业标准即行
废止。

行业标准也分为强制性行业标准和推荐性行业标准。

行业标准的编号依次由行业标准代号、标准顺序编号及年代号构成。行业标准代号由国
务院标准化行政主管部门规定。行业标准代号也由两个汉语拼音字母组成，一是由有关主管
部门名称汉语拼音第一个字母和"标准"汉语拼音第一个字母"B"组成；二是由有关主管
部门名称汉语拼音的两个字母组成。行业标准编码与代号如图4－3和表4－1所示。

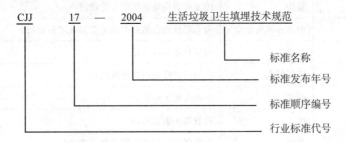

图4－3　行业标准编码与代号

表4－1　行业标准代号

序　号	代　号	含　义	主管部门
1	BB	包装	中国包装工业总公司包改办
2	CB	船舶	国防科工委中国船舶工业集团公司、中国船舶重工集团公司（船舶）
3	CH	测绘	国家测绘局
4	CJ	城镇建设	建设部标准定额司（城镇建设）
5	CY	新闻出版	国家新闻出版总署印刷业管理司
6	DA	档案	国家档案局政法司
7	DB	地震	国家地震局震害防预司
8	DL	电力	中国电力企业联合会标准化中心
9	DZ	地质矿产	国土资源部国际合作与科技司（地质）
10	EJ	核工业	国防科工委中国核工业总公司（核工业）
11	FZ	纺织	中国纺织工业协会科技发展中心
12	GA	公共安全	公安部科技司

序　号	代　号	含　义	主管部门
13	GY	广播电影电视	国家广播电影电视总局科技司
14	HB	航空	国防科工委中国航空工业总公司（航空）
15	HG	化工	中国石油和化学工业协会质量部（化工、石油化工、石油天然气）
16	HJ	环境保护	国家环境保护总局科技标准司
17	HS	海关	海关总署政法司
18	HY	海洋	国家海洋局海洋环境保护司
19	JB	机械	中国机械工业联合会
20	JC	建材	中国建筑材料工业协会质量部
21	JG	建筑工业	建设部（建筑工业）
22	JR	金融	中国人民银行科技与支付司
23	JT	交通	交通部科教司
24	JY	教育	教育部基础教育司（教育）
25	LB	旅游	国家旅游局质量规范与管理司
26	LD	劳动和劳动安全	劳动和社会保障部劳动工资司（工资定额）
27	LY	林业	国家林业局科技司
28	MH	民用航空	中国民航管理局规划科技司
29	MT	煤炭	中国煤炭工业协会
30	MZ	民政	民政部人事教育司
31	NY	农业	农业部市场与经济信息司（农业）
32	QB	轻工	中国轻工业联合会
33	QC	汽车	中国汽车工业协会
34	QJ	航天	国防科工委中国航天工业总公司（航天）
35	QX	气象	中国气象局检测网络司
36	SB	商业	中国商业联合会
37	SC	水产	农业部（水产）
38	SH	石油化工	中国石油和化学工业协会质量部（化工、石油化工、石油天然气）
39	SJ	电子	信息产业部科技司（电子）
40	SL	水利	水利部科教司
41	SN	商检	国家质量监督检验检疫总局
42	SY	石油天然气	中国石油和化学工业协会质量部（化工、石油化工、石油天然气）
43	SY（>10 000）	海洋石油天然气	中国海洋石油总公司
44	TB	铁路运输	铁道部科教司
45	TD	土地管理	国土资源部（土地）
46	TY	体育	国家体育总局体育经济司

序 号	代 号	含 义	主管部门
47	WB	物资管理	中国物资流通协会行业部
48	WH	文化	文化部科教司
49	WJ	兵工民品	国防科工委中国兵器工业总公司（兵器）
50	WM	外经贸	对外经济贸易合作部科技司
51	WS	卫生	卫生部卫生法制与监督司
52	XB	稀土	国家计委稀土办公室
53	YB	黑色冶金	中国钢铁工业协会科技环保部
54	YC	烟草	国家烟草专卖局科教司
55	YD	通信	信息产业部科技司（邮电）
56	YS	有色冶金	中国有色金属工业协会规划发展司
57	YY	医药	国家药品监督管理局医药司
58	YZ	邮政	国家邮政局政策法规司

3. 地方标准

地方标准是指对没有国家标准和行业标准而又需要在省、自治区、直辖市范围内统一要求，由地方制定、批准和发布，在本行政区域内统一使用的标准。地方标准在本行政区域内是强制性标准。如针对本地区特色产品、特需产品所制定的标准；对工业产品的安全卫生要求，对药品、兽药、食品卫生、环境保护、节约能源、种子等法律、法规的规定要求，对其他法律、法规的规定要求等，都可以制定地方标准。

地方标准也分为强制性行业标准和推荐性行业标准。

地方标准由省、自治区、直辖市标准化行政主管部门编制计划，组织草拟，统一审批、编号、发布，并报国务院标准化行政主管部门和国务院有关行政主管部门备案。地方标准不得与上一级标准相抵触。地方标准在相应的国家标准和行业标准制定实施后，自行废止。

其编号由地方标准代号"DB"（"地"和"标"二字的汉语拼音的第一个大写字母）、地方标准顺序编号（为各省、自治区、直辖市的行政区码代号）和发布年代号三部分构成，其顺序号和年代号表示方法与国家标准、行业标准相同。地方标准编码与代号如图 4 - 4 和表 4 - 2 所示。

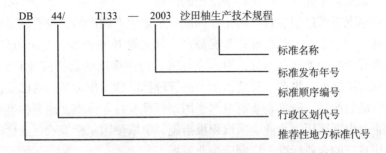

图 4 - 4 地方标准的编码与代号

表4-2　中国省、市、自治区代码、汉字简称及汉语拼音

名称	简称	代码	汉语拼音	汉语拼音缩写	名称	简称	代码	汉语拼音	汉语拼音缩写
北京市	京	110000	Beijing	BJ	湖北省	鄂	420000	Hubei	HB
天津市	津	120000	Tianjin	TI	湖南省	湘	430000	Hunan	HN
河北省	冀	130000	Hebei	HEB 或 EB	广东省	粤	440000	Guangdong	GD
山西省	晋	140000	Shanxi	SX	广西壮族自治区	桂	450000	Guangxi	GX
内蒙古自治区	蒙	150000	Nei Menggu	NM	海南省	琼	460000	Hainan	HI
辽宁省	辽	210000	Liaoning	LN	重庆市	渝	500000	Chongqing	CQ
吉林省	吉	220000	Jilin	JL	四川省	川	510000	Sichuan	SC
黑龙江省	黑	230000	Heilongjiang	HL	贵州省	黔	520000	Guizhou	GZ
上海市	沪	310000	Shanghai	SH	云南省	滇	530000	Yunnan	YN
江苏省	苏	320000	Jiangsu	JS	西藏自治区	藏	540000	Xizang	XZ
浙江省	浙	330000	Zhejiang	ZJ	陕西省	陕	610000	Shanxi	SN
安徽省	皖	340000	Anhui	AH	甘肃省	甘	620000	Gansu	GS
福建省	闽	350000	Fujian	FJ	青海省	青	630000	Qinghai	QH
江西省	赣	360000	Jiangxi	JX	宁夏回族自治区	宁	640000	Ningxia	NX
山东省	鲁	370000	Shandong	SD	新疆维吾尔自治区	新	650000	Xinjiang	XJ
河南省	豫	410000	Henan	HEN 或 EN	台湾省	台	710000	Taiwan	TW

注：资料来源于 GB/T 2260—1995《中华人民共和国行政区划代码》、《汉语拼音版 中华人民共和国分省地图集地名索引》（地图出版社 1978 年 2 月第 1 版）、《中国省、市、自治区汉字简称》（科标彭字 805-63）。

4. 企业标准

企业标准是在某一企业范围内统一使用的标准，是企业组织生产、经营活动的依据和准则。企业标准在欧美国家称为"公司标准"或"工厂标准"；在我国是指企业对本企业范围内需要协调和统一的技术要求、管理要求和工作要求所制定的标准。企业生产的所有产品都必须定有相应的标准，不允许生产无标准依据的产品。

企业在下列情况下可以制定自己的企业标准：企业生产的产品，没有国家标准、行业标准和地方标准的，制定企业产品标准；为提高产品质量和技术进步，制定的严于国家标准、行业标准或地方标准的企业产品标准；对国家标准、行业标准的选择或补充的标准；工艺、工装、半成品和方法标准；生产、经营活动中的管理标准和工作标准。对已有国家标准、行业标准或地方标准的产品，鼓励企业制定严于国家标准或行业标准、地方标准要求的企业标准，但只在本企业内部适用。企业应采取积极措施，争取使国家标准或行业标准或地方标准部分或全部采用自己的企业标准，以利于企业发展。

企业的产品标准由企业组织制定、发布，并应在发布后 30 日内向政府备案报当地政府标准化行政主管部门和有关行政主管部门备案。已有国家标准和行业标准的，国家鼓励企业制定

严于国家标准或行业标准的企业标准，在企业内部使用，以提高产品质量水平，争优质、创名牌。严于国家标准或行业标准的企业标准可以不公开、不备案。企业标准不得与有关法律、法规或上一级标准相抵触。法律对标准的制定另有规定的，依照法律的规定执行。当企业标准作为对外贸易交货依据和超出本企业范围使用时，需要由企业的上级主管单位审批、发布。

企业标准的编号由标准代号、标准顺序编号和标准发布年代号三部分构成。企业标准代号用分数形式表示，以区别于其他各级标准。分数的表示方法是：以"企"字汉语拼音的第一个字母"Q"为分子，各省、市、区颁布的企业标准应在"Q"前加省、市、区的简称汉字；分母为企业代号，由汉语拼音字母或阿拉伯数字或字母、数字混合组成，由国务院有关行政主管部门和省、自治区、直辖市政府标准化行政主管部门，会同同级有关行政主管部门规定，可用汉语拼音字母或阿拉伯数字或两者兼用组成。其顺序号、年代号的表示方法与前面各种标准类同。企业标准编码与代号如图4-5所示。

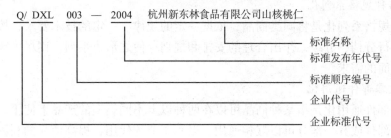

图4-5 企业标准编码与代号

此外，为适应某些领域标准快速发展和快速变化的需要，我国1998年规定在四级标准之外，增加一种"国家标准化指导性技术文件"，作为对国家标准的补充，其代号为"GB/Z"。指导性技术文件仅供使用者参考。

第二节 商品标准化

一、商品标准化的概念

（一）标准化的概念

标准化是在经济、技术、科学及管理等社会实践中，对重复性事物和概念通过制定、发布和实施标准，达到统一，以获得最佳秩序和社会效益的全部活动过程。这是一个不断循环、螺旋式上升的过程。

标准化活动的核心是标准；标准化的结果只有当标准在社会实践中实施以后，才能表现出来；标准化又是一个相对的概念，即标准化不是绝对的，在深度上是无止境的；标准化也需不断协调配套；存在着随时代变化而产生标准与非标准的转化。标准化的主要内容主要包括以下几个方面。

（1）标准化的各种具体形式。如简化、统一化、系列化、通用化、组合化等。

（2）标准化过程的一般规律和实现这一过程的科学方法。

（3）各种类型的标准以及标准体系。

（4）标准化过程的一般程序和每一个环节的内容。

（5）标准化过程的外部联系，为社会主义现代化建设服务。

（6）对标准化活动的管理，实现标准化活动的科学化。

（二）商品标准化的概念

商品标准化是指在商品生产和商品流通的各个环节中制定、发布以及实施商品标准的活动。它是标准化活动的组成部分。推行商品标准化的最终目的是达到统一，从而获得最佳市场秩序和社会效益。

（三）商品标准化的基本内容

1. 商品质量标准化

商品质量标准化即对商品的性能、成分、使用寿命、功能等质量指标，以及检验、评价、维护方法等方面的作出标准规定。

2. 商品品种规格系列化

商品品种规格系列化是将同类商品，依据一定的规律、一定的技术要求，按照不同的规格、尺寸等进行分档、分级，作出合理的安排和规划，使之形成系列，用尽可能少的品种规格，满足各方面的需求。

3. 商品及零部件通用化

商品及零部件通用化是指某种商品可以在两种以上不同类型的产品上使用，或者是指同一类产品的零部件或其一部分可以互相通用，以利于节约代用，提高商品的利用率。

4. 名词术语统一化

名词术语统一化是指商品使用的名称、术语、符号、代号等必须统一、简化、明确，以利提高工作效率，便于互相交流和正确理解。

此外，还有商品质量管理与质量保证标准化，商品分类编码标准化，商品包装、储运、养护标准化等。

商品标准化是一项系统管理活动，涉及面广，专业技术要求高，政策性强，因此必须遵循统一管理与分级管理相结合的原则，建立一套完善的标准化机构和管理体系，调动各方面的积极性，搞好分工协作，吸取国外标准化的先进经验，只有这样才能顺利完成商品标准化的任务。

二、商品标准化的作用

商品标准化的水平是衡量一个国家或地区生产技术和管理水平的尺度，是现代化的重要标志。现代化水平越高就越需要商品标准化。在社会主义现代化建设中，标准化有着非常重要的作用。

（一）商品标准化是提高商品质量和合理发展商品品种的技术保证

标准化与质量管理有着密切的联系。标准化为质量管理提供了管理目标，产品标准中规定的各项技术指标是质量管理的依据。产品标准作为生产和流通的共同技术依据，具有法规的作用，必然会成为保证和提高产品质量的技术保证。通过对商品标准的简化、统一化、系列化、通用化和组合化，能合理地消除多余的、重复的、低功能的商品品种，使之更好地适应和满足需要；能消除不必要的品种多样化，避免混乱；能在基型产品的基础上，灵活地增加商品的花色、式样；能保证在多种花色、品种的情况下，努力做好维修、保养和服务工作，满足多层次更广泛的需要；能用最少的要素组成较多的新品种。因此，标准化对合理开发新产品，加快设计周期，降低生产成本，提高产品竞争和应变能力，具有着重要作用。

（二）商品标准化是实现现代化科学管理和全面质量管理的基础

现代化大生产要求实行严格的科学管理，而科学管理又必须依据客观经济规律，实现管理机构高效化、管理工作计划化、管理技术现代化。建立生产管理、技术管理、设备动力管理、物资管理、劳动管理、质量管理和安全管理等方面的一系列规章制度。这些管理规章制度，实际上就是生产组织标准和经济管理标准，即管理业务的标准化。因此，科学管理离不开标准化。全面质量管理以标准化为基础，同时也是贯彻执行标准的保证。

（三）商品标准化是组织现代化商品生产和发展专业化协作生产的前提条件

现代化大生产社会化程度高，生产规模大，技术要求严格，分工精细。为保证生产有秩序地进行，单靠行政手段和法律手段是不够的，必须通过标准化活动，把生产活动有机地联系起来，在技术上保持着高度的协调和统一。社会化大生产的必然趋势是专业化生产，它有利于提高劳动生产率，获得较好的经济效益。标准化通过合理地简化品种，形成合理的品种系列，使产品零部件可以通用互换，为专业化生产提供了前提条件。

（四）商品标准化是合理利用国家资源、保护环境和提高社会经济效益的有效手段

我国的商品标准，是根据我国的资源和自然条件，秉承有利于环境保护和使用安全的原则制定的。在木材制品、石油、钢铁、水泥等有关的标准中，规定的技术性能、指标要求都涉及合理利用资源问题。规定得合理，就可以实现资源利用标准化，节约原材料，做到物尽其用。此外，按照标准化的规定，产品的生产和管理也要有利于环境保护，以保证整个社会生态环境的良性循环。

（五）商品标准是推广应用新技术，促进技术进步的桥梁

标准化是科研、生产和使用三者之间的桥梁。一项科研成果，如新工艺、新材料、新技术、新产品研制成功后，一旦经过技术鉴定，并被纳入相应标准，就会产生一定的法律强制性，得到迅速的推广和应用。同时，标准又是各种复杂技术（包括许多先进技术）的综合。因此，贯彻执行标准，实际上也是引进、推广新技术的过程。由此可见，由于技术进步；促进了生产水平的提高，为科研提出了新课题，经过再实践，就会再出新成果，随之就会诞生更新的标准。这样，便形成了一个良性的发展循环。

三、商品标准化管理

我国《标准化法》指出："标准化工作的任务是制订标准、组织实施标准和对标准的实施进行监督。"为了完成这个任务，我国按照"统一领导，分系统和分级管理"的原则，建立了我国的标准化管理体制。

（一）国家标准化管理委员会统管全国标准化工作

国务院标准化行政主管部门统一管理全国的标准化工作，履行以下职责：组织贯彻国家有关标准化工作的法规、方针、政策；组织制定国家标准；指导有关标准化机构的标准化工作，协调和处理有关标准化工作问题；组织实施标准；对标准的实施情况进行监督检查；统一管理全国的产品质量认证工作；统一负责对有关国际标准化组织的业务联系。

（二）行政主管部门和国务院授权的行业协会分管标准化工作

国务院各行政主管部门（各部、委、局）和国务院授权的行业协会，分工管理本部门、本行业的标准化工作，履行以下职责：贯彻国家标准化工作的法规、方针、政策，并制定本部门、本行业实施的具体办法；制定本部门、本行业的标准化工作规划、计划；对标准实施情况进行监督检查；指导省、自治区、直辖市有关部门的标准化工作；经国务院标准化行政主管部门授权，分工管理本行业的产品质量认证工作。

（三）各行政主管部门统管区域内标准化工作

省、自治区、直辖市有关行政主管部门，分工统一管理本行政区域内本部门、本行业的标准化工作，主要履行以下职责：制定本行政区域内、本部门、本行业的标准化工作规划、计划；承担本行政区人民政府下达的草拟地方标准的任务，并组织实施；对标准实施情况进行监督检查。

（四）市、县地主管部门执行标准化工作

市、县标准化行政主管部门和有关行政主管部门，按照省、自治区、直辖市政府规定的职责，管理各自范围内的标准化工作。市、县标准化行政主管部门和有关行政主管部门是标准化工作管理的基层组织，负责基层标准化的全部工作。

第三节　商品质量认证

一、商品质量认证的概念

（一）认证的概念

根据 ISO 和 IEC 颁布的 ISO/IEC 导则 2 所给出的定义，认证是指第三方认证机构提供产品、过程或服务符合规定标准或技术要求的书面保证所依据的程序。根据上述定义，认证可以从以下方面来理解。

（1）"认证"的概念原译于英文词"Certification"，意为：经授权的机构所出具的证明。在市场经济条件下的贸易活动中，通常将产品、过程或服务的供应方称为第一方，将产品、过程或服务的采购或获取方称为第二方，而独立于第一方和第二方的一方，称为"第三方"。在认证活动中，第三方是公正的机构，它与第一方和第二方均没有直接的隶属关系和经济上的利益关系，只有这样的机构出具的认证证明才是可靠，是可以信赖的。

（2）这里所指的"产品、过程或服务"，既包括了硬件的实物产品，也包括了软件产品、过程（如工艺性作业、电镀、焊接、热处理工艺等）和服务（如饭店、商业、保险业、银行和通信业等）。

（3）作为从事经济活动基本手段的标准或其他技术规范，是认证的基础。

（4）产品或服务是否真正符合标准或其他技术规范，要通过规定的"程序"，以科学的方法加以证实。

（5）某项产品、过程或服务，经规定的程序证实其符合了特定的标准或其他技术规范，则第三方认证机构将出具书面证明，如认证证书和/或认证标志。

（二）质量认证的概念

质量认证是由公认的权威机构对企业的质量体系、产品、过程或服务是否符合质量要求、标准、规范和有关政府法规的鉴别，并提供文件证明的活动。质量认证从认证性质来说，可分为自我认证制和第三方认证制；从法规性质上看，可分为自愿认证和强制认证；按认证标志分类，可分为合格认证标志、安全认证标志和优质标志等；按认证范围分类，可分为国家认证、地区认证和国际认证等。

开展质量认证工作要具备以下四个条件。

（1）具有较高水平的国际标准、国家标准或专业标准。

（2）具有公认的权威的第三方质量认证机构。

（3）经认证合格的权威的测试试验室。

（4）具有较高水平的认证工作队伍。

质量认证程序包括申请、初审、资格鉴定、认证试验、签订监督协议、控制协议、颁发标志、事后监督、质量认证维持试验、更改质量等级。在事后监督过程中若出了问题就要暂停认证或再认证，甚至取消认证。

质量认证资格是企业质量体系符合国际标准的证明，是产品质量信得过的证明，是进入国际市场的通行证。取得质量认证资格，能不断提高企业管理水平、扩大销售获得更大利润，是扩大出口、消除技术壁垒及提高企业经济效益的根本途径。

（三）商品质量认证的概念

国际标准化组织将商品（产品）质量认证定义为：由可以充分信任的第三方证实某一经鉴定的产品或服务符合特定标准或其他技术规范的活动。

1991 年 5 月，国务院发布的《中华人民共和国产品质量认证管理条例》第二条对产品（商品）质量认证做以下规定："产品质量认证是依据产品标准和相应技术要求，经认证机构确认，并通过颁布认证证书和认证标志来证明某一产品符合相应标准和相应技术要求的活动。"

商品质量认证包含以下几点内容。

（1）商品质量认证的对象是产品（商品）或服务。其包括硬件产品，如零部件、元器件、整机等；流程性材料，如汽油、化肥、钢板、新闻纸、煤气和清洗液等；软件产品，如计算机程序、工作程序、信息、数据、记录等；服务，如食住招待、交通运输、医疗保健、修理维护、公用事业、金融贸易、技术咨询等。

（2）商品质量认证的依据是国家正式颁布的标准和技术规范。

（3）商品质量认证的鉴定方法包括对商品质量的抽样检验和对企业质量体系的审核与评定。

（4）商品质量认证的认证机构具有第三方性质。它和供需双方不存在行政上的隶属关系和经济上的利害关系，是具有独立地位的实体，且必须经过政府有关部门按必要程序进行审批和授权。

（5）质量认证的证明方式是认证证书（合格证书）或认证标志（合格标志）。

二、认证的种类与认证方式

（一）认证的种类

商品质量认证按认证的内容不同分合格认证、安全认证和综合认证三种。

1. 合格认证

合格认证是依据标准中的性能要求进行的认证，某一产品经第三方检验后，确认其符合规定标准，并颁发合格证书或合格标志，予以正式承认。实行合格认证的产品，必须符合《标准化法》规定的国家标准或者行业标准的要求。合格认证一般要经过产品认证申请、企业质量保证能力检查、抽样检验、认证产品的审批等阶段。产品获得认证之后，需对企业和产品质量进行经常性的监督，对企业的生产设备、制造工艺、质量控制体系进行定期检查。产品质量认证一般按 ISO 9002 体系认证。产品的合格认证是在自愿的基础上进行的。

2. 安全认证

安全认证是依据标准中的安全要求进行的认证。由于产品的安全性直接关系到消费者的生命和健康，一定要符合标准和法规要求，所以安全认证也称为强制认证，不经过安全认证的产品不能进口或在市场上销售。实行安全认证的产品，必须符合《标准化法》中有关强制性标准的要求。在我国，属于强制性标准的产品（主要是安全性的产品），必须取得认证资格，如药品、电器、玩具、建筑材料、压力容器、防护用品、汽车玻璃等。获得安全认证标志的商品，只能证明该项商品符合安全标准或标准中的安全指标，而无法说明该商品质量的优劣。

3. 综合认证

有些有安全要求的商品，如电工类商品，既需要安全认证，又需要合格认证，这种认证称为"综合认证"。

☞ 相关链接 4-1

食品质量认证实施规则——酒类

我国第一部酒类认证规则《食品质量认证实施规则———酒类》于 2005 年 9 月正式出台，中国国家认证认可监督管理委员会（CNCA）批准成立的中酒联合质量认证中心将依据该规则实施酒类产品质量认证工程。

《食品质量认证实施规则——酒类》主要内容如下。

（1）认证规划，主要对认证受理、产品检验、检查和评定程序及管理等作出了规定。围绕酒类生产企业建立良好生产规范（GMP）、良好卫生规范（GHP）、危害分析与关键控制点（HACCP），并与产品的卫生、理化、感官等要求相结合，力求通过一次认证活动，对酒类生产质量保证能力及产品安全卫生质量水平作出全面评价。

（2）认证规则，分为产品质量和企业质量保证能力要求两部分。产品质量标准以现行的国家标准为依据，明确各种酒的理化、卫生、感官等级要求；企业质量保证能力要求参照了相关国家标准、GFSI 全球食品行动计划基准性标准有关内容，结合我国酒类企业实际情况而制定，其内容包括了对生产企业良好生产规范、良好卫生规范、危害分析与关键控制点应用的要求。

（3）增加了感观品评。感观品评主要是对酒的色、香、味、风格要求等进行品评，是国际通行的酒类质量评价方法，也是国家标准中酒类分级的主要依据。本规则参照国际酒类品评惯例，将品酒师的感观品评作为产品质量检验的组成部分，品酒师出具的品评报告作为认证产品检测结果的依据之一。

（4）认证规则名称。认证规则命名为《食品质量认证实施规则——酒类》。这样考虑，便于形成食品质量认证规则系列，为其他食品认证规则的出台留有接口。

（5）认证标志。酒类认证标志式样设计是按以下思路考虑的：①酒类标志分三种图形，分别为"优级产品标志"、"一级产品标志"、"二级产品标志"，与国家标准中规定的"优级"、"一级"、"二级"产品相对应（见图4-6）；②酒类标志图形力求与

(a) 一级产品   (b) 二级产品   (c) 优级产品
   认证标志   认证标志   认证标志

图4－6　酒类认证标志

国家质检总局已发布的有机产品标志保持基本一致，以体现国家食品和农产品认证标志的整体一致性，便于提高食品和农产品认证标志的社会认知程度；③酒类标志图形中加注了"GMP"、"GMP&HACCP"字符，因为中国酿酒工业协会多次就认证标志式样征求国内主要酒类企业意见，企业普遍赞成在认证标志中加注"GMP"、"HACCP"，参照美国SQF1000/2000认证（SQF标准是GFSI承认的标准之一）、泰国HACCP认证、中国台湾地区食品GMP认证的做法。

（6）认证模式为产品检测和初始工厂检查以及认证后的监督检查程序。

《食品质量认证实施规则——酒类》的实施可以促进我国从根本上提高酒类产品的安全水平，有利于形成统一开放、公平竞争、规范有序的酒类产品流通市场，创建中国酒类名牌产品和企业；有利于维护消费者权益、引导消费；有利于政府规范酒类认证工作。

（二）认证的方式

目前，世界各国实行的质量认证方式主要有以下八种（见表4－3）。

表4－3　质量认证的主要方式

认证类型	型式试验	质量体系评定	认证后监督		
			市场抽样	供方抽样	质量体系复查
一	●				
二	●		●		
三	●			●	
四	●		●	●	
五	●	●	●	●	●
六		●			●
七	批量检验				
八	100%检验				

（1）型式试验。按规定的试验方法对产品的样品进行试验，以证明样品符合指定标准或技术规范的要求。

（2）型式试验加认证后监督——市场抽样检验。这是一种带有监督措施的型式试验，监督的办法是从市场上购买或从批发商、零售商的仓库中抽取样品进行检验，以验证认证产品质量的持续稳定性。

（3）型式试验加认证后监督——供方抽样检验。这种方式与第二种相类似，不同的是它不是从市场上抽取样品，而是从供方发货前的产品中抽取样品。

（4）型式试验加认证后监督——市场和供方抽样检验。这种认证方式是第二、三种方式的综合，监督力度更大。

（5）型式试验加供方质量体系认证加认证后监督——质量体系复查加供方和市场抽样检验。此种认证方式的显著特点是在批准认证的条件中，既要求对产品作型式试验，又要求对与产品相关的工厂质量体系进行评定，并且都要实施监督检查。

（6）供方质量体系评定。这种认证方式是对企业按所要求的质量体系，如 ISO 9000 标准质量体系，进行检查评定，对获得认证后的企业质量体系要实施监督检查，而不对最终产品进行认证，一般称为质量保证能力的认证。

（7）批量检验。这种认证方式是根据规定的抽样方案，对某批产品进行抽样检验，并据此作出该批产品是否符合标准要求、能否认证的判断。由于存在抽样风险，只有在供需双方协商一致后方能有效执行。

（8）全数检验，也称 100%检验，即对每一种产品，在出厂前要依据标准，经认可的独立检验机构进行检验。一般只有极少数与人身健康密切相关的产品才实施全数检验。

上述八种认证方式中，第五种由于内容最为完整全面，集中了各项认证方式的优点，被称为典型的质量认证制度，也就是产品质量认证。这种认证制度也是 ISO 向各国推荐的认证制，我国的商品质量认证也是按这一制度实施的。

三、商品质量认证的程序

（一）商品质量认证的条件

中国企业、外国企业均可提出认证申请。提出申请的企业应当具备以下条件。

（1）产品符合国家标准或者行业标准要求。

（2）产品质量稳定，能正常批量生产。

（3）生产企业的质量体系符合国家质量管理和质量保证标准及补充要求。

（二）商品质量认证的程序

商品质量认证的程序以我国实施的认证方式为例作介绍，如图 4-7 所示。

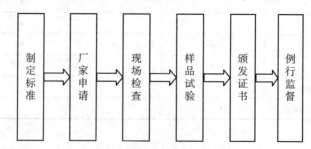

图 4-7　商品质量认证程序

1. 制定供认证用的标准

这是开展认证的前提和依据。通常是制定采用国际标准的国家标准。

2. 企业向认证委员会提出书面申请

中国企业向认证委员会提出书面申请；外国企业或者代销商向国务院标准化行政主管部门或者其指定的认证委员会提出书面申请。其主要内容包括：申请单位的基本情况；申请认证产品的名称、规格型号、商标、产量、产值等情况；申请企业愿意遵守我国产品质量认证法规的规定，依法接受检查及监督的声明等。企业递交申请书的同时，还应当提供申请认证产品的企业质量保证体系手册副本及认证采用的标准和有关技术资料。申请书经审核被接受后，由认证机构向申请单位发出"接受认证申请通知书"。

3. 检查评价质量体系

企业产品质量认证申请被接受后，认证机构按照 GB/T 19001～19003、ISO 9001～9003 标准检查和评价生产企业的质量体系，以鉴定企业是否具有持续稳定地生产符合标准产品的质量保证能力。

4. 产品测试

依据所规定的要求全部要求，对样品进行型式试验，确定产品的质量状况，依据试验结果作出最终评定。

5. 审查评议与颁发证书

认证机构对上述工作结果进行审查和评议，认证委员会对认证合格的产品，颁发认证证书，并准许使用认证标志。

6. 监督检查与检验

颁发合格证书后，认证机构继续对企业的质量保证体系进行监督检查；同时，在质量认证标志使用有效期内，认证机构可随时在工厂、市场或用户单位抽取样品进行监督检验。

四、商品质量体系认证

（一）商品质量体系认证的概念

质量体系认证又称质量体系注册，是指由公正的第三方体系认证机构，依据正式发布的质量体系标准，对企业的质量体系实施评定，并颁发体系认证证书和发布注册名录，向公众证明企业的质量体系符合某一质量体系标准，有能力按规定的质量要求提供产品，可以相信企业在产品质量方面能够说到做到。

质量体系认证的目的是要让公众（消费者、用户、政府管理部门等）相信企业具有一定的质量保证能力，其表现形式是由体系认证机构出具体系认证证书的注册名录，依据的条件是正式发布的质量体系标准，取信的关键是体系认证机构本身具有的权威性和信誉。

质量体系认证的主要作用如下。

1. 从用户和消费者角度

能帮助用户和消费者鉴别企业的质量保证能力，确保购买到优质满意的产品。

2. 从企业角度

能帮助企业提高市场的质量竞争能力；加强内部质量管理，提高产品质量保证能力；避免外部对企业的重复检查与评定。

3. 从政府角度

能促进市场的质量竞争，引导企业加强内部质量管理稳定和提高产品质量；帮助企业提高质量竞争能力；维护用户和消费者的权益；避免因重复检查与评定而给社会造成浪费。

（二）商品质量体系认证的步骤

商品质量体系认证过程总体上可分为四个阶段，即认证申请、体系审核、审批与注册发证、监督。

（1）认证申请。企业向其自愿选择的某个体系认证机构提出申请，按机构要求提交申请文件，包括企业质量手册等。体系认证机构根据企业提交的申请文件，决定是否受理申请，并通知企业。按惯例，机构不能无故拒绝企业的申请。

（2）体系审核。体系认证机构指派数名国家注册审核人员实施审核工作，包括审查企业的质量手册、到企业现场查证实际执行情况、提交审核报告。

（3）审批与注册发证。体系认证机构根据审核报告，经审查决定是否批准认证。对批准认证的企业颁发体系认证证书，并将企业的有关情况注册公布，准予企业以一定方式使用体系认证标志。证书有效期通常为三年。

（4）监督。在证书有效期内，体系认证机构每年对企业至少进行一次监督检查，查证企业有关质量体系的保持情况，一旦发现企业有违反有关规定的事实证据，即对相应企业采取措施，暂停或撤销企业的体系认证。

五、我国的质量认证工作

英国是开展质量认证最早的国家，早在1903年英国工程标准委员会用一种"风筝标志"，即"BS"标志来表示符合尺寸标准的铁道钢轨，1919年英国政府制定了商标法，规定要对商品执行检验，合格产品也配以"风筝标志"。从此，这种标志开始具有"认证"的含义，沿用至今在国际上享有很高的声誉。受英国的影响，各发达工业国家也竞相采用质量认证制度，并给予了极大的注意力。ISO为此于1980年成立专业技术委员会ISO/TC176，该委员会经过7年的艰苦努力，于1987年正式发布了第一部管理标准——ISO 9000质量管理和质量保证系列标准，它适用于不同的企业，包括制造业、服务性商业、建筑业等，因而，它的出现极大地促进了各国质量认证的发展。目前，ISO成员国中有70多个国家包括英国、法国、德国、美国、加拿大、澳大利亚、日本等均采用ISO 9000系列标准作为本国的国家标准，各国企业也纷纷依据这种标准，调整作业运行机制，并且获得认证资格。

（一）我国认证认可制度

1978年9月，我国恢复为ISO正式成员后，引入了质量认证的概念。1981年成立中国第一个认证委员会中国电子元器件认证委员会（OCCECC）。1988年12月公布和实施《标准化法》，我国的质量认证管理工作纳入法制轨道。之后，颁布了一系列与商品质量认证管理有关的法规，并开展了产品质量认证、质量体系认证、实验室认可、环境体系认证等。

1. 政府主管部门

根据我国《产品质量法》、《标准化法》和《国务院认证管理条例》的规定，国家质检总局作为质量监督管理主管部门和标准化主管部门。为加强对我国认证认可工作的统一领导和监督管理，国务院组建国家认证认可监督管理委员会（中华人民共和国国家认证认可监督管理局），统一管理、监督和综合协调全国认证认可工作。

2. 认可机构

中国国家认证机构认可委员会（CNAB）于2002年7月3日成立，统一负责全国认证机构（包括各类管理体系认证机构和各类产品认证机构）国家认可工作。CNAB 的职责是：根据国家有关法律法规，参照国际准则和惯例研究各管理体系认证机构和产品认证机构认可的工作政策和技术措施；对申请认可的认证机构的认证管理与技术能力实施评定；对获准认可的认证机构的认证管理与技术能力保持状况实施监督。

中国实验室国家认可委员会（CNAL）于 2002 年 7 月 4 日成立，CNAL 的主要任务是：按照我国有关法律法规和国际规范建立并运行实验室和检查机构的认可体系，制定并发布实验室和检查机构的认可方针政策和规则、准则、指南等规范性文件；对境内外实验室和检查机构按照国际规范开展能力评价、作出认可决定，并对获得认可的实验室和检查机构进行监督管理；组织开展与实验室和检查机构认可相关的人员培训工作，对评审人员进行资格评定、注册和后续管理；为实验室和检查机构提供相关技术服务，为社会各界提供获得认可的实验室和检查机构的公开信息；受理对认可委员会认可工作及对认可的实验室和检查机构工作的申诉与投诉，负责调查并作出处理决定。

3. 认证机构

认证机构主要包括产品认证机构、质量体系认证（注册）机构和检验及核准实验室。

中国方圆标志认证委员会（简称中国方圆委，CQM）是经国家批准认可的，开展质量体系认证、产品合格认证、产品安全认证、环境管理体系认证或其他合格评定活动的综合性认证机构。中国方圆委方圆标志认证中心已形成覆盖全国范围的认证工作网络，其认证标志为方圆标志。方圆标志认证中心是中国方圆委的实体，具有独立的法人资格。

中国电工产品安全认证委员会（CCEE）是我国唯一的电工产品安全认证机构，是国家质检总局授权，代表中国参加国际电工委员会电工产品安全认证组织（IECEE）的唯一合法机构，代表国家组织对电工产品实施安全认证（长城标志认证）。

中国质量认证中心于 2002 年 4 月 25 日在北京成立。中国质量认证中心是强制性产品认证制度的具体实施机构，它关系到中国对加入世贸组织所做承诺的履行情况、中国社会主义市场经济的建立、中国经济生活及人民群众的生命安全。

中国质量体系认证机构国家认可委员会（CNACR）是由原国家技术监督局依据《产品质量法》第九条的规定，授权建立的中国质量体系认证机构国家认可机构。1993 年开始筹备组建，1994 年 4 月正式开展工作。CNACR 按照国际规范，结合我国国情，已经基本建立了一套比较规范的质量体系认证机构国家认可制度。目前，已成为国际认可论坛（IAF）和太平洋认可合作组织（PAC）的正式成员机构，并作为中国国家认可机构列入了 ISO 向全世界发布的《质量体系注册机构名录》。

（二）质量认证证书

我国从 1991 年起正式开展认证工作。1991 年 5 月，国务院颁发了《中华人民共和国产品认证管理条例》，标志着我国产品质量认证工作走入法制轨道。1993 年 1 月 1 日，我国正式由等效采用改为等同采用 ISO 9000 系列标准，建立了符合国际惯例的认证制度。我国质量认证工作取得长足的发展。对我国企业而言，通过公正独立的第三方认证获得质量认证证书，是产品质量信得过的证明，是产品、服务进入国际市场的通行证。企业获得认证证书后，将向国内外公告。质量认证证书可以带来以下益处。

（1）提供满足顾客一般或特定需要的产品或服务，开拓占领市场，充分利用非价格因素提高竞争力。

（2）扩大销售渠道和销售量，实现优质优价，获得更大利润。

（3）有助于树立全球经济意识，提高企业事业单位发展战略的基点，抓住机遇，赢得未来，符合时代的选择、民族的利益。

（4）促进建立体系化的、严谨的经营管理模式，优化组织结构，完善经营管理，建立减少、消除，特别是预防质量缺陷的机制。

（5）带动服务和产品的结构调整，推动技术改造，增强自身实力。

（6）表明尊重消费者和对社会责任，提高企业、产品和服务的信誉，树立良好的企业形象。

（7）打破国际贸易中的技术壁垒，进入国际市场，扩大出口。

（8）有助于形成名牌并维护企事业单位的合法权益。

（9）避免重复抽查和检验，节省用于检验的时间、人力、物力和财力。

第四节　产品质量认证标志

一、产品质量认证标志

产品质量认证标志是指产品经法定的认证机构按规定的认证程序认证合格，准许在该产品及其包装上使用的表明该产品的有关质量性能符合认证标准的标志。目前，我国国内经国务院产品质量监督部门批准的认证标志主要有三种，即适用于电工产品的专用认证标志长城标志、适用于电子元器件产品的专用认证标志 PRC 标志，以及适用于其他产品的认证标志方圆标志。此外，一些较有影响的国际机构和外国的认证机构按照自己的认证标准，也对向其申请认证并经认证合格的我国国内生产的产品颁发其认证标志。如国际羊毛局的纯羊毛标志、美国保险商实验室的 UL 标志等，都是在国际上有较大影响的认证标志。

二、常见的质量认证标志介绍

（一）CCC 认证标志

CCC 认证即"中国强制认证"，其英文名称为"China Compulsory Certification"，缩写为

CCC。CCC 认证的标志为"CCC"，是国家认证认可监督管理委员会根据《强制性产品认证管理规定》（中华人民共和国国家质量监督检验检疫总局令第 5 号）制定的（见图 4-8）。CCC 认证对涉及的产品执行国家强制的安全认证。主要内容概括起来有以下几个方面。

（1）按照世贸组织有关协议和国际通行规则，国家依法对涉及人类健康安全、动植物生命安全和健康，以及环境保护和公共安全的产品实行统一的强制性产品认证制度。国家认证认可监督管理委员会统一负责国家强

图 4-8　CCC 认证
标志图例

制性产品认证制度的管理和组织实施工作。

（2）国家强制性产品认证制度的主要特点是，国家公布统一的目录，确定统一适用的国家标准、技术规则和实施程序，制定统一的标志，规定统一的收费标准。凡列入强制性产品认证目录内的产品，必须经国家指定的认证机构认证合格，取得相关证书并加施认证标志后，方能出厂、进口、销售和在经营服务场所使用。

（3）根据我国"入世"承诺和体现国民待遇的原则，《第一批实施强制性产品认证的产品目录》（以下简称《目录》）覆盖的产品是以原来的进口安全质量许可制度和强制性安全认证及电磁兼容认证产品为基础，做了适量增减。原来两种制度覆盖的产品有 138 种，此次公布的《目录》删去了原来列入强制性认证管理的医用超声诊断和治疗设备等 16 种产品，增加了建筑用安全玻璃等 10 种产品，实际列入《目录》的强制性认证产品共有 132 种。

（4）国家对强制性产品认证使用统一的"CCC"标志。中国强制认证标志实施以后，将逐步取代原来实行的"长城"标志和"CCIB"标志。

（5）国家统一确定强制性产品认证收费项目及标准。新的收费项目和收费标准的制定，将根据不以营利为目的和体现国民待遇的原则，综合考虑现行收费情况，并参照境外同类认证收费项目和收费标准。

（6）新的强制性产品认证制度于 2002 年 5 月 1 日起实施，有关认证机构正式开始受理申请。为保证新、旧制度顺利过渡，原有的产品安全认证制度和进口安全质量许可制度自 2003 年 8 月 1 日起废止。

目前的"CCC"认证标志分为四类，分别为：CCC + S，安全认证标志；CCC + EMC，电磁兼容类认证标志；CCC + S&E，安全与电磁兼容认证标志；CCC + F，消防认证标志。

（二）国家产品免检标志

免检标志属于质量标志（见图 4 - 9）。获得免检证书的企业在免检有效期内，可以自愿将免检标志标示在获准免检的产品或者其铭牌、包装物、使用说明书、质量合格证上。国家质检总局统一规定的免检标志呈圆形，正中位置为"免"字汉语拼音声"M"的正、倒连接图形，上实下虚，意指免检产品的外在及内在质量都符合有关质量法律法规的要求。

图 4-9　国家免检产品标志图例

（三）食品质量安全标志

食品质量安全标志是国家质检总局在建立食品安全市场准入制度的同时，创建了一种既能证明食品质量安全合格，又便于监督，同时也方便消费者辨别，全国统一规范的食品市场准入标志（见图 4 - 10）。食品市场准入标志由"质量安全"英文（Quality Safety）字母"Q"、"S"和"质量安全"中文字样组成。标志主色调为蓝色，字母"Q"与"质量安全"四个中文字样为蓝色，字母"S"为白色。企业在使用食品市场准入标志时，可以根据需要按比例自行缩放，但不能变形、变色。食品生产许可证编号由英文字母"QS"加 12 位阿拉伯数字组成。QS 为英文质量安全的缩写，编号前四位为受理机关编号，中间四位为产品类编号，后四位为获证企业序号。当食品最小销售单元小包装的最大表面的面积小于 10 平方厘米时，可以不加印（贴）食品生产许可证编号，但在其大包装上必须加印（贴）食品生产许可证编号。带有 QS 标志的产品就代表着经过国家批准的食品生产企业经过强制性检验合格，且在最小销售单元的食品包装上标注食品生产许可证编号并加印食品质量安全市场准入标志（QS 标

图 4-10　食品质量安全标志图例

志）后才能出厂销售。没有食品质量安全市场准入标志的，不得出厂销售。

（四）回收标志

图 4 - 11　回收
标志图例

商品包装上附有回收标志表示可回收，而且回收代表包装可再被利用。这个形成特殊三角形的三箭头标志，就是在这几年在全世界变得十分流行起来的循环再生标志（见图 4 - 11）。这个特殊的三角形标志有两方面的含义：首先，它提醒人们，在使用完印有这种标志的商品后包装后，请把它送去回收，而不要把它当做垃圾扔掉。其次；它标志着商品或商品的包装是用可再生的材料做的，因此是有益于环境和保护地球的。在许多发达国家，人们在购买商品时总爱看商品上是否印有这个三箭头循环再生标志。

（五）绿色食品标志

A级绿色食品标志（左）；
AA级绿色食品标志（右）

图 4 - 12　绿色
食品标志图例

绿色食品标志是由中国绿色食品发展中心在国家工商行政管理总局商标局正式注册的质量证明商标（见图 4 - 12）。绿色食品标志是由三部分构成，即上方的太阳、下方的叶片和中心的蓓蕾。标志为正圆形，意为保护。整个图形描绘了一幅明媚阳光照耀下的和谐生机，告诉人们绿色食品正是出自纯净、良好生态环境的安全无污染食品，能给人们带来蓬勃的生命力。绿色食品标志还提醒人们要保护环境，通过改善人与环境的关系，创造自然界新的和谐。

绿色食品与普通食品相比有三个显著特征

（1）强调产品出自最佳生态环境。绿色食品生产从原料产地的生态环境入手，通过对原料产地及其周围的生态环境因子严格监测，判定其是否具备生产绿色食品的基础条件。

（2）对产品实行全程质量控制。绿色食品生产实施"从土地到餐桌"全程质量控制。通过产前环节的环境监测和原料检测；产中环节具体生产、加工操作规程的落实，以及产后环节产品质量、卫生指标、包装、保鲜、运输、储藏、销售控制，确保绿色食品的整体产品质量，并提高整个生产过程的技术含量。

（3）对产品依法实行标志管理。绿色食品标志是一个质量证明商标，属知识产权范畴，受《中华人民共和国商标法》保护。

（六）中国环境标志

图 4 - 13　中国环境
标志图例

中国环境标志于 1993 年 8 月由国家环保总局正式颁布（见图 4 - 13）。中国环境标志是一种标在产品或其包装上的标签，是产品的"证明性商标"，它表明该产品不仅质量合格，而且在生产、使用和处理处置过程中符合特定的环境保护要求，与同类产品相比，具有低毒少害、节约资源等环境优势。图形由青山、绿水、太阳及 10 个环组成。环境标志的中心结构表示人类赖以生存的环境；外围的 10 个环紧密结合，环环紧扣，表示公众参与，共同保护环境；同时，10 个环的"环"字与环境的"环"同字，其寓意为"全民联合起来，共同保护人类赖以生存的环境"。

（七）中国名牌产品标志

中国名牌产品是指实物质量达到国际同类产品先进水平、在国内同类产品中处于领先地位、市场占有率和知名度居行业前列、用户满意程度高、具有较强市场竞争力的产品，其有效期为 3 年。

图 4 - 14　中国名牌标志图例

中国名牌产品标志是用象征经济发展指标的四个箭头图案，组合成汉字"中国名牌"的"名"字和"品评名牌"的"品"字，简洁、形象、直观地表达了"品评中国名牌"带动企业技术创新，增强企业国际竞争力，推动中国经济发展的评价宗旨（见图 4 - 14）。四个箭头还是四个向上腾飞的阿拉伯数字"1"字，形象、生动、丰富地象征着中国名牌评价的"四个第一"的品质标准，即四大评价指标，四大核心理念和"科学、公平、公开、公正"的四项评价原则。标志中的一大四小五颗五角星象征着新世纪的"中国名牌"脱颖而出，并带动着中国企业不断创新、争创名牌的含义。五颗五角星正好吻合"五星级"的概念，在表达品质的同时，寓意通过中国名牌战略的推进必将会带动中国经济的腾飞。四个箭头还是英文"Best"和英文"Business"缩写字首"B"，直观地寓示着中国名牌的品格属性和商业特质。整体造型采用具有中国特色的图章样式，形象直观地表达了中国名牌认证的严肃性和权威性。

（八）保健食品标志

保健食品标志为天蓝色图案，下有"卫食健字（200×第×××号）"等字样（见图 4 - 15）。国家工商总局和卫生部在有关通知中规定，在影视、报刊、印刷品、店堂、户外广告等可视广告中，保健食品标志所占面积不得小于全部广告面积的 1/36。其中，报刊、印刷品广告中的保健食品标志，直径不得小于 1 厘米，影视、户外显示屏广告中的保健食品标志，须不间断地出现。在广播广告中，应以清晰的语言表明其为保健食品。

卫食健字（200X）第 8XX 号
中华人民共和国卫生部批准

图 4 - 15　保健食品标志图例

（九）食品包装 CQC 标志

食品包装 CQC 标志认证是中国质量认证中心实施的以国家标准为依据的第三方认证，是一种强制性认证，分为食品包装安全认证（CQC 标志认证）和食品包装质量环保认证（中国质量环保认证标志）（见图 4 - 16）。CQC 标志认证类型涉及产品安全、性能、环保、有机产品等，认证范围包括百余种产品。消费者在购买食品时，可以先看食品的生产日期、保质期、质量安全 QS 标志。但是通常不会注意食品包装的安全性，如果食品包装不合格的话，也会影响食品的质量。

(a) CQC标志认证　　　(b) 中国质量环保认证标志

图 4 - 16　食品包装 CQC 标志图例

（十）方圆标志与 PRC 标志

方圆标志分合格认证标志和安全认证标志，获准合格认证的产品，使用合格认证标志；获准安全认证的产品，使用安全认证标志（见图 4 - 17（a）和图 4 - 17（b））。

PRC 标志为电子元器件专用认证标志，其颜色及其印制必须遵守国务院标准化行政主管部门，以及中国电子元器件质量认证委员会有关认证标志管理办法的规定（图 4 - 17（c））。

(a)方圆标志(1)　　　　　(b)方圆标志(2)　　　　　(c)PRC标志

图 4－17　方圆标志与 PRC 标志图例

本 章 小 结

　　本章阐述了商品标准的含义与分类。商品标准是技术标准中的一种，是指为保证商品的适用性，对商品必须达到的部分或全部要求所规定的典范或准则，包括商品品种、规格、技术要求、检验规则、包装、储存及运输等。我国标准分为国家标准、行业标准、地方标准和企业标准。

　　国际标准是指国际标准化组织、国际电工委员会所制定的标准以及国际标准化组织所出版的国际标准题目关键词索引中收录的其他国际组织制定的标准等。

　　本章阐述了标准化的含义、工作任务。标准化是指为在一定范围内获得最佳秩序，对现实问题或潜在问题制定共同使用和重复使用条款的活动。"标准"与"标准化"的最大区别在于："标准"是对重复性事物或概念所作的统一规定，而"标准化"则是制定标准、实施标准和修订标准的一个不断循环的活动过程。标准化工作的任务是制定标准、组织实施标准和对标准的实施进行监督。

　　本章阐述了产品（商品）质量认证的含义、类型和程序。产品（商品）质量认证是依据产品（商品）标准和相应的技术要求，经认证机构确认并颁发认证证书和认证标志来证明某一产品（商品）符合相应标准和相应技术要求的活动。我国产品认证包括合格认证、安全认证和综合认证等。

　　产品质量认证标志是指产品经法定的认证机构按规定的认证程序认证合格，准许在该产品及其包装上使用的表明该产品的有关质量性能符合认证标准的标志。

 思考与练习

一、名词解释

商品标准　商品标准化　强制标准　商品质量认证　质量认证标志

二、选择题

1. 涉及人体健康、人身财产安全的商品标准均为（　　　）。

　　A. 推荐性标准　　　　　　　　　　B. 强制性标准　　　　　　　　C. 自愿性标准

2. 商品质量认证的依据是（　　　）。

    A. 商品标准及补充的技术要求　　　　　B. 消费者需求　　　　　C. 国际标准

3. 地方标准通常是根据当地情况对地方上的（　　　）所制定的标准。

    A. 土特产品、农产品、工艺品　　　　　B. 工业品　　　　　C. 包装食品

4. "DB 12/112—1999"为（　　　）号。

    A. 地方标准　　　　　　　　　　　　　B. 行业标准　　　　　C. 企业标准

5. 在国际贸易分类体系中，我国采用的是（　　　）。

    A.《海关合作理事会商品分类目录》，简称"CCCN"

    B.《联合国国际贸易标准分类目录》，简称"SITC"

    C.《商品分类和编码协调制度》

三、判断题

1. 按商品标准的成熟程度可以分为强制性标和准推荐性标准。（　　　）

2. 企业只有在其生产的产品没有相应的国家标准、行业标准和地方标准时，才能制定企业标准。（　　　）

3. 标准化的实质是一种制定、发布、实施和修改标准的活动过程。（　　　）

4. 商品标准的制定必须充分考虑现有的生产条件而不是消费者的需求。（　　　）

5. 商品标准化只涉及生产领域，并不包括流通领域和消费领域。（　　　）

6. 商品标准中绝大多数标准是以文件形式发布的。（　　　）

四、问答题

1. 什么是商品标准？按照其表现形式、约束程度又是如何分类的？

2. 商品标准的基本内容是什么？

3. 什么是商品质量认证？商品质量认证的类型有哪些？

4. 我国商品质量认证的基本程序如何？

五、实训题

1. 在商店里仔细观察 10 种商品及其包装上标明的执行标准，研究其标准的表示方法是否规范，存在哪些问题，应该怎样解决。

2. 收集 5～6 个经常使用的商品的标准，并通过网络了解这些标准的具体内容。

3. 了解我国 GB 1335—2003《服装号型》，掌握为自己及他人迅速选购合体服装的方法。

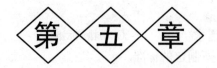

第　五　章

商品检验与质量监督

- 商品检验概述
- 商品抽样
- 商品检验方法
- 商品品级
- 商品质量监督

☞ 导入语

随着经济和社会的发展，商品检验的作用和重要性日益显现出来。广义的商品检验是指商品的卖方、买方或者第三方在一定条件下，借助于某种手段和方法，按照合同、标准或国家的有关法律、法规和惯例，对商品的质量、规格、数量及包装等方面进行检查，并作出合格与否或通过验收与否的判定，或为维护买卖双方合法权益，避免各种风险损失和解决责任划分的争议，便于商品交接结算而出具各种有关证书的活动。狭义上的商品检验仅指对商品质量进行的检验，即一般意义的商品检验。

商品检验是一项科学性、技术性、规范性较强的复杂工作，为使检验结果更具有公正性和权威性，必须根据具有法律效力的质量法规、标准及合同等开展商品检验工作。商品检验的方法很多，在营销或贸易中最简便易行的方法是感官检验法。感官检验法是借助人的感觉器官（眼、鼻、口、耳、手等）的功能，通过眼看、鼻闻、口尝、耳听、手触，对商品的外形、色泽、气味、透明度、滋味、软硬、弹性、声音等感官指标以及包装的结构和装潢等的审查，结合平时积累的实践经验，判断商品种类、品质优次和包装是否符合要求的检验方法。

本章学习目标：

- 理解商品检验和商品品级的概念；
- 熟悉商品检验的分类、依据和程序；
- 掌握感官检验法的操作方法和适用范围；
- 了解商品质量监督的概念和类型。

第一节　商品检验概述

一、商品检验的概念

（一）广义的商品检验

广义的商品检验是指商品的卖方、买方或者第三方在一定条件下，借助于某种手段和方法，按照合同、标准或国家的有关法律、法规和惯例，对商品的质量、规格、数量及包装等方面进行检查，并作出合格与否或通过验收与否的判定，或为维护买卖双方合法权益，避免各种风险损失和解决责任划分的争议，便于商品交接结算而出具各种有关证书的活动。对商品质量进行的检验是商品检验的中心内容。

（二）狭义的商品检验

狭义上的商品检验是指仅对商品质量进行的检验，即一般意义的商品检验。它是有关部门或者人员根据相关规定，评价和确定商品质量优劣及商品等级的工作。

在我国市场经济的发展过程中，企业的一切生产和经销活动，其目的就在于向广大用户和消费者提供数量充足、质量优良的商品，以满足人民日益增长的物质和文化生活的需要。为了达到这个目的，生产厂家和商业企业就必须正确地评价和评定商品的质量，严把商品质量关，加强商品检验和工作，从而促进商品的购销和进出口贸易，发展我国社会主义市场经济，维护广大消费者的权益。

二、商品检验的分类

商品检验根据不同的目的及要完成的任务，可以分为不同的种类。

（一）按检验是否有破坏性划分

1. 破坏性检验

破坏性检验是指为取得必要的质量信息，经测定或试验后的商品遭受破坏的检验。

2. 非破坏性检验

非破坏性检验也称无损检验，是指经测定、试验后的商品仍能使用的检验。

（二）按所检验商品的相对数量划分

1. 全数检验

全数检验是对被检批的商品逐个地进行检验，也称百分之百检验。它可提供较多的商品质量信息，给人以心理的安全感，适用于批量小、质量特性少且质量不稳定、精度要求高、质量关系到生命安全、较贵重、非破坏性的商品检验，缺点是检验量大、费用高、容量造成检验人员疲劳而产生的漏检和错检现象。

2. 抽样检验

抽样检验是按照事先已确定的抽检方案，从被检验商品中随机抽取少量商品，再对样品逐一进行测试，将测试结果与标准或合同规定进行比较，最后由样本质量状况统计推断受检批商品整体质量合格与否的检验。它检验的商品数量相对较少，节省检验费用、时间和人力，有利于及时交货，但提供的质量信息少，有可能出现误判，并且不能适用于质量差异程度较大的商品。如果能预先注意和控制抽样可能出现的错误，其可靠性可优于全数检验。抽样检验适用于批量较大、价值较低、质量特性较多且质量较稳定或具有破坏性的商品检验。该方法在工作实践中应用较多。

3. 免于检验

免于检验简称"免检"。对于生产技术和检验条件较好，质量控制具有充分保证，成品质量长期稳定的生产企业的商品，在企业自检合格后，商业和外贸部门可以直接收货，免于检验。为了鼓励企业提高产品质量、减轻企业负担、扶优扶强，给企业创造一个宽松良好的环境，我国质检部门从2000年8月起，开始实施免于质量监督检查工作。获得免检的产品，可以按规定自愿在商品或其品牌、包装物、使用说明书、质量合格证上使用免检标志，并在三年内免于各地区、各部门各种形式的质量监督检查。产品获得免检资格，既是对企业的褒奖，也是企业的产品质量和信誉的证明，无形中起到广告宣传作用，是所有企业的追求目标。

（三）按照商品检验的主体和目的划分

1. 生产检验

生产检验也叫第一方检验、卖方检验或工厂检验。这是生产企业自身进行的检验，是企业生产活动的重要组成部分。为了控制和保证产品质量，在生产过程中的各环节、各道工序，都必须进行质量检验。对进货物品检验，以控制不合格的原材料、外协件的使用；对工序过程半成品检验，以防止不合格的半成品流入下道工序；对成品检验，防止不合格品出厂。这种检验虽然是企业内部的检验，但在工序之间，检验和生产之间具有一定的监督性质，所以也称为企业的自我监督。生产检验的目的是及时发现不合格产品，保证质量，维护企业信誉。经检验合格的商品应有"检验合格证"标志。

2. 商家检验

商家检验也叫第二方检验、买方检验，是商品的买方（如商业部门、物资部门、外贸部门、工业用户）为了维护自身及其顾客利益，保证所购商品符合标准或合同要求并决定是否验收、进货所进行的检验活动。目的是及时发现问题，反馈质量信息，促使卖方纠正或改进商品质量。在实践中，商业企业或外贸企业还常派"驻厂员"，对商品质量形成的全过程进行监控，对发现的问题，及时要求产方解决。

3. 第三方检验

第三方检验又称公正检验、法定检验。是由处于买卖利益之外的第三方（如专职监督检验机构），以公正、权威的非当事人身份，根据有关法律、标准或合同所进行的商品检验活动。如公证鉴定、仲裁检验、国家质量监督检验等。其目的是维护各方合法权益和国家利益，协调矛盾，促使商品交换活动的正常进行。

第三方检验（法定检验）由于具有公正性、权威性，其检验结果被国内外所公认，具有法律效力。中国第三方监督检验机构主要是国家质检总局及其认可的和委托的单位。

（四）按检验商品的流通范围分类

1. 内销商品检验

内销商品检验是国内的商品经营者、用户、商务部门的质量管理与检验机构及各级商检机构，依据国家的法律、法规及有关技术标准或合同，对于由国内企业生产的、在国内流通销售的商品进行的检验。

2. 进出口商品检验

进出口商品检验是由我国进出口商品检验机构或者其认可的和委托的单位依照有关法律、法规、合同、技术标准、国际贸易惯例与国际公约等对进出口商品进行的法定检验、鉴定检验和监督管理检验。

此外，还可以按照被检验商品的用途划分为食品检验、纺织品检验、日用工业品检验和家用电器检验等。

三、商品检验的依据

商品检验是一项科学性、技术性、规范性较强的复杂工作，为使检验结果更具有公正性和权威性，必须根据具有法律效力的质量法规、标准及合同等开展商品检验工作。

（一）商品质量法规

国家有关商品质量的法律、法令、条例、规定、制度等，规定了国家对商品质量的要求，体现了人民的意志，保障了国家和人民的合法权益，具有足够的权威性、法制性和科学性。商品质量法规是国家组织、管理、监督和指导商品生产和商品流通，调整经济关系的准绳，是各部门共同行动的准则，也是商品检验活动的重要依据。质量法规包括商品检验管理法规、产品质量责任制法规、计量管理法规、生产许可证及产品质量认证管理法规等。

（二）商品标准

商品标准包括国际标准、国家标准、行业标准、地方标准和企业标准。它对产品的结构、规格、质量要求、实验检验方法、验收规则、计算方法等均作了统一规定，是生产、检验、验收、使用、洽谈贸易的技术规范，也是商品检验的主要依据。它对保证检验结果的科学性和准确性，具有重要意义。

（三）贸易合同和信用证

贸易各方都必须遵守合同中约定的商品质量要求。一旦发生质量纠纷，合同中的质量条款就成为仲裁、检验的法律依据。但是，购销合同必须符合合同法的要求。信用证一般是根据合同制作签发的，但相关人员必须进行核对，以防出错。

此外，贸易各方在交易过程中所签发的各种单据（如发票、装箱单、提单、运单、保险单等）也是检验的依据。

四、商品检验的内容

（一）数量和重量检验

商品的数量和重量是贸易双方成交商品的基本计量和计价单位，是结算的依据，直接关系到双方的经济利益，也是贸易中最敏感而且容易引起争议的因素之一。商品的数量和重量检验包括商品的个数、件数、双数、打数、长度、面积、体积、容积、重量等。

（二）包装检验

包装检验是根据购销合同、标准和其他有关规定，对商品的外包装和内包装以及包装标志进行检验。

商品包装本身的质量和完好程度，不仅直接关系着商品的质量，还关系着商品的数量和重量，也是相关部门（运输方、仓储方、保险商、购买方等）判断商品致残或短缺原因、分清责任归属、确定索赔对象的重要依据之一。如果在进货验收中发现有商品数量或重量不足时，若包袋破损的，责任在运输部门；包装完好的，责任在生产部门。

包装质量检验的内容包括：包装材料、包装容器的结构、造型和装潢等对商品储存、运输、销售的适宜性，包装标志的正确性和清晰度，包装防护措施的牢固度等。包装检验首先核对外包装上的商品包装标志（标记、号码等）是否与有关标准的规定或贸易合同相符。对进口商品主要检验外包装是否完好无损，包装材料、包装方式和衬垫物等是否符合合同规定要求。对外包装破损的商品，要另外进行验残，查明货损责任方以及货损程度。对发生残损的商品要检查其是否由于包装不良所引起的。对出口商品的包装检验，除包装材料和包装方法必须符合外贸合同、标准规定外，还应检验商品内外包装是否牢固、完整、干燥、清洁，是否适于长途运输和保护商品质量、数量的要求。

（三）品质检验

运用各种检验手段，包括感官检验、化学检验、仪器分析、物理测试、微生物学检验等，对商品的品质、规格、等级等进行检验，确定其是否符合贸易合同（包括成交样品）、标准等规定。

品质检验的范围很广，大体上包括外观质量检验和内在质量检验两个方面。外观质量检验主要是对商品的外形、结构、款式、色泽、气味、成熟度、触感、疵点、表面加工质量、表面缺陷等的检验；内在质量检验一般指对商品成分的种类和含量、有害物质的限量、商品的化学成分、物理性能、机械性能、生物学性能、微生物、使用效果等的检验。

（四）卫生检验

卫生检验主要是根据《食品卫生法》、《化妆品卫生监督条例》、《中华人民共和国药品管理法》等法规，对食品、药品、食品包装材料、化妆品、玩具、纺织品、日用器皿等商品中的有毒有害物质以及微生物进行的检验，以及对生产中、加工中、储存中的商品进行卫生检疫。检验其是否符合卫生条件，以保障人民健康和维护国家信誉。如《食品卫生法》规定："食品、食品添加剂、食品容器、包装材料和食品用工具及设备，必须符合国家卫生标准和卫生管理办法的规定。进口食品应当提供输出国（地区）所使用的农药、添加剂、熏蒸剂等有关资料和检验报告。海关凭国家卫生监督检验机构的证书放行。"

（五）安全性能检验

安全性能检验是根据国家规定、标准（对进出口产品，应根据外贸合同以及进口国的法令要求），对商品有关安全性能方面的项目进行的检验，如漏电性、放射性、易燃、易爆、易受毒害、易受伤害等，以保证生产、使用和生命财产的安全。目前，对进出口船舶及主要船用设备材料和锅炉及压力容器实施安全监督检验，达到维护人身安全，确保经济财产免遭侵害的目的。

第二节　商品抽样

一、抽样的概念和原则

（一）抽样的概念

抽样又称取样、采样或拣样，是按照技术标准或操作规程所规定的抽样方法和抽样工具，从整批商品中随机地采集一小部分在质量特性上都能代表整批商品的样品的过程。通过对该样品的检验，据此对整批商品的质量作出评定。

抽样检验是按照事先规定的抽样方案，从被检批中抽取少量样品，组成样本，再对样品逐一进行测试，将测试结果与标准或合同进行比较，最后根据样本质量状况统计推断受检批商品整体质量，并对该批商品作出合格与否、接收与否的判断。抽样检验方案必须进行评估。评估时要考虑检验费用、生产方风险和使用方风险系数。经过抽样检验判为合格的商品，不等于该批所有产品都合格；经过抽样检验判为不合格的商品，不等于该批所有产品都不合格。

抽样检验减少了商品因破坏性检验可能遭受的经济损失，有利于对不易分成单位商品的连续商品进行检验，既经济又有效。下列情况适合采用抽样检验：①被检验商品的数量相对较多；②希望节省检验时间和费用；③商品价值较低、质量特性较多，且质量较稳定；④商品检验具有破坏性，如对产品的寿命、材料的强度进行的检验；⑤被测对象是流程性材料，如钢水化验、整盘钢材的检验；⑥某些商品不能采取全检的方式，如检验炮弹是否有效和电视机显像管的寿命。

（二）抽样的原则

1. 随机性原则

随机性原则是抽样的首要原则，即从货物中抽出的用以评定整批商品的样品，应是不加任何选择，按随机原则抽取的。

2. 典型性原则

典型性原则是指被抽取的样品能反映整批商品在某些（个）方面的重要特征，能发现某种情况对商品质量造成的重大影响。如食品的变质、污染、掺杂及假冒劣质商品的鉴别。

3. 适时性原则

对于成分、含量、性能、质量等会随时间或容易随时间的推移而发生变化的商品，要及时适时抽样并进行鉴定。如新鲜果菜中各类维生素含量的鉴定及各类农副产品中农药或杀虫剂残留量的检验等。

4. 代表性原则

抽样是以从整批商品中所取出的全部个别样品（份样）集成大样来代表整批的，要求被抽取的部分商品必须具备有整批商品的共同特征，以使鉴定结果能成为决定此批商品质量的主要依据。抽样必须具有足够的代表性，否则检验时即使运用最先进的技术和设备，也不可能得出准确的检验结果，而会对商品质量作出错误的评定。

5. 可行性原则

抽样的数量及方法、使用的抽样装置和工具应合理可行、切合实际，符合商品检验的要求。应在准确的基础上做到快速、经济，从而节约人力物力。

6. 先进性原则

应适时改进抽样技术和抽样标准，达到国际先进水平，以符合国际贸易的要求。

二、抽样的要求

在对待检商品进行抽样时，应符合以下几点要求。

（1）研究掌握商品的特性，全面了解合同、标准中有关的检验项目和具体要求，做到心中有数。

（2）制订和实施抽样方案时，要根据商品的数量和堆存地点以及实际情况，研究和采用正确的抽样方式和方法。如合同、信用证中规定抽样方法的，应按照规定的方法执行，合同、信用证没有具体规定的，应按照标准或合同或相关部门规定的抽样方法和操作规程办理；金属材料抽样需要明火作业进行气割的，要做好有关准备和联系手续，注意防火安全等。

（3）抽样应当依据抽样对象的形态、性状，合理选用抽样工具与样品容器。抽样工具与样品容器必须具备坚固、清洁、干燥、密封等条件，不含被鉴定成分，供微生物鉴定的样品应无菌操作，以保证所抽样品不受污染或发生变化。例如对需要进行水分检验的，要能及时密封；需进行卫生检疫的食品，抽样工具和盛器要进行消毒以防细菌污染；对金属材料抽样需用带电工具，如电钻等，要事先检查绝缘安全，并准备好抽样时必要的防护设备等。

（4）抽样前，必须查对商品品名、商标、运货单、质量鉴定证明、标记和批次等是否与有关单证所列完全一致，防止批次发生差错。裸装货物如锡块、铝锭、钢材等一般刷有标志，或涂上色漆，或加附印有标志的铁片、铝牌、布条、纸卡等，据以识别。散装商品要从数量上加以核对，防止批次错乱，对包装商品同时进行包装检验以及核对起运日期、整批数量、产地厂家等情况。

（5）注意商品的外观检查，核实整批商品有无异常情况。对出口商品如发现标记不符、批次混乱、包装破损、货物受潮受损，以及外观质量低劣、参差不齐或混入不应有的夹杂物等不正常情况时，应由货主重新整理后方可抽样。对进口商品如发现同批商品品质有显著差异时，应研究分别抽取样品，对个别特异情况，可另行抽取参考样品，供检验时研究处理。对外包装破损的商品，应按残损鉴定的规定办理。

（6）抽样要严格按照操作规程进行，按规定数量抽取，注意抽样部位分布均匀，每个抽样部位的抽样数量（件）保持一致。遇有特殊情况难以按照规定执行时，应在保证抽样代表性的原则下采取合理的措施。对出口商品计数的贵重商品，抽样后应由货主以同样品质的商品补足数量，无法补足的应在包件上加盖"抽过样品"（SAMPIED）的戳记。对需要加附检验标志或进行封识的应按规定办理（经检验不合格的商品要注意对该项标志封识的消除）。抽样时对一些个体较大的出口农产品，如花生、核桃等，需进行倒包抽样。

（7）在抽样和制样过程中，都要严格防止外来物的污染或受外来影响使样品变质。对危险品抽样时要注意安全，防止意外，样品盛器上要加贴特殊标志妥善处理。

（8）抽样时要全面做好抽样记录，详细记录抽样单位、地址、仓位、车间号、日期、样品批号、样品数量、抽样者姓名、货物品名、数量、堆存情况、运输标记、包装情况和商品的外观状况及开件数量、有关的包件号码、标志封识以及其他特殊情况；还应记载抽样时的天气情况，如晴、雨、大风、气温、温度等，以供拟制检验证书和发生问题时研究参考之用。有些矿产品在抽样时要进行粒度检验，一般商品应同时执行包装检验，都要记录具体的检验结果。

（9）抽样、制样后剩余的样品，应发还报验人，抽样、制样后的检验样品和备查样品应立即送实验室进行检验。

（10）抽取的样品应妥善保存，保持样品原有的品质特点。抽样后应及时鉴定。

三、抽样方法

抽样的目的在于通过尽可能少的样本所反映出的质量状况来统计推断整批商品的质量水平。所以，如何抽取对该批商品具有代表性的样品，对准确评定整批商品的平均质量十分重要。它是关系着生产者、经销者和消费者利益的大事。因此，要正确选择抽样方法，控制抽样误差，以获取较为准确的检验结果。根据商品的性能特点，抽样方法在相应的商品标准中均有具体规定。

商品检验抽样常用的方法有百分比抽样法和随机抽样法两种。

（一）百分比抽样法

百分比抽样法是指即不论商品的批量大小，均按照确定的同一百分比从交验批中抽取样品，且样品中允许的不合格品个数均相同。这种方法不尽科学但在我国被广泛采用，中小企业使用尤其频繁，应尽早废除。

（二）随机抽样法

随机抽样法又叫无限制的随机抽样法，即被检验整批商品中的每一件商品都有同等机会被抽取的方法。被抽取机会不受任何主观意志的限制，抽样者按照随机的原则、完全偶然的方法抽取样品，因此比较客观，适用于各种商品、各种批量的抽样。随机抽样法是目前被广泛采用的且被公认最为合理的方法。随机抽样法在具体操作中又可分为简单随机抽样法、分层随机抽样法和系统随机抽样法。

1. 简单随机抽样法

简单随机抽样法又称单纯随机抽样法，是对整批同类商品不经过任何分组、划类、排序，直接从中按照随机原则抽取检验样品。简单随机抽样法通常用于批量不大的商品的抽样，做法是将整批中各单位商品编号，利用抽签、查随机表、掷骰子、掷硬币等方法抽样，在实际工作中多采用前两种方法。从理论上讲，简单随机抽样法最符合随机的原则，可避免检验员主观意识的影响，是最基本、最简单的抽样方法，是其他复杂的随机抽样方法的基础。当批量较大时，则无法使用这种方法。

2. 分层随机抽样法

分层随机抽样法又称分组随机抽样法、分类随机抽样法，是将整批同类商品按主要标志分成若干个组（层次），然后从每组（层次）中随机抽取若干样品，最后将各组抽取的样品放在一起作为整批商品的检验样品的抽样方法。分层随机抽样法适用于批量较大的商品检验，特别是生产过程中的质量事故检验。当被检批商品质量可能波动较大时（如不同设备、不同时间、不同生产者生产的商品），抽取的样本有很好的代表性，是目前使用最多、最广的一种抽样方法。

3. 系统随机抽样法

系统随机抽样法又称等距随机抽样法、规律性随机抽样法，是先将整批同类商品按顺序编号，并任意选定一个号码为抽样的基准号码，然后按已确定的"距离"机械地抽取样品的方法。如按 1 、51 、101 的顺序抽取样品。这种方法抽样分布均匀，比简单随机抽样法更为精确，适用于较小批量商品的抽样，但当被检批商品质量问题呈规律性变化时，易产生较大偏差。

四、进出口商品的抽样检验方式

进出口商品种类繁多，情况复杂，有时一批商品数量很多、重量很大，有的为了充分利用仓库而密集堆垛，有的散装商品采取露天存放等，都给抽样工作带来困难。为了切实保证抽样工作的质量，同时又要便于对外贸易，必须针对商品的具体情况，灵活采用下列不同的抽样方式：登轮抽样，甩包抽样，翻垛抽样，出厂、进仓时抽样，包装前抽样，生产过程中抽样，装货时抽样，开沟抽样，流动间隔抽样等。

不论哪种形式，所抽取的样品必须遵循抽样的基本原则。

第三节　商品检验方法

检验商品品质的方法很多，通常分为感官检验法和理化检验法两大类。

一、感官检验法

感官检验法是指借助人的感觉器官（眼、鼻、口、耳、手等）的功能，通过眼看、鼻闻、口尝、耳听、手触，对商品的外形、色泽、气味、透明度、滋味、软硬、弹性、声音等感官指标以及包装的结构和装潢等的审查，结合平时积累的实践经验，判断商品种类、品质优次和包装是否符合要求的检验方法。

感官检验的类别有视觉检验、听觉检验、味觉检验、嗅觉检验和触觉检验等。

（一）视觉检验

视觉检验是指利用人的视觉器官（眼），通过观察商品的外形、结构、新鲜度、成熟度、整齐度、完整度、外观疵点、色泽、式样、包装的结构和装潢以及凡需用视觉鉴别的感官指标，来评定商品的品质。

视觉检验应用非常广泛，其内容和采用的方法因商品而异。进行商品检验时，一般需首先采用视觉检验法检验商品的外表情况。例如，烟叶的色泽和组织，水果的果色和果形，罐头容器外观情况（商标纸及罐盖硬印是否符合规定，底盖有无膨胀现象，接缝及卷边是否正常，焊锡是否完整均匀，有无锈斑，有无凸瘪变形等）和内容物的组织形态，玻璃罐的外观缺陷（波筋、疙瘩、裂口、压口、气泡和弯曲等），粮谷色泽是否正常、异种粮粒的有无和多少，棉花色泽的好坏、疵点粒数的多少，冷轧钢材表面应洁净、光滑，不应有裂缝、折叠、结疤、夹杂和氧化铁皮等。

光源、光线强弱以及照射方向对视觉检验的准确性都有影响。为了提高视觉检验的可靠性，尽量保证视觉检验的结果客观、公正、准确，要求在标准照明（非直射典型日光或标准人工光源）条件下和适宜环境中进行，并且对检验人员进行必要的挑选和专门培训，某些商品应制定标准样品，如茶叶、烟叶、棉花、麻、羊毛、生丝等均制定有标准样品；检验者应具有丰富的检验商品外观形态方面的知识，并熟悉标准样品各等级的条件、特征和界限；光线的强度应适当，检验员不能是色盲等。

（二）嗅觉检验

嗅觉检验是利用人的嗅觉器官（鼻）检验商品的气味从而评定商品品质的优次。

嗅觉检验广泛用于食品、药品、化妆品、化工品、香精、香料等商品的质量检验，还用于鉴别纺织纤维、塑料等商品所燃烧气味的差别。嗅觉对人类来说可能是属于较为退化的一种感觉机能。据抽样调查发现，成年人中只有17%的人嗅觉正常。因此，要对检验人员进行测试、严格挑选和专门培训；检验的时间不要太长；检验场所的空气要清新，无烟味、酒味、臭味、霉味和香味等。

气味的优劣和正常与否是许多食品、工业品（如化妆品、牙膏、肥皂等）品质优次的重要品质指标。质量合格的商品均具有其特有的正常气味或优美馥郁的香气。正常无异味是对食品气味的基本要求。食品和某些工业品品质发生变化时，其气味也会发生相应的劣变，严重者则产生霉、酸、馊、臭等怪味。像香烟、茶叶、面包等具有吸收异味性的商品，可能受到不利于其品质气味的污染而影响品质，严重者可使商品失去使用价值。所以，食品和某些工业品需进行嗅觉检验，以判断品质优次或是否正常。

对不同商品进行嗅觉检验的内容和要求不尽相同。例如，对茶叶进行检验时须对其香气审评，专业术语叫"闻香"。指将3克样茶置于容积为150毫升的审茶杯内，用沸水冲泡5分钟，将茶汤倒入茶杯后，评审茶杯以及茶杯中的香气。审评时，用左手持杯送至鼻下，右手掀开杯盖，半掩半开，反复嗅闻杯中的香气，嗅气后盖好杯盖，放回原处。茶叶香气，一般在热时、温时、冷时相差较大，故审评香气应热闻、温闻、冷闻相结合。香气审评，首先检验香气是否正常、有无异味，然后区别香气的类型（高档茶常具有花香、果香或蜜糖香等悦人的香气），最后检验香气的持久程度。例如，检验乌龙茶的香气，是每次冲泡后，先揭开杯盖，闻杯盖里的香气。

嗅觉检验的结果与检验者的生理条件和检验经验有很大关系。此外，进行嗅觉检验时，检验场所、盛样器皿、检验者的手和衣服等物均不应有不利于嗅觉检验的异种气味，要求检验人员不得使用化妆品，生病（如感冒）时不得参加检验。

（三）味觉检验

味觉检验是利用人的味觉器官（舌），通过品尝商品（点心、糖、烟、酒、茶、药品、调味品等）的滋味和风味，检验其品质的优次。

凡品质正常的食品均具有特有的滋味和风味。同一类别的天然食品，其滋味和风味可能因品种不同、调制方法不同、使用调料的不同而有明显区别。劣质食品的滋味相应低劣，如发霉、酸败或腐烂的食品，必然产生令人厌恶的怪味。

食品滋味检验者对所检验食品滋味方面的知识和经验的丰富程度，是检验结果准确程度的基本条件。人的基本味觉有甜、酸、苦、咸四种，并且舌的不同部位感知各种味道的灵敏程度不一样。味觉常受嗅觉、触觉、视觉以及温度、时间、疾病等因素的影响，因此，要求检验人员必须具有辨别基本味觉特征的能力；被检样品与对照样品所处的温度要一致；宜在饭前一小时或饭后两小时进行，且检验前后要用温开水漱口等。食品温度过高或过低，均能影响味觉检验的准确性。为保证滋味审评的准确性，检验用的食品样品应保持适宜的温度。例如，茶叶的滋味是决定茶叶品质优次的重要因素。品少许茶汤入口，使茶汤停留在舌的上部，并用舌头打转二三次，使茶汤与舌的味觉灵敏部位舌尖、舌边充分接触，然后将茶汤吐出。双如，审评茶叶和植物油脂滋味时，茶汤和植物油脂的温度应保持在50℃左右；审评白酒时，其温度需在35℃左右。

（四）听觉检验

听觉检验是利用人的听觉器官（耳），通过辨别商品发出的音色、音质、音量等是否优美或正常，判断商品品质优次或是否正常。例如，通过摇动、拍打、敲击、开关、播放、弹奏等方式，对鸡蛋、瓷器、陶器、西瓜、钞票、乐器、冰箱、电视、金属制品和收声机等商品的音色、音质、音量进行辨别，判断其成熟度、新鲜度、冷冻度、是否有裂纹以及其真假优劣等。听觉检验至今还不能完全用仪器测定来取代，其重要原因之一就是人的耳朵灵敏度高且动作范围广。听觉检验要求在安静的环境条件下进行。

（五）触觉检验

触觉检验是利用人的触觉器官（手、皮肤）通过触摸、折弯、按压或拉伸商品，根据商品的冷热、光滑细致程度、黏度、干湿、软硬、有无弹性、拉力大小、是否带静电等情况，判断商品品质优次和是否正常。

触觉检验主要用于检查纸张、塑料、纺织品、食品等商品。触觉检验要求对检验人员加强专门培训，保持手、皮肤处于正常状态。例如，茶叶的"细紧重实"、"粗松轻飘"中的"重实"和"轻飘"均需由触觉检验评定；经过烧烤的烟叶，其含水量不宜过高也不宜过低，可用触觉检验法检验其含水量：烟梗硬脆易断，手握沙沙作响，叶片易碎者，含水量为13%～14%，为干燥；烟梗清脆易断，手握烟叶有响声并稍碎者，含水量为15%～16%，含水量适中；烟梗稍软不易折断，手握烟叶有响声但不碎者，含水量为16%～17%，为稍潮；烟梗软韧不易折断，叶片柔软，手握响声微弱者，含水量为18%～18.5%，为较潮；烟梗很韧，折不断，叶片湿润，手握无响声者，含水量为19%～20%，是湿筋烟。

感官检验法快速、经济、简便易行，不需要专用仪器、设备或试剂，不受场所限制，不损坏商品，成本较低，因而使用较广泛。某些与商品品质密切相关的品质指标，如气味、滋味、外形、外观疵点、花纹、图案、式样（款式）以及包装的造型和装潢等只能采用感官检验法评定。感官检验不仅用于评定许多商品品质优次和正常与否，而且是识别某些商品，如药材中的冬虫夏草、羚羊角、牛黄等真伪的重要手段。某些商品通过感官检验即可判断品质优次或等级高低。许多商品品质优次需通过理化检验与感官检验评定相结合，而感官检验一般在理化检验之前进行。

但是，感官检验法一般不能检验商品的内在质量；检验的结果常受检验人员的感观敏锐度、技术水平、工作经验、职业道德以及客观环境等因素的影响，而带有主观性和片面性。感官检验的结果，在大多数情况下只能用比较性的用词（优良、中、劣等）表示或用文字表述，且只能用专业术语或记分法表示商品质量的高低，而得不出准确的数值表示商品品质优次程度。

为提高感官检验结果的准确性，保证感官检验法的检验结果尽量客观、公正并有较高公认度，可视具体情况采取下列办法：制作实物标准作为感官检验的依据；集体审评；采用记分法；检验条件（如房间位置、空间大小、座位舒适度、温度、湿度、灯光、气流、声音等）、评价员、检验时间以及被检样品等也必须符合要求。

二、理化检验法

理化检验法又称仪器检验法或实验室检验法，是借助于各种仪器、设备和试剂，通过运用物理的、化学的、生物学的方法来测定和分析商品品质的方法。

理化检验法主要用于检验商品的成分、结构、物理性质、化学性质、安全性、卫生性以及对环境的污染和破坏等，能用精确的数字表示商品的品质（如商品中成分的种类和含量、某些物理化学性质、机械性能等），能深入阐明商品的化学组成、结构和性质，使对商品品质的评价具有客观而科学的依据。商品需采用理化检验法检验的品质指标称为理化指标。理化检验法既可对商品进行定性分析，又可进行定量分析，而且其结果比感官检验法精确而客观，它不受检验人员主观意志的影响，能深入分析商品的内在质量。

理化检验法的不足之处是：需要一定的仪器、设备、试剂和检验场所，成本较高；检验时往往需要破坏一定数量的商品，费用较大；检验时间较长；需要专门的技术人员进行；还不能检验某些商品的某些感官指标。因此，理化检验法在商业企业直接采用较少，多作为感官检验法的补充检验，或委托专门的检验机构进行理化检验。

理化检验法可分为物理检验法、化学检验法、微生物学检验法和生理学检验法等。

（一）物理检验法

物理检验法是检验者利用各种物理仪器或器械，测定商品的物理量及其在光、电、力、声、热作用下所表现出的物理特性，并判定商品品质或性能的方法。它可分以下各类。

1. 度量衡检验法

度量衡检验法是利用度量衡器具检验商品的长度、细度、体积、单位体积或容量的重量等来判断商品质量的检验方法。粮食、水果、蔬菜、蛋类、烟草、棉花、羊毛、猪鬃等商品的度量衡指标都与其质量有直接关系。

2. 光学检验法

光学检验法是利用各种光学仪器，检验商品的物理性质、成分或品质缺陷的检验方法。眼镜的光学性能、植物油脂的折光度、蔗糖的旋光度、鸡蛋以及烤烟等的检验等都与光学相关。

3. 热学检验法

热学检验法是通过对商品加热或降温，根据商品是否发生损毁、性能变化情况或物态发生变化时的温度等热学性质判断商品质量的方法。质量指标有商品的熔点、凝固点、导热性、耐热性和耐热急变性等。建筑材料、金属制品、保温瓶胆、水杯、玻璃制品等的热学性质与其质量密切相关。

4. 机械性能检验法

机械性能检验法是用拉力试验机、硬度机等机械仪器测定商品的机械性能的检验方法。常用的质量指标有抗拉强度、抗压强度、抗冲击强度、硬度、韧性、弹性等。钢材、水泥、纺织品等商品的质量与其机械性能密切相关。机械性能检验法是判断许多工业品和材料品质优次必须采用的检验方法。

5. 电学检验法

电学检验法是利用电学仪器鉴定商品的电学性质，如电压、电容、电阻、导电性、绝缘性、电击等。各种家电、仪器设备、电信器材、塑料制品的电学指标是其质量高低的重要标志。

（二）化学检验法

采用化学分析或仪器分析来检验商品组成成分的种类、各种成分的含量或结构，把检验结果与规定的质量标准相比较，以判断商品的品质、品种的方法叫做化学检验法。它又分为化学分析法、仪器分析法等。

化学分析法是根据试样和试剂所发生的化学反应和在化学反应中试样和试剂的用量，检验商品化学成分的种类和各种成分的相对含量，进而判断商品质量的方法。检验商品中所含成分的种类的化学方法称为定性分析，检验商品中各种成分相对含量的化学分析法称为定量分析。以物质的化学反应为基础的化学分析法历史悠久、设备简单、准确度高，是各类分析方法的基础，又称经典分析法（或称常规法）。

仪器分析法是采用光、电等方面比较特殊或复杂的仪器，通过测量商品的物理性质或化学性质来确定商品中化学成分的种类、含量和化学结构以判断商品品质的检验法。仪器分析包括电化学分析法、光学分析法、色谱分折法和放射分析法等。仪器分析法适用于微量成分含量的分析，具有测定的灵敏度高、选择性好、操作简便、分析速度快等特点而应用广泛。

化学检验法优点是：能够判断商品品质的优次；能够判断食品的卫生质量；能够判断商品是否变质；能够判断商品的真伪；能够判断某些用感官难以分辨的商品种类或品种之间的区别。

在实际工作中对商品进行化学检验时，一般是根据合同品质条款或标准的规定，测定与商品品质有密切关系的主要化学成分（或元素），无须全面分析商品的化学成分。某些商品由于经过感官检验，即可确定其品质和等级，则不需测定其主要成分。

同一商品同一品质项目的检验经常有数种不同的化学检验方法，而不同检验方法的检验结果，常有所差异。因此，在商品标准中对化学检验所需仪器、试样准备、试剂配制和试验操作均有明确规定。

（三）微生物学检验法

微生物学检验法用于检验食品、动植物及其制品以及包装容器中存在的微生物种类和数量。微生物学检验法是判断商品卫生质量的重要手段。细菌指标是商品（尤其是食品、药品、化妆品）卫生质量的重要内容，一般包括细菌总数、大肠菌群和致病菌。

在对外贸易中，应检查贸易合同及贸易双方国家公布的检疫对象，即被法令限制的微生物，从而保证进出口商品无危害人畜健康和农业生产的微生物。

（四）生理学检验法

生理学检验法是通过测量商品（主要是食品）的可消化率、发热量，判断其质量（如食品的营养价值）的检验方法。测定食品的可消化和可吸收性的方法是生理学检验法的重要内容。生理学检验法一般用兔、鼠等动物进行试验。

三、防伪技术和防伪标志检验

检验商品品质需采用的检验方法因商品种类不同而异，有的商品采用感官检验法即可评价品质，有的商品既需采用感官检验法，又需采用理化检验法。检验同一商品的同一品质指标，往往又有数种不同方法，或可采用数种不同的仪器。有的商品可以通过其包装或商品体上所使用的防伪技术和防伪标志来检验商品质量，作出初步的判定。

（一）防伪技术举例

1. 激光全息防伪标志

激光全息防伪标志采用激光全息摄影技术和全息图的模压技术制造。激光全息照片不但能记取被摄物体表面明暗度，而且能反映各部位相互空间关系。在每张全息照片上都布满了非常复杂的条纹结构，其条纹的精细度，达到每毫米几千条，即使在相同的条件下也绝对拍不出有相同结构的全息照片来。如果再应用编码技术，就更能保证一张全息图成为一种绝对不可假冒的标态。

2. 有声商标

有声商标通过数字式声像合一的集成电路，在生产过程中将特殊的声音输入到电子产品中，使用该产品时就会声音复现。如日华电子厂的"小霸王"游戏机，一开始就能听到"小霸王，其乐无穷"的有声商标。

3. 一次性全息防伪技术

一次性全息防伪技术是在激光全息防伪技术的基础上发展起来的。"一次性"，即只能一次使用。激光全息防伪标志虽具有不可伪造的功能，但仍存在着可揭下来反复使用的缺陷，而一次性全息防伪技术弥补了这一不足。一次性全息制品是把菲涅尔全息图上记录的标志图像压制在特殊的聚酯膜上，形成色彩丰富且具有立体感的彩虹全息图。通过涂抹等加工，制成各种各样的标志，极易识别，但却不可揭下重复使用。因为在揭和贴的过程中，整个图像将被破坏，失去彩虹效果。

4. 防伪变色油墨技术

防伪变色油墨技术分可逆性和不可逆性两种。CTSC 热感防伪油墨属不可逆性油墨，将颜色印在商标的指定部位，当加热到 80℃～140℃时，油墨即呈现出设定的颜色。TC 变色墨为可逆性油墨，它在加热现出设定的颜色后，能恢复到原来的颜色，便于消费者反复挑选商品。

（二）防伪标志举例

1. 国家名优酒标志

国家名优酒标志图案由内外两个圆圈组成，内圈为国家名优酒奖牌图形和"食"字标记，外圈上方标有"国家名酒"或"国家优质酒"字样，下方标有"国家食品工业协会"字样。该标志采用了一次性全息防伪技术，标志上重叠的国家名优酒图形和"食"字徽记可随光线入射角度交替出现，并可观察到活动的密码亮点。

国家名优酒防伪标志只限于在国家名优酒上使用，企业不得扩大品种和使用范围。中国食品协会对标志的使用采取严格的签发制度，主要名优酒生产企业要按计划如实填报"国家名优酒防伪标志申领表"，经中国食品协会审核后统一向企业核发标志。标志的制作、发放都由专人监督管理，企业收领标志后设专人专库管理，严格按班计划领用。

2. 中医药防伪标记

中医药防伪标记图案中文字、标志为二维白色，背景是三维的星空。该防伪标记采用技术多属多维立体彩虹全息模压图像技术。整个画面色彩明析，层次分明，有立体深度。该防伪标记中图像有色块组合，通过随机编码制成，图像无法重复。国家中医药管理局现对获得省级以上名优称号的中医药制品核发防伪标记。

第四节　商品品级

一、商品品级的概念

商品品级是对同一品种商品按其达到质量指标的程度所确定的等级。它是表示商品质量高低优劣的等级，也是表示商品在某种条件下用途大小的标志，是商品鉴定的重要内容之一。它是相对的、有条件的，有时会因不同时期、不同地区、不同使用条件及不同个性而产生不同的质量等级和市场需求。

划分和确定商品品级的过程，叫做商品分级，是根据商品的质量标准和实际质量检验结果，将同种商品划分为若干等级的工作。商品等级按一定的质量指标进行划分。商品品种不同，其分级的质量指标也不同。对每种商品每一等级的具体要求和分级方法，通常在商品标准中都有规定。商品分级是商品检验的目的之一和最后一个步骤。

商品分级工作，有利于促进生产部门加强管理，提高生产技术水平、管理水平和产品质量；有利于限制劣质产品进入流通领域；有利于商业部门按质定价、优质优价的政策；有利于消费者选购商品，维护消费者利益；有利于工商行政监督部门、质检部门和物价部门进行管理和监督，促进经济健康发展。

二、商品品级的表示方法

（一）商品品级的表示方法

商品品级通常用等或级的顺序来表示，如一等（级）、二等（级）、三等（级），或甲等（级）、乙等（级）、丙等（级），也有用合格品、残次品或正品、副品或颜色（如布匹）或图形（如瓷器、冰箱）来表示的。在我国，根据《工业产品质量分等导则》的规定，按照工业品的实物质量原则与国际先进水平、国际一般水平和国内一般水平三个档次，把工业品相应划分为优等品、一等品和合格品三个等级。而食品特别是农副产品、土特产等多为四个等级，最多达到六七个等级，如茶叶、棉花、卷烟等。

1. 优等品

优等品是指商品的质量标准必须达到国际先进水平，且实物质量水平与国外同类产品相比达到近五年内的先进水平。

2. 一等品

一等品是指商品的质量标准必须达到国际一般水平，且实物质量水平达到国际同类产品的一般水平。

3. 合格品

合格品是指按照我国一般水平标准（国家标准、行业标准、地方标准或企业标准）组织生产，实物质量水平必须达到相应标准的要求。

（二）商品质量等级的确定

商品质量等级的评定，主要依据商品的标准和实物质量指标的检测结果，由行业归口部门统一负责。优等品和一等品等级的确认，须有国家级检测中心、行业专职检验机构或受国家、行业委托的检验机构所出具的实物质量水平的检验证明。合格品由企业检验判定。

二、商品品级的划分方法

商品质量分级的方法很多，一般有百分法、限定记分法和限定缺陷法三种。

（一）百分法

百分法是指将商品各项质量指标规定为一定的分数，重要指标占高分，次要指标占低分。如果各项指标都符合标准要求，或认为无瑕可挑的，则打满分100分，某项指标欠缺则在该项中相应扣分。如果某项质量指标不符合商品标准的要求，就要相应减分，直接影响到总分下降。最后，按总分达到的等级分数线划分等级。分数总和越高，等级也越高。该方法适用于成熟的常用商品，特别是在横向比较商品质量时，在食品的评级中被广泛使用，日用工业品中的打火机、收音机、电视机等也采用该种方法。如酒的评分方法，满分为100分。其中，白酒，色10分、香25分、味50分、风格15分；啤酒，色10分、香20分、味50分、泡沫20分；葡萄酒，色20分、香30分、味40分、风格10分。

（二）限定记分法

限定记分法是将商品的各种质量缺陷（即质量指标达不到质量标准要求的疵点）和各项要求列出，根据各缺陷的重要性分别规定一定分数，由缺陷分数的总和及其所在的等级分数线来确定商品的等级。缺陷越多，总分越高，品级越低。此种方法不是平均地看待每项缺陷，而是根据缺陷造成的质量问题的主次进行加权分配，做到轻重缺陷一起计分，有利于检验。限定记分法在国际成品交易中经常使用，多用于日用工业品、纺织品等商品的品级划分。

（三）限定缺陷法

限定缺陷法是在商品可能产生的质量缺陷（疵点）范围内，规定各类商品每个等级所限定质量缺陷的种类、数量和程度，商品的缺陷累计超过规定数量或缺陷的大小、位置超过标准规定者认为不合格，而缺陷未达到限定数量者视为合格。如全胶鞋，可能产生质量缺陷的外观指标有13项，其中鞋面起皱或麻点这个缺陷，一级品限定"稍有"，二级品限定"有"；鞋面砂眼这个缺陷，一级品限定"无"，二级品限定其砂眼直径不得超过1.5 mm，深度不得超过鞋面厚度，而且低筒鞋限两处、套筒鞋限四处，同时不得集中于鞋的下部，在弯曲处不许有。此外，在13项指标中，如果一级品超过四项不符合要求者，降为二级品；二级品超过六项不符合要求者，则降为不合格品。限定缺陷法适用于鞋类（如胶鞋）、一些日用工业品（如玻璃制品、搪瓷制品、陶瓷制品）和某些文化用品（如纸张）等商品的品级划分。

无论采用哪一种商品品级的划分方法，凡达不到等级的，均应划为等外品或废品。

第五节　商品质量监督

一、商品质量监督的概念

商品质量监督是指根据国家的质量法规和商品质量标准，由国家指定的商品质量监督机构对生产和流通领域的商品质量和质量保证体系进行监督的活动。商品质量监督是国家对生产和流通领域进行宏观调控的一种手段，通过商品质量监督能有效规范市场经营行为，保障市场商品质量，杜绝假冒伪劣商品，净化市场环境、保障市场经济健康发展。

国家对商品质量监督是技术监督，监督的主要手段是监督检验。监督检验属于第三方检验，是指由政府规定的商品检验机构，按照国家颁布的质量法规和质量标准，对企业生产的产品和生产上销售的商品进行检验和质量评价，并对企业的质量保证体系进行检查。

为加强对流通领域进口商品质量的监督管理，保护消费者合法权益，维护社会主义市场秩序，根据《商检法》及其实施条例、《消费者权益保护法》等有关法律法规的规定，制定了《流通领域进口商品质量监督管理办法》，其中对进出口商品监督检查的内容包括以下几个方面。

（1）国家规定实施进出口安全质量许可制度的进口商品是否取得安全质量许可并加贴商检安全认证标志。

（2）《商检机构实施检验的进出口商品种类表》内进口商品是否经商检机构检验合格。

（3）进口商品使用的标志及标签是否符合我国的规定。

（4）是否为假冒进口商品、非法进口商品。

（5）其他法律法规规定需由商检部门、工商行政管理部门检查的进口商品是否符合我国的有关规定。

商品质量监督实质上是国家对生产和流通领域中的商品质量进行宏观调控的一种手段，是贯彻实施商品质量法规和商品标准不可缺少的重要手段；有利于商品质量管理和更好地实现国家计划质量目标；能提高商品竞争力，促进对外贸易的发展；能解决存在的商品质量问题，维护市场经济的正常秩序；是维护消费者利益，保障人体健康和生命安全的需要。

二、商品质量监督分类

（一）国家的商品质量监督

国家的商品质量监督是指国家授权，指定第三方专门机构以公正的立场对商品质量进行监督检查。

国家的商品质量监督以政府行政的形式进行。国家监督抽查是国家对产品质量进行监督检查的主要方式之一。国家监督抽查是由国务院产品质量监督部门依法组织有关省级质量技术监督部门和产品质量检验机构对生产、销售的产品，依据有关规定进行抽样、检验，并对抽查结果依法公告和处理的活动。国家监督抽查分为定期实施的国家监督抽查和不定期实施的国家监督专项抽查两种。定期实施的国家监督抽查每季度开展一次，对可能危及人体健康和人身财产安全的商品、影响国计民生的重要工业产品、消费者和用户反映有质量问题的商品，实行定期、经常监督检查，公布质量检验结果，并根据国家有关法规及时处理质量问题，它是法定的质量监督。国家监督专项抽查则根据产品质量状况不定期组织开展。

国家监督抽查的质量判定依据是被检产品的国家标准、行业标准、地方标准和国家有关规定，以及企业明示的企业标准或者质量承诺。

（二）社会的商品质量监督

社会的商品质量监督是指社会团体、组织和新闻机构根据消费者和用户对商品质量的反映，对流通领域的某些商品进行监督检查。

实施社会商品质量监督常常是从市场一次抽样，委托第三方检验机构进行检验和评价，将检验结果特别是不合格商品的质量状况及企业名称予以公布，通过强大的社会舆论压力迫使企业改进商品质量，禁止销售不合格商品，并承担相应的责任。

（三）用户的商品质量监督

用户的商品质量监督是指内外贸部门和使用单位为保证所购商品的质量而进行的监督检验。如1995年4月20日，邮电部为认真贯彻"人民邮电为人民"的宗旨，促进电信服务质量的不断提高，维护国家利益和用户的权益，维护和提高电信通信的信誉，把电信服务质量置于广大用户的经常监督之下，特制定电信服务质量社会监督标准。

（1）为便于用户对电信服务质量的监督，各级邮电部门要设立电信服务质量监督检查机构或配备相应的专职人员，并设置监督电话向社会公布。

（2）建立健全社会监督体系，聘请社会监督员，由各邮电管理局负责颁发聘书和社会监督员证。各级社会监督员要认真履行职责，积极反映社会对电信服务质量的批评和建议。

（3）用户凡发现有未达到上述服务标准或违反上述有关规定的，均可通过来电、来信、来访等形式向当地邮电监督部门申告，必要时也可越级申告。

（4）各级邮电服务质量监督部门对用户的申告应及时调查处理，一般应在15天内答复用户。

（5）各级邮电部门及其工作人员对用户的申告及批评意见，不得打击报复。发现对用户打击报复者，从严惩处。

三、商品质量监督形式

商品质量监督的形式，一般可分为抽查型质量监督、评价型质量监督和仲裁型质量监督三种。

（一）抽查型质量监督

抽查型质量监督是指国家质量监督机构从市场或生产企业或仓库等地随机抽取样品，按照技术标准进行监督检验，判定其是否合格，从而采取强制措施，责成企业改进商品质量，直至达到商品标准要求所进行的监督活动。

抽查型质量监督的特点包括：它是一种强制性的质量监督形式；抽查商品的地点不限，对商品随机抽样检查；抽查检测数据科学、准确，对产品质量的判断、评价公正；抽查商品的质量检查结果公开；对抽查检验不合格的单位限期整改；一般只抽查商品的实物质量，不检查企业的质量保证体系；其主要对象是涉及人体健康和人身安全的商品、影响国计民生的重要工业品、重要的生产资料和消费者反映有质量问题的商品。

（二）评价型质量监督

评价型质量监督是指国家质量监督机构对企业的产品质量和质量保证体系进行检验和检查，考核合格后，以颁发产品质量证书、标志等方法确认和证明商品已经达到某种质量水平，并向社会提供质量评价信息，实行必要的事后监督，以检查商品质量和质量保证体系是否保持和提高的一种质量监督活动。

评价型质量监督是国家干预产品质量的手段之一。它的特点是：按照国家规定标准，对产品进行检验，以确定其质量水平；对生产产品企业的生产条件、质量体系进行严格审查和评定，由政府和政府主管部门颁发相应的证书；允许在产品上、包装上、出厂合格证和广告上使用、宣传相应的质量标志；实行事后监督，使产品质量保持稳定和不断提高。商品质量认证、企业质量体系认证、环境标志产品认证、评选优质产品、产品统一检验制度和生产许可证发放等都属于这种形式。

（三）仲裁型质量监督

仲裁型质量监督是指质量监督检验机构对有质量争议的商品进行检验和质量调查，分清质量责任，作出公正处理，维护经济活动正常秩序的一种质量监督活动。

仲裁型质量监督的特点是：仲裁监督的对象是有争议的产品；具有较强的法制性；根据监督检验的数据和全面调查情况，由受理仲裁的质量监督部门进行调解和裁决，一般应选择经省级以上人民政府产品质量监督管理部门或其授权的部门审查认可的质量监督检验机构作为仲裁检验机构。

四、商品质量监督体系

我国商品质量监督体系是由技术监督系统、专业监督系统的质量监督管理机构和质量监督检验机构所组成的多系统的质量监督管理网络。

（一）技术监督系统

国家质量监督检验检疫总局是国务院主管全国质量、计量、出入境商品检验、出入境卫生检疫、出入境动植物检疫和认证认可、标准化等工作，并行使行政执法职能的直属机构。

按照国务院授权，将认证认可和标准化行政管理职能，分别交给国家质检总局管理的中国国家认证认可监督管理委员会（中华人民共和国国家认证认可监督管理局）和中国国家标准化管理委员会（中华人民共和国国家标准化管理局）承担。

根据国务院的决定，国家质量监督检验检疫总局和国家工商行政管理总局在质量监督方面的职责分工为：国家质量监督检验检疫总局负责生产领域的产品质量监督管理，国家工商行政管理总局负责流通领域的商品质量监督管理。国家工商行政管理总局在实施流通领域商品质量监督管理中查出的属于生产环节引起的产品质量问题，移交国家质量监督检验检疫总局处理。

（二）专业监督系统

国务院设立进出口商品检验部门（国家商检部门），主管全国进出口商品检验工作。国家商检部门设在各地的进出口商品检验机构（商检机构）管理所辖地区的进出口商品检验工作。

国务院建设行政主管部门对全国的建设工程安全生产实施监督管理。国务院铁路、交通、水利等有关部门按照国务院规定的职责分工，负责有关专业建设工程安全生产的监督管理。县级以上地方人民政府建设行政主管部门对本行政区域内的建设工程安全生产实施监督管理。

国务院劳动行政主管部门设锅炉压力容器安全监察局，主管全国的锅炉压力容器安全监察工作。

县以上农牧行政管理机关行使兽药监督管理权。国家和省、自治区、直辖市的兽药监察机构，以及经省、自治区、直辖市人民政府批准设立的城市兽药监察机构，协助农牧行政管理机关，分别负责全国和本辖区的兽药质量监督、检验工作。

国务院卫生行政部门主管全国药品监督管理工作。国务院药品监督管理部门设置国家药品检验机构。省、自治区、直辖市人民政府药品监督管理部门可以在本行政区域内设置药品检验机构。

国务院卫生行政部门主管全国食品卫生监督管理工作。国务院有关部门在各自的职责范围内负责食品卫生管理工作。出口食品由国家进出口商品检验部门进行卫生监督、检验。

国务院安全生产监督管理部门负责中央管理的非煤矿矿山企业和危险化学品、烟花爆竹生产企业安全生产许可证的颁发和管理。省、自治区、直辖市人民政府安全生产监督管理部门负责前述规定以外的非煤矿矿山企业和危险化学品、烟花爆竹生产企业安全生产许可证的颁发和管理，并接受国务院安全生产监督管理部门的指导和监督。

国务院中医药管理部门负责全国中医药管理工作。国务院有关部门在各自的职责范围内负责与中医药有关的工作。

国务院出版行政部门负责全国音像制品的出版、制作和复制的监督管理工作；国务院文化行政部门负责全国音像制品的进口、批发、零售和出租的监督管理工作；国务院其他有关行政部门按照国务院规定的职责分工，负责有关的音像制品经营活动的监督管理工作。

中国消费者协会是经国务院批准成立的全国性社会团体，对商品和服务进行社会监督，保护消费者合法权益。

本章小结

本章阐述了商品检验的概念。商品检验有广义和狭义之分，广义的商品检验是指商品的卖方、买方或者第三方在一定条件下，借助于某种手段和方法，按照合同、标准或国家的有关法律、法规、惯例，对商品的质量、规格、数量以及包装等方面进行检查，并作出合格与否或通过验收与否的判定，或为维护买卖双方合法权益，避免各种风险损失和解决责任划分的争议，便于商品交接结算而出具各种有关证书的活动。狭义的商品检验仅指对商品质量进行的检验，即有关部门或者人员根据相关规定，评价和确定商品质量优劣及商品等级。

本章阐述了商品品质检验的方法。商品品质检验的方法很多，通常有感官检验法和理化检验法两大类。

抽样也称取样、采样，是按照技术标准或操作规程所规定的抽样方法和抽样工具，从整批商品中随机采集一小部分在质量特性上能代表整批商品的样品的过程。商品检验抽样常用的方法有百分比抽样法和随机抽样法两种。

本章阐述了商品品级。商品品级是对同品种商品按其达到质量指标的程度所确定的等级。商品质量分级的方法一般有百分法、限定记分法和限定缺陷法三种。

本章阐述了商品质量监督。商品质量监督是根据国家的质量法规和商品质量标准，由国家指定的商品质量监督机构对生产与流通领域的商品质量和质量保证体系进行的监督活动。商品质量监督包括国家的商品质量监督、社会的商品质量监督和用户的商品质量监督。

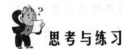

思考与练习

一、名词解释

商品检验　第三方检验　商品品级　商品质量监督

二、选择题

1. 具有公正性、科学性、权威性的商品检验为（　　　）。
   A. 第一方检验　　　　　　B. 第二方检验　　　　　　C. 第三方检验

2. 在食品质量认证中由低到高的顺序为（　　　）。
   A. 有机食品、绿色食品、无公害食品
   B. 无公害食品、有机食品、绿色食品
   C. 无公害食品、绿色食品、有机食品

3. 由政府规定的商品检验机构对商品实行的监督检验为（　　　）。
   A. 第一方检验　　　　　　B. 第二方检验　　　　　　C. 第三方检验

4. 在商品流通中，鞋类商品品级的划分一般采用（　　　）。
   A. 限定缺陷法　　　　　　B. 限定记分法　　　　　　C. 百分法

5. 具有快速、经济、简便易行的商品检验方法为（　　　）。
   A. 化学检验法　　　　　　B. 感官检验法　　　　　　C. 物理检验法

三、判断题

1. 商品检验与商品鉴定是相同的，没有区别。（　　　）
2. 全数检验是在工作实践中应用最多最广泛的检验方法。（　　　）
3. 只要能确保商品质量符合要求，是否对商品进行检验、是否按照规定程序进行检验都不必考虑。（　　　）
4. 在我国商品检验方式中，内销商品检验和进出口商品检验的程序是一样的。（　　　）
5. 感官检验法适用于商品内在质量的检验。（　　　）

四、问答题

1. 商品感官检验的特点是什么？具体操作的方法有哪些？
2. 商品检验的依据、内容是什么？
3. 商品检验时所采用的抽样方法有哪些？

五、案例分析

关注年货市场产品质量

春节前夕，国家质检总局组织对部分"年货"食品进行了国家监督专项抽查。其中，熏煮香肠、火腿产品共抽查了北京、天津、河北、山西、辽宁、吉林、黑龙江、内蒙古、山东、河南等10个省、直辖市、自治区60家企业生产的100种产品（不涉及出口产品），产品实物质量抽样合格率为99.8%。

此次抽查依据 GB 2726—2005《熟肉制品卫生标准》、GB 2760—1996《食品添加剂使用卫生标准》、GB 7718—2004《预包装食品标签通则》等国家标准及相关产品标准规定的要求，对熏煮香肠、火腿产品的感官、净含量、水分等25个项目进行了检验。

抽查中发现有个别产品的菌落总数超过国家标准规定的要求；有个别产品蛋白质、淀粉含量不合格；此外，强制性国家标准 GB 2760—1996《食品添加剂使用卫生标准》还规定，肉类制品中不允许添加苯甲酸，抽查中有个别盐水火腿产品检出苯甲酸。

专家提醒消费者，熏煮香肠、火腿的选购更多需要从外观着手。质量好的熏煮香肠颜色均匀一致，组织致密，切片性能好，有弹性，无空洞，无汁液，咸淡适中，味道鲜美。熏煮火腿是块肉产品，内容物中必须有成块的肉，颜色呈粉红色或玫瑰红色，有光泽，弹性好，切片性能好。

有关专家同时提醒消费者，选购时应注意，产品包装要密封，无破损，最好不要购买散装肉制品；尽量挑选近期生产的产品；要看清储存温度要求，尤其是夏季高温季节更应注意；此外，熟肉制品一次购买量不宜过多。已开封的肉制品一定要密封，最好在冰箱中冷藏保存，并尽快食用。

本次抽查中部分质量合格的企业及产品（略）。

（资料来源：中国质量报，2008 - 01 - 22）

问题：
结合本章所学知识对案例进行分析。

六、实训题

1. 结合所学的相关理论和技能，对自己经常购买的大米、面粉、酱油等食品或洗衣粉、服装面料等进行质量检验。

2. 到中央电视台网站上查看焦点访谈、中国制造等栏目的"石粉充豆粉，黑心赚黑钱"等节目，了解和熟悉相关商品的成分、结构、性质、工艺等与其质量的关系，了解对其进行质量检验的方法。

3. 利用"消费者权益日"、"国际标准化日"等机会，积极向质检、工商等部门或相关企业学习识别假冒伪劣商品的技巧。

第六章

商品包装与商标

- 商品包装概述
- 商品包装技法
- 商品包装标志
- 商标

☞ 导入语

　　商品包装是指在流通过程中为保护商品、方便储运、促进销售，按一定技术方法而采用的容器、材料及辅助物等的总体名称，也指为了达到上述目的而在采用容器、材料和辅助物的过程中施加一定技术方法等的操作活动。商品包装具有保护功能、容纳功能、便利功能、信息传递与促销功能和增值功能。商标是商品的标记，是商品生产者或经营者用以标明自己所生产或者销售的商品与其他人生产或者销售的同类商品相区别的标记（包括文字、图形、字母、数字、三维标志和颜色组合，以及上述要素的组合）。

　　本章学习目标：

- 理解商品包装的概念与作用；
- 了解商品包装的常用材料和包装方法以及商标管理的有关规定；
- 掌握主要的商品包装标志，能识别各种运输包装标志，正确评价销售包装的设计恰当与否；
- 掌握商标的分类及商标设计的基本要求。

第一节　商品包装概述

一、商品包装的概念

　　根据国家标准《包装通用术语》的定义，商品包装是指在商品流通过程中为保护商品、方便储运、促进销售，按一定技术方法所采用的容器、材料、辅助物等的总体名称，并且包括为了达到上述目的而在采用容器、材料、辅助物的过程中施加一定技术方法的操作活动。也就是说，商品包装包括两层含义：一是指盛装商品的容器及其他包装用品，通常称做包装物，如箱、袋、筐、桶、瓶等；二是指包扎商品的过程，如装箱、打包等。

　　商品包装是商品生产的重要组成部分，是商品生产全过程的最后一道工序，绝大多数商品只有经过包装后，才算真正完成生产过程，才能进入流通和消费领域。包装是一种特殊的商品，具有使用价值和价值两个属性，从其构成看，商品包装所消耗的劳动，包括物化劳动在内，都是商品社会必要劳动的一部分；它与商品体配合在一起作为一种买卖对象，成为商品的附属物，并能美化商品使之增值；它附加在商品的价值中，通过出售商品得以补偿。包装是一类物质产品或商品，本身又具有使用价值，如有些商品的包装容器、设计精美、造型独特、工艺精良，具有很高的欣赏价值；有些包装在商品被消费后，还有其他用途。因此，商品包装具有从属性和商品性等两种特性。包装是其内装物的附属品；商品包装是附属于内装商品的特殊商品，具有价值和使用价值；同时，商品包装又是实现内装商品价值和使用价值的重要手段。

任何一种商品包装，都是采用一定的包装材料，通过一定的技术方法制造的，都具有各自独特的结构、造型和外观装潢。包装材料、包装结构造型、包装技法和装潢是构成包装的四大要素，包装材料是包装的物质基础，是包装功能的物质承担者；包装所采用的技术是包装实现保护功能、保证商品质量的关键；包装的造型、结构是包装材料和包装技术的具体形式；包装装潢是通过对图案、色彩、商标、商品条码和文字等进行整体设计，进而美化、宣传、介绍商品，方便商品流通的主要手段。

二、商品包装的分类

包装工业部门、包装使用部门、商业部门、包装研究部门根据自己行业特点和要求，采用不同的分类标志和分类方法，对包装进行分类。常见的商品包装的分类和包装种类如下。

（一）按包装在流通中的作用分类

按包装在流通中的作用，可分为运输包装和销售包装。

1. 运输包装

运输包装又称外包装和大包装，是以满足运输、装卸、储存为目的，用于盛装一定数量的销售包装商品或散装商品的大型包装。运输包装通常不与商品直接接触，而是由许多小包装或中包装（销售包装）集装而成的。运输包装一般不随商品卖给消费者，但仍有一些运输包装会与商品一起卖给消费者且与商品直接接触。例如装家电的纸箱、装油料的油桶等。运输包装一般体积较大，外形尺寸标准化程度高，坚固耐用，广泛采用集合包装，表面印有明显的识别标志。运输包装在运输、装卸和储存中，首先起保护商品的作用；其次起方便运输、装卸和储存，以提高物流效率的作用；再次起传达信息而方便管理的作用。

2. 销售包装

销售包装又称商品的小包装、内包装，是直接接触商品并随商品进入零售网点与消费者或用户直接见面的包装。销售包装主要以满足销售的需要为目的，通常随同商品一起出售给消费者。销售包装一般要求与商品直接接触，包装体与商品体是在生产中结合成一体的。例如牙膏管盒、饮料瓶等。销售包装的特点一般是包装件小，对包装的技术要求是美观、安全、卫生、新颖、易于携带，印刷装潢要求较高。销售包装直接保护商品、美化和宣传商品，还可方便商品陈列展销和方便顾客识别选购，促进销售；同时，对消费者也能起到方便携带、使用、保存和识别等作用。

（二）按包装所用材料分类

按商品包装所用材料的不同，可分为纸制包装、金属包装、塑料包装、玻璃包装、陶瓷包装、复合材料包装、木制包装、纤维制品类包装。

1. 纸制包装

纸制包装是以纸与纸板为原料制成的包装，包括纸箱、瓦楞纸箱、纸盒、纸袋、纸管、纸桶、包装用纸等。纸制包装适用于百货、纺织、五金、电信器材、食品、医药等商品。

2. 金属包装

金属包装是指以黑铁皮、白铁皮、马口铁、铝箔、铝合金等金属材料制造的各种包装，主要有金属桶、金属盒、马口铁及铝罐头盒、油罐、钢瓶等。金属包装适用于食品、石油化工产品等液体、粉状、糊状商品以及贵重商品。

3. 塑料包装

塑料包装是指以人工合成树脂为主要原料的高分子材料制成的包装，其形状有箱、桶、盒、瓶、罐、薄膜袋、捆扎带、缓冲包装等。塑料包装适用于纺织、五金交电、食品、医药等商品。

4. 玻璃与陶瓷包装

玻璃与陶瓷包装是指以硅酸盐材料玻璃与陶瓷制成的包装。这类包装主要有玻璃瓶、玻璃罐、陶瓷罐、陶瓷瓶、陶瓷坛、陶瓷缸等。这类材料制成的包装隔离性好、耐腐蚀，缺点是容易破碎，主要用作食品、化妆品、化工品的包装。

5. 复合材料包装

复合材料包装又称复合包装，是指以两种或两种以上材料黏合制成的包装。常见的有纸与塑料、塑料与铝箔和纸、塑料与铝箔、塑料与木材、塑料与玻璃等材料制成的包装。复合材料包装综合利用材料性能，可制成柔性良好又可保证内容物性能的软性包装，广泛用于食品、化妆品等领域，是一种新型的包装产品。

6. 木制包装

木制包装是以木材、木材制品和人造板材（如胶合板、纤维板等）制成的包装。常见的有木箱、木桶、胶合板箱、纤维板箱和桶、木制托盘等。木制包装适用于体积大、质量重的机电产品以及怕摔、怕压的贵重商品（如仪器、仪表等）的包装，现在主要用于装运时制作外包装木箱。

7. 纤维制品包装

纤维制品包装是指以棉、麻、丝、毛等天然纤维和以人造纤维、合成纤维的织品制成的包装，主要有麻袋、布袋、编织袋等。

（三）按商业经营习惯分类

按商业经营习惯可分为内销包装、出口包装和特殊包装。

1. 内销包装

内销包装是为了适应在国内销售的商品所采用的包装，一般以内河航运和火车、汽车运输为主。在国内销售的商品主要以柜台销售为主，因此内销包装的大小、内装物数量要与国内消费者的消费习惯相适应。内销包装一般具有简单、经济、实用的特点。

2. 出口包装

出口包装是为了适应商品在国外的销售，针对商品的国际长途运输所采用的包装。一般以远洋航运、空运、火车及汽车集装箱运输为主。国外商品的销售多以超市为主，因此对出口商品的包装在保护性、装饰性、竞争性、适应性要求较高。

3. 特殊包装

特殊包装是为工艺品、美术品、文物、精密贵重仪器以及军需品等进行的包装。由于这些商品的特殊性，要求商品包装在防压、抗震、抗冲击等方面具有更高的保护性能，安全系数更大，因而这类包装一般成本较高。

（四）按包装使用次数分类

按包装使用次数，可分为一次使用包装、多次使用包装和周转用包装。

1. 一次使用包装

一次使用包装是指只能使用一次，不再回收复用的包装。它是随商品一起出售或在销售过程中被消费掉的销售包装。这种包装在拆装后，包装容器受到破坏不能按原包装再次使用，只能回收处理或另做他用，如火柴盒、罐头听、快餐盒等。

2. 多次使用包装

多次使用包装是指回收后经适当加工整理，仍可重复使用的包装。其要求包装坚固，可再次使用。多次使用包装主要是商品的外包装和一部分中包装。

3. 周转用包装

周转用包装是指工厂和商店用于固定周转、多次重复使用的包装容器。其特点是带有某种意义的强制性回收性质，如啤酒瓶、汽水箱、液化气瓶等。

（五）按包装所采用的防护技术分类

按商品包装所采用防护技术方法，可分为防潮包装、防震包装、防盗包装、防锈包装、防霉包装、防虫包装、防染包装、防伪包装、集合包装、防尘包装、真空包装、条形包装、贴体包装、泡罩包装、无菌包装、充气包装、保鲜包装、速冻包装、隔热包装、收缩包装等。

（六）按包装耐压程度分类

按包装耐压程度，可分为硬质包装、半硬质包装和软质包装。

1. 硬质包装

硬质包装是指耐压性较强的包装，如木箱、木桶、铁桶和铁箱等。

2. 半硬质包装

半硬质包装是指耐压性适中的包装，如纸板箱、竹篓和柳条筐均属于半硬质包装。

3. 软质包装

软质包装是指耐压力差的包装，如麻袋、布袋和纸袋等。

（七）按商品的使用范围分类

按商品的使用范围，可分为专用包装和通用包装。

1. 专用包装

专用包装是指专为某些特殊商品而设计的包装，如易燃、易爆、易挥发、易污染的商品，为确保商品在流通和消费过程中质量与安全，相应采用专门设计的专用包装。

2. 通用包装

通用包装是指对一般商品都适用的包装。

除此之外，商品包装还有其他分类形式，如以包装容器为分类标志，可分为箱、桶、袋、包、坛、缸、罐、筐、瓶等；以包装货物种类分类，可分为食品包装、医药包装、轻工产品包装、针棉织品包装、家用电器包装、机电产品包装和果菜类包装等；以安全为目的分类，可分为一般货物包装和危险货物包装等。

三、商品包装的功能

（一）保护功能

保护商品不受外界影响和损伤是商品包装的首要功能。这主要是防止商品破损变形；防止商品发生化学反应；防止有害生物对物品的影响；防止异物混入、污染及商品失散。

商品由生产领域进入流通领域，再由流通领域进入消费领域，总是经过空间位移、时间延续的周转过程，商品在运输、储存和销售过程中，由于物理机械性因素、气候环境性因素、生物性因素、社会性因素等影响，使产品的性能、成分、结构都可能受到不同程度的危害，轻则降低商品质量，影响使用效能，重则使商品严重破坏、变质，失去使用价值。科学合理的包装能使商品抵抗各种外界因素的破坏，从而保护商品的性能，保证商品质量和数量的完好。

（二）容纳功能

包装首先是一种盛装容器，容纳功能也是商品包装的基本功能。几乎所有的商品在运输和储存中都需要适度包装的支持，更有一些商品，如气体、液体、粉状商品以及许多食品和药品，如果没有包装就无法携带、使用和消费，如袋泡茶、一次性洗发膏等。

一些瓶装饮料每24瓶为一箱，若干箱可以拼装为一个集装箱，成组化包装有利于商品运输、保管和销售，并能减少商品流通的费用。

（三）便利功能

便利功能是指商品包装为商品的空间移动、携带、消费、使用在各个领域提供一切方便条件。如在运输领域中，方便运输储存、装卸搬运、堆码保管以及统计等；在销售领域，方便展销陈列、销售计价以及利用自动售货机等；在消费领域，方便携带、使用、开启、存放以及重新封装等；在用后处置领域，方便回收、处理等。

1. 方便生产

合理包装能够节省人的体力消耗；对于大批量生产的产品，应适宜进行流水线生产，有利于机械作业。

2. 方便储运

将商品按一定的数量、形状、规格、大小及不同的容器进行包装，而且在商品包装印上各种标志，便于运输工具的装卸，便于堆码，达到减少损失、提高运输能力和经济效益的目的。

3. 方便陈列与展销

通过对商品包装结构造型、装潢设计等方面进行设计，能比较合理地利用物流空间。这也是促销的重要手段。

4. 方便选购

包装既是无声的推销员，也是一种广告工具，是传达商品信息的重要媒介。它担负着传达商品牌号、性质、成分、容量、使用方法、生产单位等职能，起着方便消费和指导消费的作用。

5. 方便携带和使用

商品包装通过附有说明，也可以通过设计方便消费的结构与形式，以简明扼要的语言或图示向消费者传递使用某产品的方法及注意事项等。

6. 方便回收与废弃处理

方便回收是指部分包装具有重复使用的功能。通过采用可回收或可降解的包装材料在保护商品的同时，达到节省成本、保护环境及节省资源的效果。

（四）信息传递与促销功能

大多数商品包装标示着商品品牌、品种、规格、产地等，有些商品包装，如药品等，还标示着成分、性能特点、功能用途、使用方法、保管储藏方法等，从而达到介绍商品、宣传商品、传递相关信息的功能。

包装是商品的"外衣"，精美的商品包装可起到美化商品、宣传商品和促进销售的作用。商品的包装直观地展示被包装物的性能特点、质量特性等；同时，通过包装显示商品的风采和活力，向消费者传递商品信息，达到诱导、激发消费者购买欲望和兴趣，并为消费者提供了解商品、识别商品和选购商品的充足条件，从而达到指导消费、促进销售的作用。有些包装，当内装商品消费完后，还被用做陈设或收藏品。如五粮液酒的十二生肖包装，有的消费者甚至为积攒包装而购买这种酒。

（五）增值功能

消费者认知商品，第一要素是包装，包装的档次在习惯上被认为代表着内装商品质量和档次。时至今日，人们还以包装的精美度来判断内装商品的真伪。

商品包装不仅用于保护商品体，还通过商品包装设计和定位来表现商品的价值和使用价值。商品包装实际上是把物质的东西和文化的、知识的、精神的东西结合起来，使物质价值得以实现，而且提高了文化品位，丰富了文化内容，使精神变物质，这种物质包含在商品附加值之中。因此，一种精致、相宜的包装能反衬商品的价值，使商品增值，同时也提高了商品的市场竞争力，有利于发展对外贸易和提高国家声誉。

（六）节约功能

商品包装与生产成本密切相关。合理的包装可以使零散的商品以一定数量的形式集成一体，从而大大提高装载容量并方便装卸运输，可以节省运输费、仓储费等项费用支出。有的包装还可以多次回收利用，节约包装材料及包装容器的生产，有利于降低成本，提高经济效益。

 阅读材料 6-1

山姆森玻璃瓶　一个价值 600 万美元的玻璃瓶

说起可口可乐的玻璃瓶包装，至今仍为人们所称道。1898 年鲁特玻璃公司一位年轻的工人亚历山大·山姆森在同女友约会中，发现女友穿着一条筒形连衣裙，显得臀部突出，腰部和腿部纤细，非常好看。约会结束后，他突发灵感，根据女友所穿裙子的形象设计出一个玻璃瓶。

经过反复修改，亚历山大·山姆森不仅将瓶子设计得非常美观，很像一位亭亭玉立的少女，他还把瓶子的容量设计成刚好一杯水大小。瓶子试制出来之后，获得大众交口称赞。有经营意识的亚历山大·山姆森立即到专利局申请专利。

当时，可口可乐的决策者坎德勒在市场上看到了亚历山大·山姆森设计的玻璃瓶后，认为非常适合作为可口可乐的包装。于是他主动向亚历山大·山姆森提出购买这个瓶子的专利。经过一番讨价还价，最后可口可乐公司以600万美元的天价买下此专利。要知道在100多年前，600万美元可是一项巨大的投资。然而，实践证明可口可乐公司这一决策是非常成功的。

亚历山大·山姆森设计的瓶子不仅美观，而且使用非常安全，易握不易滑落。更令人叫绝的是，其瓶体的中下部是扭纹形的，如同少女所穿的条纹裙子；而瓶子的中段圆满丰硕，如同少女的臀部。此外，由于瓶子的结构是中大下小，当它盛装可口可乐时，给人以分量很多的感觉。采用亚历山大·山姆森设计的玻璃瓶作为包装以后，可口可乐的销量飞速增长，在两年的时间内，销量翻了一倍。从此，采用山姆森玻璃瓶作为包装的可口可乐开始畅销美国，并迅速风靡世界。600万美元的投入，为可口可乐公司带来了数以亿计的回报。

商品包装作为商品设计的延续，已经成为商品营销的一个基础元素。富有创意的经典包装，已经成为企业提升品牌价值最简单、最有效的方法。

四、商品包装的要求

我国商品包装的发展阶段可分为单纯考虑保护商品的大包装阶段、强调美化商品的小包装阶段和无声推销员阶段。商品包装既要符合国情，又要满足消费者的需要，并能取得最佳的经济效益和社会效益。一般而言，商品包装应符合以下要求。

（一）商品包装应适应商品特性

商品包装必须根据商品的特性，分别采用相应的材料与技术，使包装完全符合商品合理化性质的要求。

（二）商品包装应适应运输条件

商品包装应分别采用相应的材料与技术，使包装完全符合商品特性。要确保商品在流通过程中的安全，商品包装应具有一定的强度，坚实、牢固、耐用。对于不同运输方式和运输工具，还应有选择地利用相应的包装容器和技术处理。总之，整个包装要适应流通领域中的储存运输条件和强度要求。

（三）商品包装要适量、适度

对于销售包装而言，包装容器大小应与内装商品相宜，包装费用应与内装商品相吻合。预留空间过大、包装费用占商品总价值比例过高，都是有损消费者利益、误导消费者的"过度包装"。

（四）商品包装应标准化、系列化、通用化

商品包装必须推行标准化，即对商品包装的包装容（重）量、包装材料、结构造型、规格尺寸、印刷标志、名词术语、封装方法等加以统一规定，逐步形成系列化和通用化，以便包装容器的生产，提高包装生产效率，简化包装容器的规格，节约原材料，降低成本，易于识别和计量，有利于保证包装质量和商品安全。

（五）商品包装要做到绿色、环保

商品包装的绿色、环保要求从两个方面认识：第一，包装的材料、容器、技术本身对商品、消费者而言，应是安全的和卫生的；第二，包装的技法、材料容器等对环境而言，应是安全的和绿色的，在选材和制作上，遵循可持续发展原则，节能、低耗、高功能、防污染，可以持续性回收利用，或废弃之后能安全降解。

绿色包装有人称做"环境之友包装"或"生态包装"，学术上还没有统一的定义。按照目前的认识，绿色包装应是对生态环境和人体健康无害，能循环使用和再生利用，可促进持续发展的包装。也就是说，包装产品从原材料的选择、产品制造到使用、回收和废弃的整个过程均应符合环保的要求。它包括了节省资源、能源，减量，避免废弃物产生，易回收复用，可循环再利用，可焚烧或降解等具有生态环境保护要求的内容。

五、商品包装标准化

（一）商品包装标准化的含义和作用

商品包装标准化是指根据商品体的要求，对包装的类型、规格、容量、材料、容器的结构造型、印刷标志、封装及衬垫、检验方法等的统一规定和实施。

包装标准化工作是整个技术标准化的重要组成部分，其作用具体表现在以下几个方面：① 便于识别、使用和计量；②有利于提高生产和提高包装生产效率；③有利于合理利用资源，减少材料损耗，降低商品包装成本；④有利于包装的回收复用，减少包装、运输、储存费用；⑤对提高我国商品在国际市场上的竞争力，发展对外贸易有重要意义；⑥有利于包装工业的发展。

（二）商品包装标准化的内容

商品包装标准化是使商品包装适用、牢固、美观，达到定型化、规格化和系列化。对同类或同种商品包装，需执行"七个统一"，即统一材料、统一规格、统一容量、统一标记、统一结构、统一封装方法和统一捆扎方法等。商品包装标准化的主要内容如下。

（1）包装材料标准化。无论是运输包装还是销售包装，包装材料的质地、厚薄、质量标准要统一。

（2）工厂的包装工艺标准化。包装时内装物的数量、排列顺序，衬垫材料放多少，封口标准要统一。

（3）包装的规格、尺寸标准化。包装箱（袋、盒）的规格尺寸、重量规定要统一。

（4）装卸作业标准化。车站、码头、仓库等装卸货物时要制定统一作业标准。

（5）集合包装标准化。集装箱、集装袋、托盘组合包装也要采用国际统一标准。

第二节　商品包装技法

一、商品包装材料的要求

商品包装首先考虑的问题是如何选择包装材料。包装材料是指用于制造包装容器和构成商品包装的材料的总称。包装材料既包括组成运输包装、包装装潢、包装印刷等的有关材料和包装辅助材料，如纸、金属、塑料、玻璃、陶瓷、竹木、复合材料等；又包括缓冲材料、涂料、胶粘剂、捆扎材料和其他辅助材料等。

在包装设计中对包装材料的选择常以科学性、经济性、适用性为基本原则。因为包装材料能展现不同的包装效果，所以合理选择包装材料对包装的整体效果有着非常重要的影响。包装材料通常应具有以下几方面的性能。

（一）保护商品的性能

保护性能主要是指保护内装商品，防止其损伤、散失、变质等。为保证内装商品质量，防止其变质，应根据不同商品采用不同的保护材料。商品包装保护性能的发挥，主要取决于包装材料的机械强度，防潮、防水性，耐酸、耐腐蚀性，耐热、耐寒性，透光、透气性，防紫外线穿透性，耐油性，适应气温变化性，无毒、无异味等。

（二）易加工操作的性能

易加工操作性能主要是指包装材料根据要求，容易加工成容器且易包装、易充填、易封合、效率高并适应自动包装机械操作的性能。这些性能主要取决于包装材料的刚性、挺性、光滑度、易开口性、切削钉着性、可塑性、可焊性、可煅性、可粘性、可涂覆印刷性、防静电性等。

（三）方便使用的性能

方便使用性能主要是指由包装材料制作的容器盛装产品后，消费时便于开启包装和取出内装物，便于再封闭而不易破裂等。如使用聚乙烯醇制成的水溶性包装，可用于对粉状或液态的商品按单位使用量进行包装，使用时可连同包装整个溶于水中。这样，既能保护商品的质量，又防止对使用者身体造成伤害，尤其适用于对农药、化肥等商品的包装。

（四）节省费用的性能

包装材料供应来源广泛，取材方便，成本低廉。节省费用性能主要是指经济合理地使用包装材料，研究节省包装材料费用、包装机械设备费用、劳动费用，提高包装效率、自身质量及方便储运等。

（五）装饰美化外观的性能

装饰美化外观性能主要是指包装材料的形、色、纹理的美观性。装饰美化外观性能能产生较好的陈列效果，提高商品档次，从而满足不同消费者的审美需求和激发消费者的购买欲望。装饰美化外观性能的发挥主要取决于包装材料的透明度、表面光泽、印刷适应性、不因带电而吸尘等。

（六）易回收处理的性能

易回收处理性能主要是指包装材料要有利于环保，有利于节省资源，对环境无害。因此，选用包装材料时要适应世界市场对包装材料及包装废弃物提出的新标准和新法规，大力发展废弃物少、能回收利用、易于回收再生或自行降解的绿色包装。

二、常用的包装材料

包装材料是商品包装的物质基础，因此了解和掌握各种包装材料的规格、性能和用途是很重要的，也是设计好包装的重要一环。

包装材料有多种，常用的有纸和纸板、塑料、金属、玻璃、陶瓷、木材、复合材料、其他材料等。

（一）纸和纸板

纸和纸板是支柱性包装材料，应用范围十分广泛，目前产值占包装总产值的45%左右。纸和纸板是按定量（单位面积的重量）或厚度来区分的。凡是定量在250g/m²以下或厚度在0.1 mm以下称为纸，在此以上称为纸板。由于纸无法形成固定形状的容器，常用来做裹包衬垫和口袋。纸板常用来制成各种包装容器。

纸制包装材料的优点是：取材容易、重量轻、成本低；有一定的弹性和较高的耐压强度；易加工、印刷，有利于商品的宣传和销售；便于密封、捆扎、搬运，有利于物流；无金属溶出等优良特点；可回收重复使用，公害小。其不足是防潮性、气密性、透明度差。

包装纸主要有白板纸、铜版纸、胶版纸、牛皮纸、卡纸、玻璃纸、有光纸、再生纸、过滤纸浸蜡纸、铝箔纸等。包装纸板主要有箱纸板、牛皮箱纸板、草纸板、单面白纸板、茶纸板、灰纸板、瓦楞纸板等。

（二）塑料

在众多的包装材料中，塑料在整个包装材料中的比例仅次于与纸和纸板。随着塑料原料及加工工艺的发展，塑料已在包装领域中占据了重要地位，塑料薄膜、纺织袋、复合塑料、塑料片材等在包装行业发展迅速。

塑料包装具有牢固、轻便（塑料密度约为金属的 1/5、玻璃的 1/2，属于轻质包装材料）、美观、经济等优点，尤其是可塑性强，能适应各种容器对造型的要求；化学性能好，能耐酸碱、锈蚀，防虫害，防渗漏；光学性能好，透明、有光泽等。其不足是耐热性不够好，易老化，废弃物处理不当会造成环境污染。

常用包装塑料有聚乙烯、聚丙烯、聚氯乙烯、聚丙乙烯、聚酯、聚酰胺塑料等，可制成瓶、杯、盘、盒等容器，聚丙乙烯还被大量用来制造包装用泡沫缓冲材料。

（三）金属

金属作为包装材料已具有悠久的历史，我国早在春秋战国时期，就采用了青铜制作各种容器，南北朝时期有用银作为酒类包装容器的记载。金属包装发展速度快、品种多，主要有薄钢板（黑铁皮）、马口铁（镀锡薄钢板）、镀锌铁皮（白铁皮）、铝及铝合金等，可制成桶、盒、罐、铁丝笼等容器，被广泛用于销售包装和运输包装。

金属材料的优点有：机械强度好，结实牢固，能长期使用；密封性、阻隔性好；金属表面有特殊的光泽，便于进行表面装潢。其不足是金属材料成本高，生产能耗大；化学稳定性差，易锈蚀。故金属材料包装的应用也受到限制。

铁桶和铁塑料桶具有强度高、密封性好、防漏防潮等特点。马口铁桶（盒、罐）有一定的强度，易加工成型，耐腐蚀性强，基本无毒害，广泛应用于食品包装。铁丝笼具有通风好、轻便、牢固等特点，适于装鲜活商品。铝的价格较贵，作为包装材料的主要是铝箔，它无毒无味，耐强酸，加工方便，能和塑料组成复合材料，一般作为小包装。

（四）玻璃

玻璃是以硅酸盐为主要成分的无机性材料，是一种比较古老的包装材料。玻璃作为容器在公元前 16 世纪的古埃及就得到了应用。玻璃以其本身的优良特性以及玻璃制造技术的不断改进，仍能适应现代包装的需要。

玻璃包装材料的优点是：玻璃硬度大，不透气不透水；化学稳定性高，无毒无味，有一定的强度，能有效地保护内存物；透明性好，洁净，易清理；同时，玻璃的制造工艺简便，造型自由多变，可制成各种形状和颜色透明、半透明和不透明的容器；玻璃易于回收复用、再生，利于环保。但其具有明显的不足，即耐冲击强度低，碰撞时易破损。

常见的玻璃包装容器有瓶、罐、缸等，主要用于食品、油、酒类、饮料、调味品、化妆品以及液态化工产品等商品的销售包装。此外，也可制造大型运输包装容器，存装强酸类产品。

（五）陶瓷

陶瓷制品是我国传统的包装容器。陶瓷与玻璃有许多共同之处，如化学稳定性好，密封性能良好，不透气、不透湿等，而且成本更低廉，具有很好的遮光性，但也存在着易打碎的缺点。常用的有陶缸、瓷坛等。常见的陶瓷包装容器有缸、罐、坛等，主要用于高级名酒的包装，同时瓷坛常用于盛装酒类、泡菜和酱菜等商品。

（六）木材

木材是传统的运输包装材料，主要是指由树木加工的木板和人造板材。木材是一种优良的结构材料，长期以来，一直用于制作运输包装，适用于大型的或较笨重的机械、五金交电、自行车以及怕压怕摔的仪器和仪表等商品的外包装。近年来，木材虽然有逐步被其他材料所代替的趋势，但仍在一定范围内使用，在包装材料中约占25%。

木质材料的优点是：具有优良的强度，有一定的弹性，能承受冲击、震动、重压等作用；具有良好的加工性能；热胀冷缩比金属小，不生锈、不易被腐蚀；可以回收、复用，降低成本，是很好的绿色包装材料。木质材料的缺点是：材料组织结构不匀，易受环境温度、湿度的影响而变形、干裂、翘曲和降低强度，易腐朽，还常有异味；加工不易实现机械化，价格高等。

木质材料包括天然木材和人造木材。人造木材有纤维板和胶合板两种。胶合板是用原木旋切成薄片，经选切、干燥、涂胶后，按木材纹理纵横交错重叠，通过热压机加压而成。其层数均为奇数，有三夹板、五夹板、七夹板等。纤维板的原料有木质和非木质之分，前者是指木材加工后的下脚料与森林采伐剩余物，后者是指蔗渣、竹、芦苇等。这些原料经过制浆、成型、热压等工序制成的人造板叫纤维板，如木丝板、刨花板等。常用的木制包装容器有木箱（包括胶合板箱和纤维板箱）、木桶（包括木板桶、胶合板桶和纤维板桶）。

（七）复合材料

复合材料是指将两种或两种以上的材料紧密复合在一起，互相取长补短，制成的一种包装材料，如塑料与纸、塑料与铝箔、塑料与玻璃、纸与金属箔都可以制成复合材料。

复合材料兼有不同材料的优良性能，使包装材料具有更加优良的机械性能、气密性、防水性、防油性、耐热和耐寒性，是现代包装材料的一个发展方向，特别适用于休闲食品、复杂调味品、冷冻食品等食品商品的包装。

（八）其他包装材料

其他包装材料有纤维织品及草、竹、柳、藤等天然包装材料。

纤维织品包装材料主要有天然纤维与化学纤维两大类，通常制成纺织品和编织袋。其共同的特点是：质轻，透气性好，有一定的牢度。它们被广泛地用于盛装粉末状、颗粒状商品，常用于粮食、面粉、食盐、食糖等的包装。其缺点主要是防潮性能差。

草、竹、柳、藤等天然包装材料也常被用于包装中。它们共同的优点是成本低廉、绿色安全、通风透气、耐用。一般常用于制成各种筐、篓、袋等，用于装运蔬菜、水果、鲜鱼、蛋等生鲜类商品。

👉 **相关链接6-1**

易拉罐——包装容器之王

20世纪30年代，易拉罐在美国成功研发并生产。这种由马口铁材料制成的三片罐——由罐身、罐盖和罐底三片马口铁材料组成，当时主要用于啤酒的包装。目前，我们常用的由铝制材料制作而成的二片罐——只有罐身片材和罐盖片的深冲拉罐诞生于20世纪60年代初。

易拉罐技术的发展，使其被广泛运用于各类商品包装当中，啤酒、软饮料、罐头目前大多都以易拉罐进行包装。据悉，全世界每年生产的铝制易拉罐已经超过2 000亿个。目前，易拉罐已经成为市场上应用范围最广、消费者接触使用最频繁的包装容器，是名副其实的包装容器之王。易拉罐消费量的快速增长，使制造易拉罐的铝材消费量也有大幅增长，目前制作易拉罐的铝材已经占到世界各类铝材总用量的15%。

随着易拉罐使用量的增加，世界各国为了节省资源和减少包装成本，纷纷研发更轻、更薄的新型易拉罐。铝制易拉罐也从最开始的每1 000罐25千克，缩减到20世纪70年代中期的20千克。现在每1 000罐的重量只有15千克，比20世纪60年代平均重量减轻了大约40%。

除了推出更轻、更薄的铝制易拉罐以外，目前各国对易拉罐的回收利用率也不断增高。早在20世纪80年代，美国铝制易拉罐的回收利用率就已经超过50%，在2000年达到62.1%。日本的回收利用率更高，目前已超过83%。

三、运输包装技法

（一）运输包装的种类

运输包装通常可分为两类，即单件运输包装和组合包装。

1. 单件运输包装

单件运输包装是以一个单件作为运输单元的包装。按包装造型划分，单件运输包装通常有箱、桶、袋、篓、筐等；按使用材料分，单件运输包装通常有纸制、木制、金属、塑料等包装，其中纸和纸板作为包装材料，在包装工业中的用量远远超过其他材料，而在国际贸易中使用最广泛的单件运输包装就是纸箱。

2. 集合包装

为了适应世界运输、装卸现代化的要求，将若干单件组合成一件大包装或装入一个大的包装容器内，形成的大的包装单元称为集合运输包装。

集合包装方式对于提高装卸、运输效率、节约劳动力、加速商品流转、减少包装破损、保护商品质量和数量完整、节省包装费用等有重要作用。

目前，常见的形式有集装箱、集装袋和托盘三大类，其中又以集装箱使用最为广泛。

（二）设计运输包装时应注意的问题

对运输包装的基本要求是能有效地保护商品的质量和数量，减少商品的破损，方便运输、装卸和储存，节约运输费用，降低包装成本。为此，在设计、选用运输包装时应注意以下几个问题。

1. 牢固耐用

保护商品在运输、装卸和储存中品质、外观的安全和数量完整是运输包装具备的首要条件。否则，必将由于运输包装坚牢度不够，在长途运输过程中发生破损而使商品受损。因此，运输包装的设计和选用应当按照不同国家和地区的地理条件、港口设施和运输路途的长短精心安排，避免采用"一刀切"策略。

2. 包装的材料结构要与内装商品的特性相适应

不同商品有不同的性质，必须选用不同材料加工制作包装容器，才能保证内装商品的质量。例如，食品应当选用卫生性能良好、化学性质稳定、无异味、不吸潮的材料；干制品应采用防潮包装；而油脂类商品须采用防光照包装，以防油脂氧化变质；金属制品则采用防锈包装等。包装容器的结构造型也要根据商品本身的性质、形状以及运输条件来确定，以达到保护商品、方便运输、降低成本的目的。

3. 统一规格，实现标准化

商品包装标准化是根据商品体的要求，对包装的类型、规格、容量、材料、容器的结构造型、印刷标志、封装及衬垫、检验方法等统一规定和贯彻实施。实行包装标准化后，使运输包装的体积与集装箱的容积或托盘的面积相适应，保证充分利用集装箱和托盘，同时保证商品安全。这样，提高了商品身价，促进商品销售，增加商品在国际市场上的竞争能力。

4. 符合各国关于运输包装规定

商品运输包装有时仍离不开人力搬运，因此不同的国家对每件商品的进口重量常有不同的限制性规定。例如，叙利亚规定油脂产品每件净重不得超过 10 千克；沙特阿拉伯规定袋装货物每袋重量不得超过 50 千克，除非附有托盘或其他可悬吊装置，否则不提供码头仓储便利；伊朗等国规定进口的货物必须使用集合运输包装，否则不准进口卸货；还有些国家对于超长、超重的商品增收不同附加费，或对不同商品的每件包装重量按不同的税率征收。

许多国家都有规定禁用（或限制使用）的运输包装材料，因此选用商品包装时还要考虑包装材料是否符合进口国的有关法令和要求。例如，美国、日本、加拿大等许多国家都禁止用稻草做包装垫衬材料，以防止有害生物传播；而美国、加拿大、澳大利亚、新西兰、巴西以及欧盟 15 国从 1998 年起相继颁布法令，对来自中国的木质包装（包括托盘木料）在进口时必须附带中国出入境检验检疫机关出具的证书，证明木制包装已经过熏蒸处理或防腐处理，否则到港后就地拆除烧毁。

（三）运输包装技法

商品运输包装技法是指在包装作业过程中所采用的技术和方法。通过包装技法，才能使运输包装体和销售包装件形成一个有机的整体。商品包装所采用的技法，以包装的保护功能为基础，兼顾其他功能。运输包装技法主要有以下几种。

1. 一般包装技法

（1）合理选择内、外包装的形状、尺寸。对于要装入集装箱的包装件，在选择外包装形状、尺寸时要与集装箱配合好，以免给流通带来困难。内包装形状、尺寸要与外包装形状、尺寸匹配。

（2）对内装物的合理放置、固定和加固。在对形状各异的产品进行包装时，要注意产品的合理放置、固定和加固，以达到缩小体积、节省材料和减少损失的目的。

（3）对松泡材料进行压缩包装。对于棉被、羽绒服、枕芯等松泡产品，包装时所占容器的容积太大，相应地也就多占用了运输空间和储存空间，增加了运输储存费用，所以对松泡产品要压缩体积，一般采用真空包装技法，压缩产品的体积进行包装，以减少运输和仓储费用。

（4）包装物的捆扎。包装物的捆扎是指将单个物件或数个物件捆紧，以便于运输、储存和装卸。捆扎还能防止失盗而保护内装物，能压缩容积而减少保管费、运费，加固容器，一般合理的捆扎能使容器的强度增加 20%～40% 。捆扎的方法很多，常见的有井字捆、十字捆、双十字捆和平行捆等不同方法。

2. 防震（缓冲包装）包装技法

防震包装又称缓冲包装，是指为了减缓内装物受到冲击和震动，保护其免受损坏所采取的一定防护措施的包装。产品从生产出来到开始使用要经过一系列的运输、保管、堆码和装卸过程，置于一定的环境之中，在任何环境中都会有力作用在产品之上，并可能发生机械性损坏。为防止产品受损坏，就要设法减小外力的影响。

缓冲包装方法分为全面缓冲包装法、部分缓冲包装法和悬浮式缓冲包装法三类。

（1）全面缓冲包装法，是将成品的周围空间都加缓冲材料衬垫的包装方法。

（2）部分缓冲包装法，是指仅在产品或内包装的拐角或局部地方使用缓冲材料衬垫。这样，既能达到减震效果，又能降低成本。家电产品、日用品、仪器仪表等通常采用此类包装。部分缓冲包装法有天地盖、左右套、四棱衬垫、八角衬垫、侧衬垫几种。

（3）悬浮式缓冲包装法，是指用绳索、弹簧等将产品或内包装容器悬吊在包装箱内，通过弹簧、绳索的缓冲作用来保护商品。一般适用于极易受损、价值较高的产品，如精密机电设备、仪器、仪表等。

3. 防锈包装技法

金属制品极易受水分、氧气、二氧化碳、二氧化硫、盐分、尘埃的影响而生锈，金属锈蚀对金属制品质量带来很大的危害。在金属制品的储运过程中，为防止其生锈而采取一定防护措施的包装称为防锈包装。

采用防锈包装一般按以下步骤进行：首先，应用清洗剂消除金属制品表面的油迹、汗迹、灰尘、加工残渣等；然后，迅速对清洗后的金属制品进行干燥处理，消除残留的水和溶剂。防锈包装最重要的工作是在清洗、干燥后选用适当的方法对金属制品进行防锈处理。

（1）防锈油防锈。大气锈蚀是空气中的氧、水蒸气及某些有害气体等作用于金属表面引起电化学作用的结果。如果使金属表面与引起大气锈蚀的各种因素隔绝（即将金属表面保护起来），就可以达到防止金属大气锈蚀的目的。防锈油包装技术就是根据这一原理，将金属涂封起来防止锈蚀的。如五金制品可在其表面涂一层防锈油，再用塑料薄膜封装。

（2）气相防锈。气相防锈是采用气相缓蚀剂（挥发性缓蚀剂）进行防锈的方法。目前采用的是气相防锈纸，即将涂有缓蚀剂的一面向内包装制品，外层用石蜡纸、金属箔、塑料袋或复合材料密封包装。

（3）可剥离性塑料防锈。它是将加上腐蚀抑制剂的可塑性树脂涂在金属表面形成塑料薄膜，在薄膜的防潮性和薄膜中所含有的防锈剂的共同作用下，达到防锈效果。

此外，还可采用普通塑料袋封存、收缩或拉伸塑料薄膜封存、茧式防锈包装、套封式防锈包装以及充氮和干燥空气等封存法防锈。

4. 防潮包装技法

防潮包装是为了防止潮气侵入包装件，影响内装物质量而采取的一定防护措施的包装。潮湿会损坏包装，并使内装物受潮而发生霉变、虫蛀、溶化、水解等物理、化学和生物学的变化，因此大多数商品包装都须采取防潮措施。

防潮包装设计就是为了防止水蒸气通过，或将水蒸气的通过降低至最低限度。常用的方法主要有涂布法、涂油法、涂蜡法、涂塑法等方法。涂布法就是在容器内壁和外表加涂各种涂料，如在布袋、塑料纺织袋内涂树脂涂料，纸袋内涂沥青等；涂油法是指在表面涂上光油、清漆或虫胶漆等；涂蜡法是指在瓦楞纸板表面涂蜡或楞芯渗蜡；涂塑法是指在纸箱上涂以聚乙烯醇丁醛等。此外，对易受潮和透油的包装内衬一层或多层防湿材料（如牛皮纸、柏油纸、油封纸、上蜡纸、防油纸、铝箔和塑料薄膜等），或用一层或多层防潮材料直接包裹商品。上述方法既可单独使用，又可几种方法一起使用。

5. 防霉腐包装技法

防霉包装是防止包装和内装物霉变而采取一定防护措施的包装。商品在流通过程中，不但种类、规格、数量繁多，而且要经过许多环节。在商品流通的各环节中都有被霉菌微生物污染的可能，如果周围有适宜的环境条件，商品就会发生霉腐。因此，为了保护商品安全地通过流通，必须对易霉腐商品进行防霉腐包装。

防霉包装大致可分为两大类，一类是密封包装；另一类为非密封包装。一般对于外观及性能要求高的产品可采用密封包装来防止其在运输、仓储、销售过程中的霉变。如采用真空或充气包装、干燥封存包装以及控制包装容器内的相对湿度等。而对于经过有效防霉处理的产品或对长霉敏感性较低的产品可以采用非密封包装。如对于易长霉的产品或零部件经过有效防霉处理后，外包防霉纸，然后再包装。

6. 防虫包装技法

防虫包装是指在包装中放入有一定毒性和臭味的药物，以防止害虫侵害商品的一种包装。防虫包装技术主要用于食品、水果和丝毛织物。

防虫包装技术可分为两大类：一类是破坏各类害虫的生存环境和营养条件；另一类是抑制害虫的生存条件。如用各类杀虫剂、驱虫剂、脱氧剂等。常用的驱虫剂有萘、樟脑精等。

7. 危险品包装技法

危险品由交通运输及公安消防部门按其危险性质划分为九大类，即爆炸性物品、氧化剂、压缩气体和液化气体、自燃物品、易燃液体、易燃固体、毒害品、腐蚀性物品及放射性物品等。有些物品同时具有以上两种危险性能。针对不同的危险品，需采用不同的包装材料和包装技术。

对有毒商品的包装要明显地标明有毒的标志。防毒的主要措施是包装严密不漏、不透气；对有腐蚀性的商品，要防止商品和包装容器的材质发生化学变化。金属类的包装容器，要在容器壁涂上涂料，防止腐蚀性商品对容器的腐蚀；对遇水易燃的物品，如碳化钙等，应用坚固的铁桶包装，桶内充入氮气，如果桶内不充氮气，则应设置放气活塞。

8. 集合包装

集合包装又称集装化包装或组合式包装，是指为了便于装卸、储存、运输和销售，将若干包装件或产品包装在一起，形成一个合适的搬运单元或销售单元。它具有安全、快捷、经济、高效的特点。常见的集合包装有集装箱包装、集装袋包装和托盘包装等。

（1）集装箱是集合包装最主要的形式，是指具有固定规格和足够强度，能装入若干件货物或散装货的专门用于周转的大型容器。它既是货物的运输包装，又是交通工具的组成部分。其载重系列分为 5 吨、10 吨、20 吨、30 吨四种。集装箱按使用材料划分，有铝合金集装箱、钢制集装箱、玻璃钢制集装箱三种；按使用目的划分，有通用集装箱、保温集装箱、通风式集装箱、罐式集装箱、冷藏式集装箱、牲畜集装箱、板式集装箱、散货集装箱、航空集装箱等。集装箱有利于保证集装商品的运输安全，能节省集装商品的包装费用，简化理货手续，减少营运费用，降低运输成本；有利于有效组织公路、铁路、水路的联运，实现快速装卸，缩短商品流通时间；有利于实现装卸运输的机械化、自动化控制，为实现运输管理现代化提供了条件。

（2）集装袋是一种用涂胶布、帆布、塑料编织袋做成的圆柱形大口袋，其四面有吊带，底部有活口，内衬一个较大的塑料薄膜袋，用于盛装粮食、化工原料等粉粒商品。

（3）托盘包装是为了实现装卸和搬运作业的机械化，将若干件包装件或产品堆叠在托盘上，通过捆扎、裹包或胶粘等方法加以固定，构成一件大型货物的包装形式。托盘包装既是包装方法，又是运输工具和包装容器，它的最大特点是使装卸作业化繁为简，完全实现机械化，同时又可简化单体包装，节省包装费用。托盘一般用木材、钢材、塑料等制成，下面有横条，形成插口，供叉车或叉子插入。托盘包装常用的固定货物的方式是用打包带捆扎包裹，其承重为 500～2 000 千克。

四、销售包装技法

（一）销售包装概念

销售包装又称小包装、内包装，是将一个或若干个单位商品构成一个销售单元的包装形式，它与商品一起出售给消费者。

（二）销售包装的种类

常见的销售包装分类法是按照包装的便利作用的不同分为以下四类。

1. 便于携带的销售包装

商品经包装后便于携带，其造型的长、宽、厚度的比例适当。如手提式包装，是指包装容器的造型结构中包含适合消费者携带用的提手装置，方便商品搬运和携带。

2. 便于陈列的销售包装

常见的有悬挂式包装、堆叠式包装、展开式包装等类型。

（1）悬挂式包装，是指使用塑料或纸板制成盒、袋、套形容器，上方设有挂孔或挂钩，便于悬挂，商品装入或卡在容器内，容器正面使用透明材料或"开窗"以显示商品。悬挂式包装能充分利用货架的空间陈列展销商品。

（2）堆叠式包装，是指在包装的顶部和底部设有吻合部分，商品上下堆叠时可以相互吻合，以便充分利用货位空间，方便陈列展销。

（3）展开式包装，是指纸盒包装本身盒面平整，不影响堆放和装箱，而打开盒盖后，按照折叠线处折转，盒面图案就显示出来，并与盒内商品相衬托，摆在货架上具有良好的装饰和陈列效果，某些扑克牌、干电池多采用这类包装。

3. 便于使用的销售包装

（1）易开式包装，是指在密封结构的包装容器上（不论是纸质、金属、玻璃、塑料的容器），设计容易开启的装置，只需用手撕、拉、拧、按即可打开包装，大大方便商品的取用。易开式包装有易开罐、易拉罐、易开盒等几种。牛奶、饮料等容器基本上都采用这种方法。它包括拉环、拉片、按钮、卷开式、撕开式、扭断式等。易开式纸盒和易开式塑料盒都在盒的上部设计一个断续的开启口或一条像拉链似的开启口，用手指一按或一撕即可打开盒子。

（2）喷雾式包装，是指在硬质密封瓶上装置按钮和喷雾孔，使用过程中只需按动按钮，液体状、膏状、粉状的商品即可均匀地喷出，方便某些特定商品的使用。越来越多的产品，特别是液体状的，如香水、空气清新剂、杀虫剂等，都采用了接钮式喷雾容器包装。

（3）配套包装，是把产品搭配成套出售的销售包装，配套包装的造型结构主要考虑把不同种类但在用途方面有联系的产品组织在一起销售的包装，如五金工具配套等。利用产品包装造型的巧妙设计，把这些东西组合在一起，方便顾客一次购买到多种规格的商品。

4. 便于识别的销售包装

常见的有透明包装、开窗包装、惯用包装等类型。

（1）透明包装和开窗包装，是指全部或部分使用透明材料，或者开有"窗口"的容器包装，通过透明部分，可以让消费者直接认识和了解商品，认识商品的品质，达到宣传商品的目的。

（2）惯用包装，是指和常见的同类产品使用同样的包装材料、色彩、造型等，其目的在于便于消费者认知和引起消费者注意。采用某些商品销售包装的惯用造型，使消费者一见到这种包装形式，就能正确地识别出内装商品的种类。

除此之外，随着消费需求的提高，许多新的包装方式也在不断出现。

（三）设计销售包装应注意的问题

销售包装因为直接和消费者见面，其包装直接影响商品竞争力、影响商品的销售，所以，在设计时应注意以下问题。

1. 销售包装装潢设计要与消费国的文化（即价值观、欣赏习惯及宗教信仰）相适应

销售包装在造型、商标、图案和色彩等的运用上考虑消费国文化上的禁忌，甚至数字上的忌讳。例如，日本人忌讳"4"这个数字，认为"4"是不吉利、预示厄运的数字，其程度不亚于西方人忌讳"13"，因此出口日本的产品，就不能以"4"为包装单位，像4个杯子一套、4瓶酒一箱这类包装在日本都不受欢迎。销售包装应力求满足消费者的需求和偏好，与消费者的个性心理吻合，取得包装与商品在情调上的协调，提高商品的附加值。商品包装上还应带有足够的有关内装商品的信息，商品品牌也应醒目，使消费者能够轻松地鉴别商品、区分商品，同时也满足了销售者的利益。

2. 销售包装装潢设计的造型、图案、色彩应与内装商品的性质、价值相适应

销售包装装潢设计的造型、图案、色彩应与内装商品的性质吻合。例如，新鲜食品的销售包装应选用柔和、亮丽一些的色彩，给消费者新鲜之感，而不宜用灰色这种陈旧色彩。同时，应避免出现"包装不够"和"过度包装"现象，消费需求具有层次性，包装也应该具有层次性。

3. 销售包装的设计注意美化与实用相结合

无论怎样去美化、装饰，始终不应忘了销售包装设计要方便消费、要有利于促销等实用性目的。挤压式牙膏状的雀巢炼乳，虽然价格比筒状的贵了许多，但由于此类包装设计携带使用便利，消费者仍然乐意接受。

（四）销售包装技法

商品销售包装技法的选用主要取决于被包装物的性能特点、包装使用环境的要求、包装材料和包装造型结构的性质等。

1. 贴体包装技法

贴体包装是将产品放在能透气的、用纸板或塑料薄片（膜）制成的底板上，上面覆盖有加热软化的塑料薄片（膜），通过底板抽成真空，使薄片（膜）紧贴商品，同时以热熔或胶粘的方式使薄片（膜）与纸板黏合的包装。

贴体包装技法广泛应用于商品销售包装。它的特点是：通常形成透明包装，顾客可以看到商品体的全部，加上不同造型和印刷精美的衬底，大大增强了陈列效果；能牢固地固定商品，防止商品受各种物理机械作用而损坏；同时，具有防盗、防尘、防潮等保护作用。这种包装技法广泛适用于外形多样、怕压易碎的商品，如日用器皿、灯具、文具、小五金、玩具等。

2. 泡罩包装技法

泡罩包装技法所形成的包装结构主要由两个构件组成：一个是塑料透明罩壳（不与商品贴体）；另一个构件是纸板或塑料板，罩壳固定在纸板上。罩壳的形状按商品的形状而定，整体包装可平摆、斜放和悬挂。罩壳透明、光亮、防潮、防磨损性能良好，装配容易，成本低，已成为重要的包装形式。

泡罩包装按照泡罩形式不同，可区分为泡眼式、罩壳式和浅盘式三类。泡眼是一种尺寸很小的泡罩，常见的如药片泡罩包装；罩壳是一种用于玩具、文具、小工具、小商品的泡罩，类似于贴体包装的形式；浅盘是杯、盘、盒的统称，主要用于食品如熟肉、果脯、蛋糕的销售包装。

3. 真空包装技法

真空包装技法又称减压包装技法，是将物品装入气密性容器后，在容器封口之前排除包装内的气体，使密封后的容器内基本没有空气，达到一定真空度的一种包装方法。一般的肉类商品、谷物加工商品以及某些容易氧化变质的商品都可以采用真空包装。

真空包装技法的特点是：用于食品包装，能防止或减少油脂氧化，抑制微生物生长繁殖，防止虫害；在对食品进行加热杀菌时，由于容器内部气体已经排除，因此能加速热量的传导，提高了高温杀菌效率，还能避免包装膨胀破裂。但它对于粉末状和液态物品不适用，对于易碎、易变形以及有硬尖棱角的物品也不适用。

4. 充气包装技法

充气包装技法是将产品装入气密性的包装容器内，在密封前采用二氧化碳或氮气等不活泼气体置换包装容器内的空气，从而使密封后容器内仅含有少量氧气（1%～2%），故又称为气体置换包装技法。这种包装方法能改变密封的包装容器中气体的组成成分，降低氧气的浓度，抑制微生物的生理活动、酶的活性和鲜活商品的呼吸强度，以达到防霉、防腐和保鲜的目的。

充气包装技法大量使用在食品包装上，也应用于日用品的防锈、防霉。用于食品包装，能防止氧化，抑制微生物繁殖和害虫的发育，防止变色、香气散失等，如豆制品、面包、花生仁、紫菜、火腿、奶粉等都可采用这种包装技术。充气包装技法也适用于包装粉状、液状以及质软或有硬尖棱角的商品。此法的缺点是所包装的商品因内部充有空气，不适宜进一步做加热杀菌处理。

5. 吸氧剂包装技法

吸氧剂包装技法是在密封的包装容器内，使用能与氧气起化学作用的吸氧剂，从而除去包装内的氧气，使内装物在无氧状态下保存。吸氧剂包装除氧效果好，能达到100％除氧，完全杜绝了氧气的影响，可以防止氧化、变色、生锈、发霉和虫蛀现象，主要用于保鲜食品、礼品、点心、蛋糕、茶叶等的包装，也应用于毛皮、书画、镜片、精密机械零件及电子器材等的包装。

6. 收缩包装技法

收缩包装技法是将经过预拉伸的塑料薄膜、薄膜套（袋），在考虑其收缩率的前提下，将其包裹在被包装商品的外表面，以适当的温度加热，使薄膜急剧收缩而紧紧地包裹住商品的包装技术。

收缩包装技法的特点是：所采用的塑料薄膜通常是透明的，经过收缩后紧贴于商品，能充分显示商品的色泽、造型，大大增强了陈列效果；能包装用一般方法难以包装的异形商品，如蔬菜、玩具、工具、鱼、肉等。收缩包装技法对商品具有防潮、防污染的作用，对食品起到一定的保鲜作用，有利于延长货架寿命；可保证商品在到达消费者手中之前的整个流通过程中保持密封，并且可防止启封、偷盗等。但此法也有缺点：需要热收缩设备，需要一定的投资和费用；对一些颗粒、粉末或形态规则的商品，就不如装盒装袋方便，对冷冻的或怕受热的商品不适应。

7. 拉伸包装技法

拉伸包装技法是由收缩包装技法发展而来的，依靠机械装置在常温下用具有弹性（可拉伸）的塑料薄膜，围绕被包装件拉伸、紧裹，并在其末端进行封合的一种包装方法。它与收缩包装技法的效果基本一样。

拉伸包装技法在包装时不用加热，很适合于怕加热的产品，如鲜肉、冷冻食品、蔬菜等，可以准确地控制裹包力，防止产品被挤碎；由于不需加热收缩设备，可节省设备投资和设备维修费用，还可节省能源。

 阅读材料6-2

有关商品包装的法规

有关包装法规的渊源，可追溯到公元前3500年，已经产生了食品的公平交易法规，据有关资料记载，当时已有官方的度量单位。这是最初和包装有关的法规。

1. 商品包装的法规

在古罗马时代，政府对食品卫生十分重视，它们建立了一套较完整的度量制度，在每个市场内设立了"重量检察官"，监督出售商品的重量和各项交易的货币支付。在古希腊时代，也有一些度量的规定。到公元600年至1000年之间正式建立了重量和度量制度的法规，这些法规的内容比较广泛，如规定包装内应有适量的填充物。但是这些最早的法规并非是为了保护消费者的安全和健康，而只是为了保护商人的利益和政府的税收。直到欧洲开始形成各个国家之后，各国才纷纷建立起一套自己的法规。

美国的包装法规主要有：1906年制定的第一个食品和药品法规，即《1906年法令》；1938年，在对其补充修正的基础上，制定了《联邦食品、药品和化妆品法》，其内容突出了安全要求，对药品、食品和化妆品的添加剂用量作了规定，提出了该类商品的特别标准、各种填充物的规定要求等；1958 年，在细分化基础上又制定了《食品添加剂修正案》；1960年制定了《危险品运输法令》，明确规定了危险品运输过程中的包装要求。此外，还有1914年的《纺织品标志法规》、1941 年的《羊毛标志法》等。1986 年通过的《公平包装标示法》是有关包装的最完备的法规之一。

近年来，世界各国对玩具安全引起了极大的重视。美国规定玩具的包装必须标示有关的安全内容以保证安全，如必须标出年龄分组（即适合该玩具的最低年龄）、使用说明、警告性标示、安全标示等。欧洲各国于1991 年 1 月 1 日颁布了欧洲玩具安全法令，要求玩具加贴安全（CE）标志。目前，法国、西班牙等国已开始执行，其中法国对该项法令的实施最为严格，如销售未标示 CE 标志的玩具，要处以 2 500～5 000 法郎的罚款。

2. 中国的商品包装法规

解放初期，由于各种原因，我国当时处于封闭的经济体系中，商品生产很不发达，对包装问题也不够重视，包装立法更未明确，只在出口商品的包装方面考虑到了国外包装的法规。1991 年试行的《出口商品运输包装检验管理办法》，以行政法规的形式对出口商品运输包装的检验工作作了强制性规定。凡是《种类表》内的商品及法律、法规规定必须经商检部门检验的出口商品运输包装，必须经商检部门检验合格后才能使用，经过商检部门考核并获得质量许可证的工厂，才能生产出口（《种类表》中）商品的包装容器。该法规对提高出口商品包装起到了极大的保障作用。

中国目前与包装有关的法律法规正在陆续发布和施行，这将对规范商品包装的生产、流通、销售和保护消费者的利益起到重要的法律依据的作用。中国在包装方面所涉及的法律依据包括法律、行政法规和司法解释；政府部门规章；地方性法规和地方政府规章；消费者权益保护；国际标准、国家标准、行业标准、地方标准；生产者责任；反不正当竞争、反欺诈、反假冒；进出口贸易、商品检验检疫、关税。起草和颁布包装法律法规的主要原则和推动力是基于安全、卫生、环境、流通和经济等要求。

商品包装所涉及的法律法规、标准的颁布和监督实施部门主要有：国家质检总局、国家认证认可监督管理委员会、国家标准化管理委员会、国家食品药品监督管理局、卫生部、商务部、环境保护部、国家烟草专卖局、海关总署等。

与包装有关的法律法规主要有《食品卫生法》、《中华人民共和国药品管理法》、《产品质量法》、《中华人民共和国固体废弃物污染环境防治法》、《商检法》及其实施条例、《中华人民共和国进出境动植物检疫法》、《中华人民共和国进出境动植物检疫法实施条例》、《中华人民共和国反不正当竞争法》。

未来几年，中国将进一步健全包装法规标准体系，包装产业将全面纳入法制化轨道，各项有关包装的法律和行政法规、政府部门规章、地方性法规和相关标准将不断完善，中国包装业的整体水准将进一步得到提升。

第三节　商品包装标志

为了便于商品的流通、销售、选购和使用，用某种特定的文字或图形在商品包装上制作的特定记号或说明称为商品包装标志。这些具有特定含义的图形和文字，主要作用是表示商品的性能、储运注意事项、质量水平等含义，便于识别商品，便于准确迅速运输货物，避免差错、加速流转等。商品包装标志按其功能及用途可分为运输包装标志和销售包装标志两大类。

一、运输包装标志

运输包装标志是用简单的文字或图形在运输包装外面印刷的特定记号和说明事项，以便于商品的储存、运输、装卸。它是商品运输、装卸和储存中不可缺少的辅助措施。按其用途可分成运输包装收发货标志、包装储运图示标志、危险货物包装标志、国际海运标志、运输标志等。

随着包装货物的储藏、运输、装卸的现代化步伐迈进，包装标志的国际标准化也成了重要议题。1968 年，ISO 制订了《包装—货物储运图示标志》国际标准（Packaging-Pictorial Marking and Ling of Goods），1985 年又进行了修订，这就是著名的 ISO 780—1985 国际标准，该标准有 13 种包装图形标志（日本有 18 种，中国有 12 种）。

（一）运输包装收发货标志

运输包装收发货标志又称识别标志，是印在商品外包装上的商品分类图示标志及其他标志和文字说明的总称，这些标志主要印刷、粘贴或拴挂在商品的外包装上。其作用是便于在储运中和交接货物中识别货物，防止错发错运，准确无误地把商品运抵目的地。收发货标志通常是由简单的几何图形、字母、数字和简单的文字组成的，一般包括下述内容。

1. 商品分类图示标志

商品分类图示标志（代号 FL）是按照国家统计目录分类，用几何图形和简单文字构成的特定符号，共分为 12 类，商品分类图示标志属于必用标志（见图 6 - 1）。同时，按商品类别规定每类标志用规定颜色单色印刷（见表 6 - 1）。

（Ⅰ）百货类标志　（Ⅱ）文化用品类标志　（Ⅲ）五金类标志　（Ⅳ）交电类标志

（Ⅴ）化工类标志　（Ⅵ）针纺类标志　（Ⅶ）医药类标志　（Ⅷ）食品类标志

（Ⅸ）农副产品类标志　（Ⅹ）农药类标志　（Ⅺ）化肥类标志　（Ⅻ）机械类标志

图 6 - 1　商品分类图示标志

表6-1　商品分类图示标志规定颜色

商品标志类别	颜　色	商品标志类别	颜　色
百货类标志	红	医药类标志	红
文化用品类标志	红	食品类标志	绿
五金类标志	黑	农副产品类标志	绿
交电类标志	黑	农药类标志	黑
化工类标志	黑	化肥类标志	黑
针纺类标志	绿	机械类标志	黑

分类标志的图形、运输包装收发货标志的字体、颜色、标志方式和标志位置，在国家标准中均有具体规定。商品分类图示标志尺寸规定如表6-2所示。

表6-2　商品分类图示标志尺寸

包装件高度（袋按长度）/mm	分类图案尺寸/mm	图形具体参数		备　注
		外框线宽	内框线宽	
500及以下	50×50	1	2	平视距离5 m，包装标志清晰可见
500～1 000	80×80	1	2	
1 000以上	100×100	1	2	平视距离10 m，包装标志清晰可见

（1）收发货标志内容字体有如下规定：中文都用仿宋体字；代号用汉语拼音大写字母；数字用阿拉伯数字；英文用大写的拉丁字母。

（2）收发货标志的颜色有如下的规定：纸箱、纸袋、塑料袋根据商品类别按规定的颜色用单色印刷；麻袋、布袋用绿色或黑色印刷；木箱、木桶不分类别一律用黑色印刷；铁桶用黑、红、绿、蓝底印白字，灰底印黑字；未包括的其他商品，包装标志的颜色按其属性归类。

（3）运输包装收发货标志，按照包装容器不同等需要，可以采用印刷、刷写、粘贴、拴挂等方式。

（4）运输包装收发货标志位置应按GB 3538—83《运输包装件各部位的标示方法》的规定，制作在不同包装容器上标示部位。

2. 其他标志

国家标准GB 6388—86对运输包装收发货标志的具体内容做了详细规定，如表6-3所示。表6-3中规定了14个项目，企业可根据商品及包装的具体情况加以选用，其中分类标志一定要有，其他各项则合理选用。外贸出口商品根据国外客户要求，以中外文对照，印制相应的标志和附加标志。国内销售的商品包装上不填英文项目。

表6-3 运输包装收发货标志内容

序号	项 目			含 义
	代号	中文	英 文	
1	FL	商品分类图示标志	CLASSIFICATION MARKS	表明商品类别的特定符号
2	GH	供货号	CONTRACT NO	供应该批货物的供货清单号码（出口商品用合同号码）
3	HH	货号	ART NO	商品顺序编号，以便出入库、收发货登记和核定商品价格
4	PG	品名规格	SPECIFICATIONS	商品名称或代号：标明单一商品的规格、型号、尺寸、花色等
5	SL	数量	QUANTITY	包装容器内含商品的数量
6	ZL	重量（毛重）（净重）	GBOSS WT NET WT	包装件的重量（kg），包括毛重和净重
7	CQ	生产日期	DATE OF PRODUCTION	产品生产的年、月、日
8	CC	生产工厂	MANUFACTURER	生产该产品的工厂名称
9	TJ	体积	VOLUME	包装件的外径尺寸，长（cm）×宽（cm）×高（cm）=体积（cm^3）
10	XQ	有效期限	TERM OF VALIDITY	商品有效期至××××年××月
11	SH	收货地点和单位	PLACE OF DESTINATION AND CONSIGNEE	货物到达站、港和某单位（人）收（可用贴标签和涂写）
12	FH	发货单位	CONSIGNOR	发货单位（人）
13	YH	运输号码	SHIPPING NO	运输单号码
14	JS	发运件数	SHIPPING PIECES	发运的件数

出口商品要根据实际情况和用户要求，用中外文对照印刷相应的标志并表明原产国别、目的地（目的港，需用文字写明目的地的全名称）、件号（该件货物在本批货物中的编号）等。标注原产国时，我国出口商品使用"中国制造"或"中华人民共和国制造"或附加产品制造城市的名称。中性包装不注明原产国名称。

（二）包装储运图示标志

包装储运图示标志又称指示标志，是一种操作注意标志，是指根据商品的不同性能和特殊要求，在包装上用醒目图形或简易文字等特殊标志符号提示人们在储运该商品时应注意的事项，避免差错，保护商品。例如，"小心轻放"、"禁用手钩"、"向上"、"怕热"、"远离放射源及热源"、"由此吊起"、"怕湿"、"重心点"、"禁止翻滚"、"堆码重量极限"、"堆码层数极限"、"温度极限"等。

我国国家标准《包装储运图示标志》（GB 191—2000）参照采用国际标准 ISO 780—

1997《包装—搬运图示标志》规定了 17 种包装储运图示标志（见表 6 - 4）。

表 6 - 4　包装储运图示标志

序号	标志名称	标志图形	含　义
1	易碎物品		运输包装件内装易碎品，因此搬运时应小心轻放
2	禁用手钩		搬运运输包装件时禁用手钩
3	向上		表明运输包装件的正确位置是竖直向上
4	怕晒	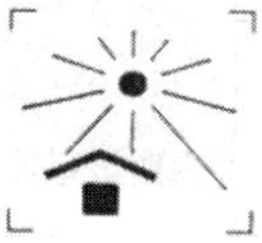	表明运输包装件不能直接照晒
5	怕辐射		包装物品一旦受辐射便会完全变质或损坏
6	怕雨		包装件怕雨淋
7	重心		表明一个单元货物的重心
8	禁止翻滚		不能翻滚运输包装
9	此面禁用手推车		搬运货物时此面禁放手推车

续表

序号	标志名称	标志图形	含义
10	禁用叉车		不能用升降叉车搬运的包装件
11	由此夹起		表明装运货物时夹钳放置的位置
12	此处不能卡夹		表明装卸货物时此处不能用夹钳夹持
13	堆码重量极限	kg	表明该运输包装件所能承受的最大重量极限
14	堆码层数极限	n	相同包装的最大堆码层数，n 表示层数极限
15	禁止堆码		该包装件不能堆码并且其上也不能放置其他负载
16	由此吊起		起吊货物时挂链条的位置
17	温度极限		表明运输包装件应该保持的温度极限

　　标志的尺寸一般分为四种，如表 6-5 所示。

表6-5 标志的尺寸

号别 ＼ 尺寸	长/mm	宽/mm
1	70	50
2	140	100
3	210	150
4	280	200

注：如遇特大或特小的运输包装件，标志的尺寸可以适当扩大或缩小。

包装储运图示标志可采用印刷、粘贴、拴挂、钉附或喷涂等方法。对粘贴的标志，箱状包装应在包装两端或两侧上部的明显处，切忌在包装的顶盖上；袋、捆包装应位于包装明显的一面；桶形包装标志应标打在桶身或桶盖处；集装箱包装标志应标打在四个侧面。标志的文字书写应与底边平行。对喷涂的标志，可用油漆、油墨或墨汁，以镂模、印模等方式按上述粘贴标志的位置涂打或书写。对于钉附的标志，应用喷涂有标志的金属板或木板，钉在包装的两端或两侧的明显处。对于"由此起吊"和"重心点"这两个标志有明确规定，"由此起吊"标志应粘贴、涂打或钉附在包装件两个相对侧面的实际起吊位置上；"重心点"标志应粘贴、涂打或钉附在能正确标示实际重心位置的四个面上。

图示标志的颜色一般为黑色。如果包装件的颜色使图示标志显得不清晰，则可选用其他颜色印刷，也可在印刷面上选用适当的对比色。一般应避免采用红色和橙色。粘贴的标志采用白底印黑色。

出口货物的标志应按外贸部门的有关规定办理。粘贴标志应保证在货物储运期间内不脱落。运输包装件需要标打何种标志，应根据货物的性质正确使用。标志由生产单位在货物出厂前标打，出厂后如改换包装，标志由改变包装单位标打。标志颜色要与标底颜色明显区分，易于看清。

（三）危险货物包装标志

危险货物包装标志又称危险品标志、警告性标志，是用于说明商品系易燃、易爆、有毒、腐蚀、放射性等危险性货物，在外包装上以醒目的文字和图形给予标明，以示警告，此类标志采用特殊的彩色或黑白菱形图示。

我国国家标准《危险货物分类和品名编号》（GB 6944—86）把危险货物分为九类：爆炸品，压缩、液化或加压溶解的气体，易燃液体，易燃固体或物质，氧化剂和有机过氧化物，有毒性的物质或有感染性的物质，放射性物品，腐蚀性物质，杂类危险物。

危险品标志是警告性标志，必须严格遵照有关规定办理，稍有疏忽，就会造成意外事故。因此，要保证标志清晰，并在货物储运保存期内不脱落。在储运过程中，为引起有关人员的警惕并根据各类危险货物的性质，加强相应防护措施，保证货物和人身安全，在各类危险货物的运输包装上均应标打能表明内装货物特性的由图形和文字组成的危险货物包装标志。

我国国家标准《危险货物包装标志》（GB 190—90）根据九类危险货物的主要特性共规定21种标志图形、19个名称（见表6-6）。我国危险货物包装标志除在毒害品中增加了"剧毒品"标志外，其他标志均与国际危险品标志相同。

表 6 - 6   GB 190—90《危险货物包装标志》图形

标志号	标志名称	标 志 图 形	对应的危险货物类项号
标志 1	爆炸品	爆炸品 1 （符号：黑色；底色：橙红色）	1. 1 1. 2 1. 3
标志 2	爆炸品	1.4 爆炸品 1 （符号：黑色；底色：橙红色）	1. 4
标志 3	爆炸品	1.5 爆炸品 1 （符号：黑色；底色：橙红色）	1. 5
标志 4	易燃气体	易燃气体 2 （符号：黑色或白色；底色：正红色）	2. 1
标志 5	不燃气体	不燃气体 2 （符号：黑色或白色；底色：绿色）	2. 2
标志 6	有毒气体	有毒气体 2 （符号：黑色；底色：白色）	2. 3
标志 7	易燃液体	易燃液体 3 （符号：黑色或白色；底色：正红色）	3
标志 8	易燃固体	易燃固体 4 （符号：黑色；底色：白色红条）	4. 1

标志号	标志名称	标志图形	对应的危险货物类项号
标志 9	自燃物品	（符号：黑色；底色：上白下红）	4.2
标志 10	遇湿易燃物品	（符号：黑色或白色；底色：蓝色）	4.3
标志 11	氧化剂	（符号：黑色；底色：柠檬黄色）	5.1
标志 12	有机过氧化物	（符号：黑色；底色：柠檬黄色）	5.2
标志 13	剧毒品	（符号：黑色；底色：白色）	6.1
标志 14	有毒品	（符号：黑色；底色：白色）	6.1
标志 15	有害品（远离食品）	（符号：黑色；底色：白色）	6.1
标志 16	感染性物品	（符号：黑色；底色：白色）	6.2

标志号	标志名称	标志图形	对应的危险货物类项号
标志17	一级放射性物品	 （符号：黑色；底色：白色，附一条红竖条）	7
标志18	二级放射性物品	 （符号：黑色；底色：上黄下白，附二条红竖条）	7
标志19	三级放射性物品	 （符号：黑色；底色：上黄下白，附三条红竖条）	7
标志20	腐蚀品	 （符号：上黑下白；底色：上白黑下）	8
标志21	杂类	 （符号：黑色，底色：白色）	9

危险货物包装标志的尺寸一般分为 4 种，如表 6 – 7 所示。

表 6 – 7　危险货物包装标志的尺寸

号别	尺寸	长/mm	宽/mm
	1	70	50
	2	140	100
	3	210	150
	4	280	200

注：如遇特大或特小的运输包装件，标志的尺寸可以比表中的规定适当扩大或缩小。

危险货物包装标志的使用注意事项如下。

（1）标志的标打一般采用粘贴、钉附和喷涂等方法。包装储运图示标志亦可采用印制或拴挂方法标打标志。印刷时外框线及标志名称都要印上；喷涂时外框线及标志名称可以省略。

（2）每种危险货物包装件应按其类别粘贴相应标志。但如果某种物质或物品还有属于其他类别的危险性质，包装上除了粘贴该类标志作为主标志外，还应粘贴表明其他危险性的标志作为副标志，副标志图形的下角不应标有危险物的类项号。

（3）储运的各种危险货物性质的区分及其应标打的标志，应按 GB 6944、GB 12268 及有关国家运输主管部门规定的危险货物安全运输管理的具体办法执行，出口货物的标志应按我国执行的有关国际公约（规则）办理。

（4）危险货物包装标志应清晰，并保证在货物储运期内不脱落。

（四）国际海运标志

联合国海运协商组织对国际海运货物规定了"国际海运指示标志"和"国际海运危险品标志"两种。我国出口商品同时使用这两套标志。

（五）运输标志

运输标志是国际贸易合同、发货单据中有关商品包装标志事项的基本部分，它一般由一个简单的几何图形以及字母、数字等组成。

运输标志的内容主要有：目的地名称和代号、收货人或发货人的代用简字或代号、件号（即每件标明该批货物的总件数）、体积（长×宽×高）、重量（毛重、净重、皮重）以及生产国家或地区等。

运输标志按国际标准化组织的建议，包括以下四项内容：收货人名称的英文缩写或简称、参考号（如订单、发票或运单号码）、目的地、件号。

运输标志在国际贸易中还有其特殊作用。按《联合国国际货物销售合同公约》的规定，在商品特定化以前，风险不转移到买方承担。而商品特定化最常见的有效方式是在商品外包装上标明运输标志。此外，国际贸易主要采用的是凭单付款方式，而主要出口单据即发票、提单、保险单上，都必须显示出运输标志。当商品以集装箱方式运输时，运输标志可被集装箱号码和封口号码取代。

二、销售包装标志

销售包装标志是附于商品销售包装容器的一切标签、图片、文字、符号、图形及其他说明物。其作用是传达商品信息、表现商品特色、推销商品，指导并帮助消费者选购商品、正确地保养商品和科学消费。

销售包装标志的基本内容包括商品名称、牌号、商标、规格、品质特点、数量、成分、产地、用途、功效、使用方法、保养方法、批号、品级、商品标准代号、商品条形码、生产商、包装数量、储存和使用注意事项、警告标志、其他广告性的图案和文字、商品质量标志等。销售包装标志主要包括下列内容。

（一）销售包装的一般标志

销售包装的一般标志通常用文字来表现，基本内容包括商品名称、生产厂名和厂址、产地、商标、规格、数量或净含量、商品标准或代号、商品条形码等。对已获质量认证或在质量评比中获奖的商品，应分别标明相应的标志。部分重要商品国家实行强制性标准来统一标志。

根据我国《食品标签通用标准》（GB 7718—94）的规定，食品商品的销售包装标签上必须标注食品名称、净含量及固形物含量、配料表、制造者的名称和地址、批号、日期标志（生产日期、保质期或保存期）和储藏指南、食（使）用方法指导、质量等级、商品标准代号等。

日用工业品除基本内容外，还须标注主要成分、净含量、性能特点、用途、使用方法、保养方法、生产日期、安全使用期或失效日期、品级、批号等。

对于进口商品，在每个小包装上必须用中文标注商品名称、产地的国名和地方名、中国代理商或总经销商的名称、详细地址。对关系到人身财产安全的商品，对其标注的内容还有更详细的规定。如家用电器必须在每个销售包装上标有中文说明、中国商检部门安全检测标志和长城安全认证标志；化妆品包装上必须有检验检疫标志；动植物商品必须在每个小包装上贴有中国动植物检疫部门发放的标志；进口预包装食品的每个小包装上必须贴有 CHF 中国卫生检疫标志等。

另外，随着对环境保护的重视，各国在商品包装方面，力求对包装物的再生利用，对可回收的包装物，应该在罐盖上或包装上注明识别标记。

（二）商品的质量标志

商品的质量标志就是在商品销售包装上标明的反映商品质量的标记，说明商品达到的质量水平。其主要包括优质产品标志、产品质量认证标志、商品质量等级标志等。

（三）使用方法及注意事项标志

商品的种类和用途不同，其使用注意事项和使用方法的标志也各有不同。如我国服装已采纳的国际通用的服装洗涤保养标志等。

（四）产品的性能指示标志

产品的性能指示标志是指用简单的图形、符号表示产品的主要质量性能。如电冰箱用星级符号表示制冷温度等。

（五）销售包装的特有标志

例如名牌服装的特有标记，是指厂家在其商品体特定部位或包装物内放置的让消费者更加容易识别本品牌商品的标记。它由厂家自行设计制作，如名牌西服、名优酒等都有独特的、精致的特有标志。

（六）产品的原材料和成分标志

产品的原材料和成分标志是指由国家专门机构检验认定后，颁发的证明产品原材料或成分的标志，如绿色食品标志、纯羊毛标志、真皮标志、环境标志等。

第四节 商 标

一、商标的概念及特征

（一）商标的概念

早在 1883 年，世界主要工业国家就签订了《保护工业产权巴黎公约》对商标进行有效的保护。目前，各国的商标法规日趋完善，对保护和促进商品经济发展起到了十分重要的作用。

国际保护工业产权协会（AIPPI）对商标作出以下定义："商标是用以区分个人或集体所提供的商品及服务的标记。"世界知识产权组织在其《示范法》中对商标的定义是："商标是将一个企业的产品或服务与另一个企业的产品或服务区别开来的标记"。

商标是商品的标记，是工商企业在其生产和经营的商品上所使用的一种享有专用权的标记。它通常由文字、图形、符号或其他组合构成。商标代表商品的一定质量，以表示某种商品同其他商品的不同，它通常注明在商品、商品包装材料及其他宣传品上面。

商标必须由企业经过国家工商总局商标局注册批准。商标一经国家工商总局商标局注册批准，将获准使用及转让。企业拥有商标专用权、专利权、著作权。这三种权利即知识产权，是受法律保护的。国际市场上著名的商标往往在许多国家注册。因为商标具有价值，是企业的一项无形资产，商标的专用权可以按价买卖。

（二）商标的特征

1. 识别性

商标是具有显著性的标志，既区别于具有叙述性、公知公用性的标志，又区别于他人商品或服务的标志，从而便于消费者识别。

2. 独占性

商标是区别与他人的商品来源或服务项目的标记，便于消费者识别。注册商标所有人对其商标具有专用权、独占权，未经注册商标所有人许可，他人不得擅自使用。否则，即构成侵犯注册商标所有人的商标权，违反我国商标法律规定。

3. 价值性

商标代表着商标所有人生产或经营的质量信誉和企业信誉及形象，商标所有人通过商标的创意、设计、申请注册、广告宣传及使用，使商标具有了价值，也增加了商品的附加值。商标的价值可以通过评估确定。商标可以有偿转让；经商标所有权人同意，许可他人使用。

4. 竞争性

商标是参与市场竞争的工具。生产经营者的竞争就是商品或服务质量与信誉的竞争，其表现形式就是商标知名度的竞争，商标知名度越高，其商品或服务的竞争力就越强。

5. 简明性

商标是用图形或图案化的文字或两者的统一所构成的特殊标志，要求尽量简单明了，一看就能记住、理解、识别。

6. 形象性

商标既然是作用于视觉感受的特殊标志，无论采用图形的形式、文字的形式，还是图形与文字融合的形式，都离不开形象性这一特征。不能采用一些非形象的事物作为商标设计的素材，也不能拿商品的功能及其所能给人的感受作为商标表现的内容，如舒适、光滑等。

（三）商标与商品名称、企业名称、品牌之间的关系

在日常生活中，有些标记近似于商标，如商品名称、品牌等。为了正确理解商标的含义，需要弄清楚它们与商标之间的关系。

商标与商品名称既紧密相联，又有本质区别。商标只有附着在商品包装或商品上，与商品名称同时使用，才能使消费者区别该商品的来源。而商品名称是用来区别商品的不同原料、不同用途的，可以独立使用；商标是专用的、独占的，而商品名称（除特有名称外）通常是公用的。

商标与企业名称也有明显区别，具体表现在不同的构成要素、功能、适用的法律程序、专用权范围、表现形式、转让权等，具体如下：①企业名称一般由行政区划名称、字号、行业或经营特点、组织形式组成，而商标只是由与他人提供的服务区别开来的显著部分构成；②商标仅区别不同的产品、服务的出处，企业名称则可以识别不同企业的经营，包括服务和商品；③一个企业可以有多个服务或商品的商标，但企业名称一般只有一个；④商标只要不违反商标法所禁用的条款，不侵犯他人商标专用权，不经注册就可使用，只是没有专用权，企业名称则必须经国家指定的主管机关核准登记、注册，才能使用；⑤商标一经核准注册，在全国享有专用权，企业名称仅在规定的区域内享有专用权；⑥商标的表现形式是文字、图形、记号及其组合，企业名称只能用文字表示；⑦商标可转让或许可他人使用，企业名称不得单独转让，也不得允许他人使用。

商标（Trademark）与品牌（Brand）有本质的区别。第一，商标是品牌的一个组成部分。品牌的内涵更广一些，至少包括商标、产品质量、营销手段、广告宣传和服务等内容。品牌是一种依附在商标上，具有无形价值的一种东西，凝聚着人们更多的智力成果。第二，商标注册时，品牌还没有形成。商标所有人在国家工商总局商标局注册的是商标，而不是品牌。当品牌消失时或当拥有品牌的企业破产时，商标仍然可以有效。例如，当秦池酒品牌消失时，"秦池"商标仍然有效。第三，商标可以注册，可以保护，而品牌不可以注册，也不可以在法律上进行保护。品牌的保护只能通过注册商标、申请知识产权保护等方式间接地、有限度地保护。第四，商标是一个法律名词，品牌是一个经济名词。第五，商标只是品牌的标志和名称，便于消费者记忆识别。而品牌还蕴涵着生动的精神文化层面的内容，品牌体现着人的价值观，象征着人的身份，抒发着人的情怀。例如，可口可乐的品牌内涵远不止是"可口可乐"这几个字构成的标志和名称，它体现着"乐观向上"的美国文化；奔驰则象征着拥有者的"成功和地位"。品牌只有打动消费者的内心，才能产生市场经济效益。如果一个品牌失去信誉，失去消费者的信任，则一文不值。

二、商标的分类

随着社会的发展和进步，商品的品种越来越多，商标的使用也越来越广泛，对商标种类的划分标准也是多种多样的。

（一）按商标的构成划分

1. 文字商标

文字商标是指纯粹由文字组成的商标，不使用其他任何图形，包括中国汉字和少数民族文字、外国文字和阿拉伯数字或以各种不同字组合的商标。如海尔、茅台、红塔山、娃哈哈、可口可乐等，以及外文的 SONY、PHILIPS、MOTOROLA 等。文字的组合可以是生造的，无任何含义，商标的字体可以任选，笔画可以艺术变形。文字商标目前在世界各国使用比较普遍，其特点是比较简明，便于称谓，有的词表示一定的含义，可以使商品购买者产生亲近之感。

2. 图形商标

图形商标是指仅用图形构成的商标，包括人、动物、植物以及自然界的各种各样的事物，可以具体，可以抽象，还可以虚构。图形商标的特点是比较直观、艺术性强、富于感染力。其另一特点就是不受语言文字的限制，不论使用何种语言的国家和地区，人们只要一看图形，一般都可以看懂，就会形成印象。但图形商标不易称谓，交流困难，而且容易造成误认。

3. 记号商标

记号商标属于图形商标的一种，是指由某种简单符号构成图案的商标。记号商标的特点是含义抽象、单纯醒目、标记性强。常见的记号商标是圆形、方形、椭圆形、三角形、菱形等几何图形的变形及组合。例如日本的"三菱"商标就是由三个菱形构成的。

4. 组合商标

组合商标也称复合商标，是指由两种或两种以上成分相结合构成的商标。组合商标的使用较为广泛，图文并茂，惹人注目，利于识别记忆。组合商标要求文字、记号和图形和谐一致，密切联系，其文字和图形应作为一个完整的整体对待，不得随意变更其组合或排列。

5. 立体商标

立体商标是指以立体物作为商品标志的商标。如美国的"可口可乐"商标，就是以饮料瓶的形状作为商标注册的。但是，要将其作为立体商标，该外形或部分外形必须具有其显著特征，如果该外形本身具有其产品的部分功能或普通的造型，则不能作为立体商标。美国是最早接受立体商标注册的国家。现在越来越多的国家增加了对立体商标的注册与保护。

前四种商标是以二维形式出现的，均属于平面商标。现今世界上99%以上的商标属于平面商标。目前"立体商标"还不是《中华人民共和国商标法》（以下简称《商标法》）保护的客体，只有平面商标才能申请注册，受到法律保护。

（二）按商标用途划分

1. 商品商标

商品商标是指商品的生产者或经营者为了将自己生产或经营的商品与他人生产或经营的商品区别开来，而使用的文字、图形或其组合的标志。商品商标可以是具有某种含义或毫无任何意义的文字、图形或其组合。与其他商标一样，只要不违反法律的禁用条款，不损害公共道德或他人的利益，具有商标的显著性，均可成为商品商标。

2. 服务商标

服务商标是指用来区别与其他同类服务项目的标志。服务商标是服务性行业所使用的标志。使用服务商标的行业有教育娱乐、建筑修理、金融保险、运输储藏、广告通信及其他杂项服务。

3. 营业商标

营业商标是指生产者或经营者把特定的标志或企业名称用在自己制造或经营的商品上的商标，即以企业的名称、商徽作为商标的，也叫"厂标"、"店标"或"司标"。企业将自己企业名称中的字号作为商标进行注册，或将自己的商标名称作为企业名称中的字号使用，可以提高企业商号和商标的知名度，避免他人将自己的企业字号作为商标注册或将自己的商标作为其字号使用，避免在市场上造成混乱而难以保护。

4. 等级商标

等级商标是指在商品质量、规格、等级不同的同一种商品上使用的同一商标或者不同的商标。这种商标有的虽然名称相同，但图形或文字字体不同；有的虽然图形相同，但为了便于区别不同商品质量，而是以不同颜色、不同纸张、不同印刷技术或者其他标志作区别；也有的用不同商标名称或者图形作区别。如沈阳啤酒厂就是以不同的商标来区分等级的，上海牙膏厂的"美加净"、"中华"、"白玉"等也属于等级商标。

5. 证明商标

证明商标又叫保证商标，是由对某种商品或者服务具有监督能力的组织所控制，而由该组织以外的单位或者个人使用于其商品或者服务，用以证明该商品或者服务的原产地、原料、制造方法、质量或者其他特定品质的标志。使用保证商标，使该商品对消费者具有更大的吸引力，有利于打开商品的销路。这种商标也可用于服务项目上，证明某项服务的特点等，如国际羊毛组织的纯羊毛标志、中华人民共和国农业部注册的"绿色食品"标志就是证明商标。这种商标一般由行会、协会或商会注册拥有。只要其产品或服务达到了所规定的标准，任何人都可以向证明商标所有人提出使用申请，经批准后方可使用。申请人对商标的指定商品或服务具有检验能力，并负保证责任。

6. 集体商标

集体商标是指以团体、协会或者其他组织名义注册，供该组织成员在商务活动中共同使用，以表明使用者在该组织中的成员资格的标志。它的作用是表明在这个集体组织中的不同的生产制造商或服务提供者为社会提供的商品或服务具有共同的特点、相同的质量、统一的标准。集体商标不能转让。

7. 亲族商标

亲族商标也称派生商标，是以一定的商标为基础，再把它与各种文字或图形结合起来，使用于同一企业的各类商品上的商标。如美国柯达公司以"KODAK"商标为基础，创造派生出"KODACHROME"、"KODAGRAPH"、"KODASCOPE"等商标。

(三) 按照商标管理划分

1. 联合商标

联合商标是指同一商标所有人在相同或类似商品上注册的几个相同或者近似的商标，有的是文字近似，有的是图形近似，这些商标称为联合商标。这些商标中首先注册的或者主要使用的为主商标，又称为正商标，其余的则为联合商标。这种相互近似商标注册后，不一定都使用，其目的是为了防止他人仿冒或注册，从而更有效地保护自己的商标。因联合商标作用和功能的特殊性，其中的某个商标闲置不用，不致被国家商标主管机关撤销。由于联合商标相互近似的整体作用，因此联合商标不得跨类分割使用或转让。如"娃哈哈"产品生产厂家同时还注册了"哈哈娃"、"娃娃哈"、"哈娃娃"等；国外一家食品商，因"乐口福"商标出名，又申请注册了"乐福口"、"口乐福"、"口福乐"、"福口乐"等商标，使他人无法侵权。

2. 备用商标

备用商标也称储藏商标，是指同时或分别在相同商品或类似商品上注册几个商标，注册后不一定马上使用，而是先储存起来，一旦需要时再使用。注册备用商标，从商标战略角度，主要有三种考虑：一是某商品虽然尚未投产，但一旦投产时，即可及时使用，而不会影响产品销售；二是为了保证名牌商标信誉，一旦由于某种原因，商品质量达不到要求时，可使用备用的商标（所谓"副标"）暂时代替；三是万商品信誉受损，可以及时换上备用商标。在药品、电器、化妆品行业多采用这种商标。

3. 防御商标

防御商标是指较为知名的商标所有人在该注册商标核定使用的商品（服务）或类似商

品（服务）以外的其他不同类别的商品或服务上注册的若干相同商标，以防止他人在这些类别的商品或服务上注册使用相同的商标。我国《商标法》对此种商标尚无明确规定。按照国际惯例，此种商标一般难以注册；但一经注册，则不因其闲置不用而被国家商标主管机关撤销。

（四）按照商标使用者划分

1. 制造商标

制造商标也称工业商标、生产商标，是表示商品制造者的商标，把商品的制造者与商标使用者结合起来，有时也作为主商标或厂标使用。这种商标与"厂商名号"的意义相同，使得商品生产者所生产的商品有生产者的标记，从而与其他的生产者区别开来，并向消费者传达某种商品生产者所含的信息和来源。制造商标是中国是最常见的，是企业使用的商标的主要形式，如我国的"海尔"、"长虹"，日本的"索尼"等。

2. 销售商标

销售商标也称商业商标、推销商标、中间商商标，是指销售者（经营者）为了销售商品而使用的商标。这种商标的重点是宣传商品销售者，而不是商品生产者。使用这种商标的往往是一些有较高声誉和实力的商业企业，它们通过宣传自己的商标，从而有利于企业获得经营的信誉，从而扩大销售。

（五）按照商标信誉划分

1. 普通商标

普通商标是指在正常情况下使用未受到特别法律保护的绝大多数商标，是与驰名商标相对应的一种商标。普通商标所有人必须在自己经营的商品或服务上使用自己的注册商标。

2. 驰名商标

驰名商标是指在消费者心目中享有崇高信誉，知名度高的商标。驰名商标需经工商行政管理部门认定，驰名商标是企业的宝贵财富，代表着企业的形象和技术实力，具有一定的竞争力。根据国际惯例，驰名商标将受到严格的保护。

此外，商标还可以根据是否在商标局核准注册及由此所享受的法律保护权划分为注册商标和非注册商标；按照感知方式的不同可以划分为视觉商标、听觉商标（音响商标）与嗅觉商标（气味商标），目前听觉商标和嗅觉商标在我国尚不能注册并获得保护，而视觉商标包括平面商标和三维标志（立体商标）两种；按商标影响范围可以划分为区域商标、全国商标、世界商标；按照商标权利主体数量的不同还可以分为单所有人商标和共有商标。随着商品经济的发展，商标的种类将会越来越多。

三、商标的作用

（一）商标可以区别商品或服务的来源

区别不同的生产者、经营者是商标最重要、最本质的作用。在市场经济条件下，企业是独立的商品生产经营者或服务提供者，企业的一切经营活动的目的是将其产品打入市场、开拓市场、巩固市场，并不断推动产品销售、扩大服务范围。这是企业获取利润的主要途径。为了使消费者对企业的产品或服务有所区别认识，企业就要创建自己的商标。商标的使用使商品与其生产厂商一一对应，便于消费者识别商品经营者和区别商品质量，增强对商品的信任感。当发生质量问题时，凭借商标能使消费者迅速地找到经营者，以便获得咨询、维修退换等服务，保护自己的权益。

（二）商标能起到美化商品和广告宣传的作用

商标是商品与包装装潢的重要内容，立意深刻、构思巧妙、新颖独特的商标可以给人以美的感受，起到美化商品的作用。商标是商品的脸面，标示着商品的质量，代表了企业信誉。它可以在市场上向消费者提供商品信息，反映特定商品的质量，使消费者认牌购物。企业利用商标宣传，能够迅速提高商品的知名度，有利于宣传商品。在市场经济条件下，商品交换对商标的依赖越来越大，商标对于促进销售、开拓市场、扩大市场占有率、维护消费者利益的作用日益明显。提高企业及其商品的知名度，主要靠创名牌商标。

（三）商标是知识产权，可以保护企业合法权益

商标一经注册，其使用者就享有专用权，假冒、仿造、伪造商标都是违法行为。这有利于维护企业的信誉和经济利益，促进企业的公平竞争。商标的保护期限长短不一，但期满之后，只要缴付费用，即可对商标权予以续展，次数不限。商标保护通常是由法院来实施的，在大多数国家中，法院有权制止商标侵权行为。商标是厂商信誉、商品质量的标志，消费者依据商标选择商品，有利于优势企业开拓新市场，提高市场占有率。

（四）商标有助于保证商品质量和质量监督管理

商标代表了特定商品、特定质量和企业的信誉。商标使用人应对其使用商标的商品质量负责，这有助于调动企业积极性，加强管理保证质量，企业只有不断提高商品的质量才能保证企业的信誉，维护商标良好的形象，确保企业在市场中的优势地位。工商行政管理部门可以通过商标管理，监督商品质量，保护消费者的合法权益。

四、商标的注册与使用

（一）商标的注册

经过商标主管部门核准的商标即为注册商标。商标注册是指商标使用人依照《商标法》及《商标法实施条例》规定的注册条件、程序，向商标管理机关提出注册申请，经商标局依法审核批准在商标注册簿上登记保存，发给商标注册证，并予以公告，授予注册人注册商标专用权的过程。

注册商标由商标注册人使用，享有法律专用权，具有排他性，他人不得侵犯。注册商标所有人可将自己注册的商标有偿转让或许可他人使用。使用注册商标应标明"注册商标"字样或标明注册标记"注"或"®"。使用注册标记，应当标在商标的右侧。若在商品上不便标明的，应在商品包装或说明书上标明。

我国《商标法》采用的是自愿注册的原则，但对于关系国计民生、人民健康的少数商品，规定必须申请注册。如药品、烟草制品必须申请商标注册，未经商标注标，不得在市场上销售。

商标注册与非注册商标区别在于：注册商标享有法律专用权，非注册商标若与注册商标相同或相近时，非注册商标停止使用。

根据《商标法》第三十七条规定，注册商标的有效期为10年，自核准之日起计算。有效期期满之前六个月可以进行续展并缴纳续展费用，每次续展有效期仍为10年。续展次数不限。如果在这个期限内未提出申请的，可给予六个月的宽展期。若宽展期内仍未提出续展

注册的，商标局将其注册商标注销并予公告。

（二）商标的使用

1. 商标的设计应符合法律规范

国家制定的《商标法》是进行商标设计的重要依据。在设计商标时，必须严格遵守《商标法》的相关规定，如《商标法》规定下列标志不得作为商标使用。

（1）同中华人民共和国的国家名称、国旗、国徽、军旗、勋章相同或者近似的，以及同中央国家机关所在地特定地点的名称或者标志性建筑物的名称、图形相同的。

（2）同外国的国家名称、国旗、国徽、军旗相同或者近似的，但该国政府同意的除外。

（3）同政府间国际组织的名称、旗帜、徽记相同或者近似的，但经该组织同意或者不易误导公众的除外。

（4）与表明实施控制、予以保证的官方标志、检验印记相同或者近似的，但经授权的除外。

（5）同"红十字"、"红新月"的名称、标志相同或者近似的。

（6）带有民族歧视性的。

（7）夸大宣传并带有欺骗性的。

（8）有害于社会主义道德风尚或者有其他不良影响的。

另外，县级以上行政区划的地名或者公众知晓的外国地名，不得作为商标。但是，地名具有其他含义或者作为集体商标、证明商标组成部分的除外；已经注册的使用地名的商标继续有效。

2. 商标要具备显著性特征

商标的首要作用就是区别于同类产品、服务。商标的特殊性质和作用，决定了商标应具备各自独特的个性，不允许有丝毫的雷同。我国《商标法》明确规定，下列情形不得或不予注册。

（1）仅有本商品的通用名称、图形、型号的。

（2）仅仅直接表示商品的质量、主要原料、功能、用途、重量、数量及其他特点的。

（3）缺乏显著特征的。

（4）以三维标志申请注册商标的，仅由商品自身的性质产生的形状、为获得技术效果而需有的商品形状或者使商品具有实质性价值的形状，不得注册。

（5）就相同或者类似商品申请注册的商标是复制、摹仿或者翻译他人未在中国注册的驰名商标，容易导致混淆的，不予注册并禁止使用。

（6）就不相同或者不相类似商品申请注册的商标是复制、摹仿或者翻译他人已经在中国注册的驰名商标，误导公众，致使该驰名商标注册人的利益可能受到损害的，不予注册并禁止使用。

3. 商标要具有审美性

商标设计必须符合艺术法则，充分表现其美观性，商标名称和图案设计要符合消费者的审美要求，达到艺术性、形象性、新颖性、时代性的高度统一。商标审美的最大特征是简洁、易读、易记。商标的造型艺术要使消费者过目难忘，留下深刻的印象。商标的构图和寓意要充分运用形式美的法则增强艺术感染力。

4. 商标设计要有助于推销

商标要和使用的商品或服务的特点相符合，只有体现商品特色的商标，才能对消费者产生吸引力；同时，每一种商品都有自己的特点和用途，设计商标时，还要考虑这些特点和用途，以免产生不良的效果。

五、名牌产品与驰名商标

（一）中国名牌产品的概念

中国名牌产品是指实物质量达到国际同类产品先进水平、在国内同类产品中处于领先地位、市场占有率和知名度居行业前列、用户满意程度高、具有较强市场竞争力的产品。国家质检总局负责制定中国名牌产品推进工作的目标、原则、计划、任务和范围，对中国名牌战略推进委员会的工作进行监督和管理，并依法对创中国名牌产品成绩突出的生产企业予以表彰。中国名牌产品的有效期为三年。

（二）驰名商标的概念

驰名商标俗称名牌，是在一定范围内有较高知名度和声誉的商标。根据《商标法》的规定："驰名商标是指在中国为公众广为知晓并享有较高声誉的商标。"认定驰名商标应当考虑下列因素：①公众对该商标的知晓程度；②该商标使用的持续时间；③该商标的任何宣传工作的持续时间、程度和地理范围；④该商标作为驰名商标受保护的记录；⑤该商标驰名的其他因素。

驰名商标的作用远远不止于区别商品的来源和服务的提供者，它还代表着其赖以驰名的丰富内涵和综合竞争力。商标是一种知识产权，代表着商品在市场上的竞争力；驰名商标是商标中更具价值的知识产权，代表着商品在市场上更强的竞争力。对于一个企业来说，拥有驰名商标就是拥有较大的市场份额，就是拥有较好的经济效益，就是拥有可持续的发展能力，就是拥有较强的综合竞争能力。当今世界，面对综合国力竞争空前激烈、经济全球化和区域经济一体化日益加强的态势，哪一个国家更重视知识产权的培育、保护、管理，以及拥有健全完善的知识产权制度，哪一个国家就更可能在日趋激烈的国际竞争中掌握主动、赢得先机。

驰名商标往往成为不法分子侵权假冒的对象，因而需要并且受到法律更宽更强的保护，保护驰名商标成为商标保护中的重要问题。2001 年修改的《商标法》和 2002 年公布的《商标法实施条例》都增加了保护驰名商标的规定，对驰名商标的保护从部门规章的层次提升到了国家法律、法规的层次。国家工商总局于 2003 年 4 月 17 日发布了《驰名商标认定和保护规定》。此外，全国人民代表大会 1997 年修改《刑法》时增设了三个涉及商标侵权方面的罪名，最高人民法院、最高人民检察院、公安部也颁布了相应的规定保护驰名商标。至此，我国的驰名商标保护制度基本形成。

（三）中国名牌产品与驰名商标的区别

中国名牌产品与驰名商标区别包括以下几个方面。

（1）驰名商标是国内产品的"出国护照"，是唯一在全球范围内得到国际法律保护的标志。中国驰名商标的保护政策是为避免或减少消费误认，从而维护消费者的合法权益。驰名商标还可以获得国际间相互保护。而中国名牌产品的保护政策是为了避免或减少质量监督环节，为产品进入消费市场打开"绿灯"。

（2）驰名商标的申请人可以是自然人、法人和其他经济组织，既可以是生产者，也可以是开发者、经营者，还可以是提供服务者；而中国名牌产品的申请认定人仅限于生产企业，而且必须是其产品被中国名牌战略推进委员会列入中国名牌产品评价工作的产品目录的企业，假若某企业的产品未被列入评价目录就不可能被评价为中国名牌产品。

（3）驰名商标没有有效期，保留历史时间越久，证明其实力越强，含金量越高，许多商标在一定的市场领域已经存在 25～50 年，甚至更长，已成为企业资产的重要组成部分。中国名牌产品有有效期之说，其有效期一般为 3 年。

本 章 小 结

本章阐述了商品包装的有关概念和在现实生活中的作用，介绍了包装的大致分类，并对包装的标准化进行了详细的分析。

本章阐述了商品包装材料的要求，分析了常用的包装材料及其特性，介绍了运输包装、销售包装的不同包装技法，明确了只有根据不同的商品性质和流通需要，选择不同的包装材料和包装技法，才能充分发挥包装的有效功能。

本章介绍了商品包装标志，按其用途可分为销售包装标志和运输包装标志。销售包装标志是附着于商品销售包装容器的一切标签、图片、文字、符号、图形及其他说明物。其作用是传达商品信息，表现商品特色，推销商品，指导并帮助消费者选购商品、正确保养商品和科学消费。运输包装标志是用简单的文字或图形在运输包装外面印刷的特定记号和说明事项，以便于商品的储存、运输、装卸。它是商品运输、装卸和储存中不可缺少的辅助措施。按其用途可分成运输包装收发货标志、包装储运图示标志、危险货物包装标志、国际海运标志和运输标志等。

最后，介绍了有关商标的知识，包括商标的概念、分类、功能以及注册和使用等。

思考与练习

一、名词解释

商品包装　运输包装　销售包装　运输包装标志　销售包装标志　包装储运图示标志

二、判断题

1. 商品包装最基本的作用是美化、宣传和介绍商品。（　　　）
2. 按商品包装所处领域、所起作用的不同可分为运输包装和销售包装。（　　　）
3. 运输包装上的"禁止用手钩"图案属于运输包装收发货标志。（　　　）
4. 销售包装是"无声推销员"。（　　　）
5. 木材是一种对商品没有污染作用的优质包装材料，应大量使用。（　　　）

三、问答题

1. 什么是商品包装？为什么要重视和发展绿色包装？
2. 商品的包装材料有哪些？各有什么特点？
3. 什么是运输包装？什么是销售包装？各有哪些种类？

4. 如何判断商品的包装是否合理?

5. 运输包装标志有哪些?

6. 销售包装标志有哪些?

7. 什么是商标? 商标有什么作用?

8. 如何区分商标与品牌、企业名称、商品名称、名牌之间的关系?

四、案例分析题

罗林洛克啤酒的包装策略

随着竞争的加剧和消费的下降,美国的啤酒行业变得越来越残酷。像安豪斯·布希公司和米勒公司这样的啤酒业巨人正在占据越来越大的市场份额,把一些小的地区性啤酒商排挤出了市场。出产于宾夕法尼亚州西部小镇的罗林洛克啤酒在 20 世纪 80 年代后期勇敢地进行了反击。营销专家约翰·夏佩尔通过他神奇的经营活动使罗林洛克啤酒摆脱了困境,走上了飞速发展之路。而在夏佩尔的营销策略中,包装策略则发挥了关键性的作用。

包装在重新树立罗林洛克啤酒的形象时,扮演了重要角色。夏佩尔为了克服广告预算的不足,决定让包装发挥更大的作用。他解释道:"我们不得不把包装变成牌子的广告。"该公司为罗林洛克啤酒设计了一种绿色长颈瓶,并漆上显眼的艺术装饰,使包装在众多啤酒中很引人注目。夏佩尔说:"有些人以为瓶子是手绘的,它跟别的牌子都不一样,独特而有趣。人们愿意把它摆在桌子上。"事实上,许多消费者坚信装在这种瓶子里的啤酒更好喝。公司也重新设计了啤酒的包装箱。"我们想突出它的绿色长颈瓶,与罗林洛克啤酒是用山区泉水酿制的这个事实。"夏佩尔解释道,"包装上印有放在山泉里的这些绿瓶子。照片的质量很高,色彩鲜艳、图像清晰。消费者很容易从 30 英尺外认出罗林洛克啤酒。"

夏佩尔很喜欢用"魅力"这个词来形容罗林洛克啤酒的新形象。"魅力,这意味着什么呢? 我们认为瓶子和包装造成了这种讨人喜欢的感觉。看上去它不像大众化的产品,有一种高贵的品质。而且这种形象在很大程度上也适合啤酒本身。罗林洛克啤酒出品于宾夕法尼亚州西部的小镇。它只有一个酿造厂,一个水源。这和安豪斯·布希啤酒或库尔斯啤酒完全不同,我们知道,并非所有的库尔斯啤酒都是在科罗拉多州的峡谷中酿造的。"

包装对增加罗林洛克啤酒的销量有多大作用呢? 夏佩尔说:"极为重要。那个绿瓶子是确立我们竞争优势的关键。"

问题:

结合本章所学知识分析案例,说明罗林洛克啤酒成功的关键。

五、实训题

1. 到中央电视台网站上查看《焦点访谈》等栏目的"过度包装该瘦身了"等节目,了解国内外商品包装发展的趋势。

2. 收集一些销售包装和运输包装,仔细观察后,完成以下内容:指出包装的标志;说明其所采用的包装材料、包装技法及其优缺点;指出包装上的商标并说明其种类。

3. 指出鲜牛奶与啤酒的销售包装在选材目标上的异同。

4. 以 3~5 人为一组,深入商场或超市,对某商品销售包装进行综合分析与评价,并写出分析评价报告。

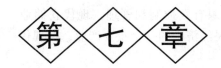

第七章

商品储运与养护

- 商品储存
- 商品运输
- 商品养护
- 储运商品的质量管理

导入语

商品储运和养护是商品流通过程中非常重要的作业环节，担负着保证库存商品质量完好、数量完整的重要任务。商品储存是指产品在离开生产领域而尚未进入消费领域之前，在流通领域的暂时停留。商品运输是指借助各种运输工具实现产品由生产地运送到消费地的空间位置的转移。运输过程中的商品质量管理应做到及时、准确、安全和经济。商品养护技术主要包括食品商品的保鲜与防腐、工业品商品的霉变与防治、商品的虫害与防治、商品的锈蚀与防治、商品的老化与预防。

本章学习目标：

- 了解商品储运的基本概念和基本要求；
- 了解商品在储运中的质量变化形式，并能联系实际分析影响质量变化的因素；
- 熟悉食品和工业品商品的养护技术；
- 重点掌握储运中商品养护的基本方法与技术。

第一节　商品储存

商品储存是指商品在离开生产领域尚未进入消费领域之前，在流通领域中暂时停滞的存放。商品养护是商品储存中的重要工作，维护商品在流通过程中的使用价值。商品储存期间，宏观上处于静止状态，但商品本身不断发生各种各样的运动变化，这些变化都会影响商品的质量，如不加以控制，就会由量变发展到质变。商品储存养护就是根据商品在储存期间的质量变化规律，针对商品的不同特性，创造适宜商品储存的环境，控制外界因素的影响，达到防止或减弱商品的质量变化、降低商品的损耗、防止商品损失的目的。强化商品储存管理，运用科学养护方法，是实现保持商品使用价值的重要手段。只有这样，才能使商品在储存过程中，保质保量、安全有效地将商品送到消费者手中，为社会创造经济效益。仓储是现代物流的一个重要组成部分，在物流系统中起着至关重要的作用，是厂商研究和规划的重点。高效合理的仓储可以帮助厂商加快物资流动的速度，降低成本，保证生产的顺利进行，并可以实现对资源有效控制和管理。现代仓储业作为物流与供应链系统中的重要节点和调控中心，是国民经济中的一个重要产业，在现代服务业中占有独特地位。

一、商品储存的概念与作用

（一）商品储存的概念

商品储存是指商品离开生产过程处于流通领域内所形成的一种短暂停留。储存的商品是商品流通部门的待销商品，是在流通领域内为继续转售而形成的暂时停留，以保证商品流通和再生产过程的需要为限度。商品储存通过自身的不断循环，充分发挥协调商品产销矛盾的功能，成为促进商品流通以至整个社会再生产的不可缺少的重要条件。

仓储的基本任务是存储保管、存期控制、数量管理、质量维护；同时，利用物资在仓库的存放，开发和开展多种服务是提高仓储附加值、促进物资流通、提高社会资源效益的有效手段，也是仓储的重要任务。

仓库储存保管的基本业务包括以下几个方面。

（1）物资存储。物资的存储有可能是长期的存储，也可能只是短时间的周转存储。进行物资存储既是仓储活动的表征，也是仓储的最基本的任务。

（2）流通调控。流通调控的任务就是对物资是仓储还是流通作出安排，确定储存时机、计划存放时间，当然还包括储存地点的选择。

（3）数量管理。仓储的数量管理包括两个方面：一是存货人交付保管的仓储物的数量和提取仓储物的数量必须一致；二是保管人可以按照存货人的要求分批收货和分批出货，对储存的货物进行数量控制，配合物流管理的有效实施，同时向存货人提供存货数量的信息服务，以便客户控制存货。

（4）质量管理。为了保证仓储物的质量不发生变化，需要采取先进的技术、合理的保管措施，妥善地保管仓储物。

另外，随着社会发展，储存保管产生了一些新的业务，如交易中介、流通加工、配送、配载等。交易中介是仓储经营人利用大量存放在仓库的有形资产，利用与物资使用部门广泛的业务联系，开展现货交易中介活动，有利于加速仓储物的周转和吸引仓储。流通加工是生产企业将产品的定型、分装、组装、装潢等工序留到最接近销售的仓储环节进行，使得仓储成为流通加工的重要环节。配送有利于生产企业降低存货，减少固定资金投入，实现准时制生产。商店减少存货，降低流动资金使用量，且能保证销售。配载是货物在仓库集中集货，按照运输的方向进行分类仓储，当运输工具到达时出库装运。而配送中心就是在不断地对运输车辆进行配载，确保配送的及时进行和运输工具的充分利用。

仓储业务作业是指从商品入库到商品发送的整个仓储作业全过程，主要包括入库流程、出库流程和库房管理等内容。仓储业务作业全过程包括商品验收入库作业、商品保管作业、商品盘点作业、呆废商品处理、退货处理、账务处理、安全维护、商品出库作业、资料保管等。其作业流程如图7-1所示。

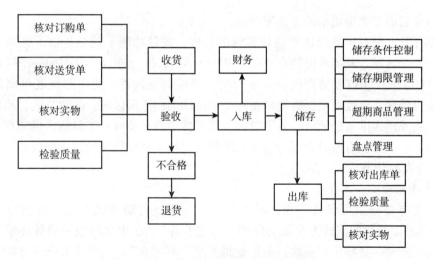

图 7 - 1　仓储作业流程

（二）商品储存的作用

1. 协调产销时间矛盾，有利于消除商品的价格波动

商品生产和消费有自己特定的周期性，有时并不是同时进行的，因此需要通过商品储存来协调商品生产与消费之间的时间矛盾。大多数的农副商品如粮食、油料、水产品、水果等都是属于季节性生产，但需全年消费；而一些服装、鞋帽、空调、电暖器等日用工业品，则是属于季节性消费，但生产则是全年进行的；再有如元宵、粽子、月饼、圣诞礼品等商品则是属于季节性生产、季节性消费。以上这些情况都需通过储存来维持生产，以保证市场的销售。这些商品生产与消费之间的时间矛盾，可能产生由于商品的供销脱节而引起价格的波动，因此需要进行商品储存。

2. 协调产销地域的矛盾

商品的生产和消费存在地域上的不一致，如本地生产异地消费。这些异地产销的商品，由于生产、消费的异地性，运输的间断性，需经过相应的运输、储存环节，才能实现商品体的位置转移，保证商品市场均衡供应，从而有效地满足市场需要。

3. 协调市场供求矛盾

商品储存的根本目的是保证商品销售，为消费者服务。在商品流通过程中，通过储存收购，不仅可以调节商品的时间需求、降低运输成本、提高运输效率、支持生产，也保证了商品货源充足，保持必要的商品数量和花色品种，可以更好地满足消费者个性化消费的需求，提高客户满意度，充分保证市场供应，满足消费需求。

二、仓库管理

（一）仓库的基本概念

商品生产和流通决定了"物流"的客观存在，产生了"储存"概念，随之出现了储存商品的建筑物或场所——仓库。仓库是物流过程中的某一面积和某一空间，是按计划用来保管货物，并对其数量或价值进行登记，提供有关储存货物的信息以供管理决策所用的场所。在现代物流系统中，仓库具有储存和保管、调节供需、调节货物运输能力、流通配送加工、信息传递以及对商品生命周期的支持等功能。

仓库是保管、储存物品的建筑物和场所的总称。按其功能不同分为以下区域：①冷藏区，仓库的一个区域，其温度保持在0℃～10℃范围内；②冷冻区，仓库的一个区域，其温度保持在0℃以下；③控湿储存区，仓库内配有湿度调制设备，使内部湿度可调的库房区域；④温度可控区，温度可根据需要调整在一定范围内的库房区域；⑤收货区，到库物品入库前核对检查及进库准备的地区；⑥发货区，物品集中待运地区；⑦料棚，供储存某些物品的简易建筑物，一般没有或只有部分围壁；⑧货场，用于储存货物的露天场所。

（二）仓库的分类

1. 按仓库的专业分工分类

按仓库的专业分工可将其分为两种类型，一类是以长期储藏为主要功能的"保管仓库"，另一类是以货物的流转为主要功能的"流通仓库"。在未来的电子商务环境下，物流管理以时间为基础，货物流转更快，制造业将实现"零库存"。仓库又为第三方物流企业所经营，这些都决定了"保管仓库"进一步减少，而"流通仓库"将发展为配送中心。

2. 按仓库的职能分类

按仓库的职能分为口岸仓库、中转仓库、流通加工仓库和存储仓库。

（1）口岸仓库是周转仓库，商品储存期短，商品周转快。

（2）中转仓库也称转运仓库，一般设有铁路专用线。

（3）流通加工仓库是将商品的储存和加工结合在一起。

（4）存储仓库所存商品的储存期长，并且要定期检查，加强养护。

3. 按仓库的自动化程度分类

按仓库的自动化程度分为普通仓库和自动化仓库。

（1）普通仓库是指用于存放无特殊要求的物品的仓库。

（2）自动化仓库是指由电子计算机进行管理和控制，不需人工搬运作业而实现收发作业的仓库。自动化仓库的基本组成部分包括建筑物、货架、理货区、管理区、堆垛机械、配套机械、相关的管理系统和信息系统。自动化立体仓库系统能按照指令自动完成货物的存取作业，并对仓库的货物进行自动化管理，使物料搬运仓储更加合理。

4. 按仓库的使用范围分类

按仓库的使用范围分为自用仓库、公用仓库、保税仓库和出口监管仓库。

（1）自用仓库是生产或流通企业为了本企业的需要而修建的用来储存本企业的原料、制成品等的附属仓库。

（2）公用仓库是由政府或其他部门修建的为社会服务的仓库。

（3）保税仓库是指经海关批准，在海关监管下，专供存放未办理关税手续而入境或过境货物的场所。保税仓库允许存放的货物范围包括：缓办纳税手续的进出口货物；需要做进口技术处理的货物；来料加工后复出的货物；不内销而过境转口的货物。

（4）出口监管仓库是指经海关批准，在海关监管下，存放已按规定领取了出口货物许可证或批件，已对外买断结汇并向海关办完全部出口海关手续的货物的专用仓库。

另外，还有虚拟仓库，是指建立在计算机和网络通信技术基础上，进行物品储存、保管和远程控制的物流设施，可实现不同状态、空间、时间、货主的有效调度和统一管理。虚拟仓库具有消除仓库的地域限制、增加仓库的空间选择、加大仓库的存货潜力、增大支持生产的能力、缩短存储与需求的差距、降低供应链的总成本、降低存货的风险等优点。

5. 按仓库的建筑形式分类

按仓库的建筑形式分为平房库、楼房库和立体仓库。

据中国仓储协会的调查显示，拥有库房和搬运设施的企业普遍以普通平房库、简易仓库和普通楼房库为主要库种。仓储设施陈旧老化的问题正是导致我国仓储业表面"供大于求"的主要原因。

立体仓库是指采用高层货架配以货箱或托盘储存货物，用巷道堆垛起重机及其他机械进行作业的仓库。

（三）仓库管理

仓库管理是指对库存物品和仓库设施及其布局等进行规划、控制的活动。

1. 仓库布局

仓库布局是指在一定区域或库区内，对仓库的数量、规模、地理位置和仓库设施、道路等各要素进行科学规划和总体设计。

2. 库存控制

库存是指处于储存状态的物品。广义的库存还包括处于制造加工状态和运输状态的物品。库存控制能保证生产经营活动的正常进行，稳定生产经营的规模，缓冲作业的失误。通过适量的库存，用最低的库存成本实现对企业生产经营活动的供应，即最佳或经济合理的供应。科学的库存控制是提高企业经济效益的重要手段。

（1）库存类型。经常库存是指在正常的经营环境下，企业为满足日常需要而建立的库存。安全库存是指为了防止由于不确定性因素（如大量突发性订货、交货期突然延期等）而准备的缓冲库存。季节性库存是指由于季节性原因，不能组织正常进货而建立的物品库存。

（2）库存周期管理。库存周期是指在一定范围内，库存物品从入库到出库的平均时间。前置期（或提前期）是指从发出订货单到收到货物的时间间隔。订货处理周期是指从收到订货单到将所订货物发运出去的时间间隔。

（3）库存控制方式。库存控制是在保障供应的前提下，使库存物品的数量最少所进行的有效管理的技术经济措施。常用的库存控制方式有：①连续检查控制方式，也称为定量控制法或订货点法；②周期性检查控制方式，也称定期控制法或订货间隔期法；③ABC分类控制法。

第二节　商品运输

一、商品运输的概念

商品运输是指借助各种运输工具实现产品由生产地运送到消费地的空间位置的转移。其中包括集货、分配、搬运、中转、装入、卸下、分散等一系列操作。通过选择最好的运输方式、确定合理的运输量、规划合理的运输线路，尽可能地防止或降低商品的数量损失和质量劣变。商品运输质量强调的是商品在运输过程中，保证商品、人身及设备安全，不发生事故，防止各种差错，减少商品损耗，保证商品的合理运输。因此，运输过程中的商品质量管理应做到及时、准确、安全和经济。

二、商品运输的基本要求

（一）合理选择运输工具

合理选择运输工具不仅能提高运输工具的使用效能，而且直接影响到运输过程中的商品质量。因此，应根据商品的特性（如石油、危险品、鲜活易腐品、一般商品等）和运输量来选择适合的运输工具。

（二）严格消防

对装载易燃易爆商品的运输工具，装运前发货单位必须对车船及其消防设备进行严格的检查。

（三）严格装载规定

建立严格的商品装运制度，保证商品运输的质量。如对活禽畜跨地区运输时应进行检疫，取得检疫合格证，才能办理托运。同时，对车船进行严格的卫生检查，符合运输条件方可装运。

三、主要运输方式

运输方式是指货物进出关境时所使用的运输工具的分类。常见的商品运输方式有公路运输、铁路运输、水路运输、航空运输、管道运输、集装箱运输等。它们之间大多可以互相替代。

（一）公路运输

公路运输主要以卡车为运输工具，包括专用运输车辆，如散箱、冷藏、危险品等运输车辆。这些车辆有大型和中小型之分，前者适合长距离的大宗商品运输，后者适合短距离的商品配送。由于公路车辆购置成本低，因此公路运输可以采用自行运输和委托运输两种方式。公路运输具有以下特点。

（1）机动灵活、简捷方便、应急性强，能深入到其他运输工具到达不了的地方。

（2）适应点多、面广、零星、季节性强的货物运输。

（3）运距短、单程货多。

（4）汽车投资少、收效快。

（5）港口集散可争分夺秒，突击抢运任务多。

（6）是空运班机、船舶、铁路衔接运输不可缺少的运输形式。

（7）随着公路现代化、车辆大型化，公路运输是实现集装箱在一定距离内"门到门"运输的最好的运输方式。

（8）运输能力较小，车辆运输时震动较大，易造成货损事故，费用和成本也比海上运输和铁路运输高。

（二）铁路运输

铁路是国民经济的大动脉，铁路运输是现代化运输业的主要运输方式之一。它与其他运输方式相比较，具有以下主要特点。

（1）铁路运输的准确性和连续性强。

（2）铁路运输速度比较快。

（3）运输能力比较大。

（4）铁路运输成本较低。

（5）铁路运输受天气影响小，安全可靠，风险远比海上运输小。

（6）铁路运输缺乏灵活性和机动性，不适合短距离运输和紧急运输，商品滞留时间长且装卸地点不能随意变更。

（三）水路运输

水路运输是一种较为经济的运输方式，它依托海洋、河流和湖泊，成本低廉。水路运输主要有远洋运输、近洋运输、沿海运输、内河运输和湖泊运输等形式。水路运输以船舶为运输工具，包括专用船（如矿石专用船、木材专用船、油轮等）、混装船等。其特点包括以下几个方面。

（1）运输量大，特别适合超大型、超重型和大批量的商品运输。

（2）长距离运输费用低廉。

（3）对货物的适应性强。

（4）运输速度慢、航行周期长，运输时间难以保证。

（5）受天气、航道等自然条件限制，使用范围相对较窄。

（6）港口设施要求高。

（7）搬运成本高。

（四）航空运输

航空运输主要有客运飞机、客货混载飞机和专用货物运输机三种运输工具。其中，专用货物运输机具有良好的应用前景，尤其是其单元化的装载系统，有效地缩短了商品装卸时间。航空运输虽然起步较晚，但发展极为迅速，这是与它所具备的许多特点分不开的。航空运输与其他运输方式相比，具有以下特点。

（1）运送速度快，适合高附加值、高时效性的小批量商品，如鲜活、生鲜食品的运输。

（2）安全系数大，商品损坏小。

（3）手续简便。

（4）节省包装、保险、利息和储存等费用。

（5）航空运输的运量小、运价较高。

（五）管道运输

管道运输是使用管道输运流体货物的一种运输方式，其分为地面、地下和架空安装三种方式。其所运货物大多属于燃料一类，主要适合自来水、石油、煤气、煤浆、成品油、天然气等液态、气态商品的运输。近年来，随着技术的发展，管道运输已发展到粉状商品（如矿石粉）的短距离输送。管道运输与其他运输方式最大的不同是：管道既是运输工具（但并不移动），又是运输通道，驱动方式是用机泵对货物施以压力，使货物本身连续不断地被运送。

管道工程由三部分组成：一是管道线路工程，包括管道本体工程、防护结构工程、穿跨越工程及其他附属工程；二是管道站库工程，包括起点站、中间站、终点站，主要设备有驱动和监控货物运行的各种泵站和装置；三是其他附属设施，如通信设施、供电设施、道路设施等。

管道运输的特点包括以下几个方面。

（1）输送能力大，一条直径为 720 毫米的管道一年可输送原油 2 000 万吨以上。

（2）占地少，一般埋于地下。

（3）漏失污染少、噪声低。

（4）维修成本低，运输效率和设备运转效率高，安全系数大。

（5）对管道运输技术水平有较高的要求。

（6）不适合固态商品的运输。

管道按货物性能可分为固体管道（固体粉碎后加水成浆状）、气体管道、液体管道；按货物种类可分为原油管道、成品油管道、天然气管道、二氧化碳气管道、液化气管道、煤浆和其他矿浆管道等。管道的直径有 273 毫米、377 毫米、426 毫米、529 毫米、720 毫米不等，管径是决定输送能力的重要因素之一。

（六）集装箱运输

集装箱运输是以集装箱为运输单位进行货物运输的现代化运输方式，目前已成为国际上普遍采用的一种重要的运输方式。国际多式联运是在集装箱运输的基础上产生和发展起来的，一般以集装箱为媒介，把海上运输、铁路运输、公路运输和航空运输等传统单一运输方式有机地联合起来，来完成国际间的货物运输。

1. 集装箱运输的优点

（1）对货主而言，集装箱运输的优越性体现在大大地减少了货物的损坏、偷窃和污染的发生；节省了包装费用；由于减少了转运时间，能够更好地对货物进行控制，从而降低了转运费用，也降低了内陆运输和装卸的费用，便于实现更迅速的"门到门"运输。

（2）对承运人来说，集装箱运输的优点在于减少了船舶在港的停泊时间，加速了船舶的周转，从而可以更有效地利用它的运输能力，减少对货物的索赔责任等。

（3）对于货运代理来说，使用集装箱进行货物运输可以为他们提供更多的机会来发挥无船承运人的作用，提供集中运输服务、分流运输服务、拆装箱服务、"门到门"运输服务和联运服务。

2. 集装箱运输的缺点

（1）受载货的限制，使航线上的货物流向不平衡，在一些支线运输中，出现空载回航或箱量大量减少的情况，从而影响了经济效益。

（2）需要大量投资，产生资金困难。

（3）转运不协调，造成运输时间延长，增加一定的费用。

（4）受内陆运输条件的限制，无法充分发挥集装箱运输"门到门"的优势。

（5）各国集装箱运输方面的法律、规章、手续及单证不统一，阻碍国际多式联运的开展。

第三节　商品养护

一、商品养护的概念与作用

（一）商品养护的概念

所谓商品养护，是根据库存商品的变化规律，采取相应的技术组织措施，对商品进行有效的保养与维护，以保持其使用价值和价值的生产活动。商品储运离不开商品养护工作，商品养护是储运商品质量得以保持的可靠保证。根据商品的不同特性，研究各类商品在储运条件下的质量变化规律，采取相应的技术措施和科学的管理方法，控制不利因素，创造优良的储运条件，减少商品损耗，从而使商品质量得到保护，是商品养护工作的目的和任务。

商品的养护是在商品储存期间根据商品的物理与化学性质、所处的环境条件等采取的延缓商品发生各种变化的一项技术工作，在商品养护过程中要坚持"以防为主，防治结合"的原则。商品在储存过程中发生变化的原因，不外乎内在因素和外在因素的影响，而且仓储商品发生质量变化，有一个量变到质变的过程，一般并非一下子就发生变化。所以，要采取各种相应措施，加强管理，防止或减少各种外界因素对商品质量的不利影响，消灭或延缓各种商品变质损坏现象的发生。

（二）商品养护的作用

商品养护是商品储运的中心环节，是保证商品质量完好的重要手段。商品养护的方针是"以防为主、防重于治、防治结合"，只有在商品储运期间进行科学养护，才能保证商品质量完好、数量完整；保证商品的安全储运，消除储运隐患，避免各种灾害事故的发生，从而保证商品及储运工具的安全，使商品的使用价值得以充分实现。

商品养护是一门综合性应用科学，不仅需要熟悉和掌握储存商品的原料、性能、结构、成分、规格、品种等方面的知识，还必须熟悉和掌握同商品养护有关的物理学、化学、昆虫学、气象学等自然科学的基础理论知识。

商品科学养护的内容主要包括仓库温湿度控制、食品的保鲜、金属防锈蚀、防霉腐、防虫蚁、高分子商品防老化等。

二、商品储运期间的质量变化

 小思考

超市生鲜经营的损耗

由于生鲜经营的特殊性和复杂性，损耗在经营过程中极易发生。损耗控制取决于整个生鲜区的运作状况和经营管理水平，反过来又在很大程度上影响着生鲜区、甚至整个超市的盈亏。造成生鲜经营损耗的原因可能很多，但仓储管理不当无疑是其中一个重要原因。

（1）有效期管理工作不当。生鲜商品和原料需要进行严格的有效期管理，做到"先进先出"，如果管理不当，就会出现较大的损失。

（2）仓库商品和原料保存不当。生鲜商品和原料保存环境和温、湿度条件达不到要求，也会造成变质损失。

（3）设备故障。如因冷藏、冷冻陈列和储藏设备运转不正常出现故障而导致变质损失等。

那么普通商品在储运期间的质量变化有哪些呢？

（一）商品的物理机械变化

物理变化是只改变物质本身的外表形态，不改变其本质，没有新物质的生成，并且可能反复进行的质量变化现象。机械变化是指物质在外力的作用下发生的形态变化。商品的物理

机械变化是由于自然环境因素与商品本身特性的正常作用以及非正常的人为原因而造成的，结果是数量损失或质量降低，甚至使商品失去使用价值。商品常发生的物理机械变化有挥发、溶化、熔化、渗漏、串味、脆裂、干缩、沉淀、玷污、破碎与变形等。

1. 挥发

挥发是某些低沸点的液体商品或经液化的气体商品或某些固体商品，在一定条件下，其表面分子能迅速汽化而变成气体散发到空气中去的现象。常见的易挥发的商品有酒精、白酒、香水、樟脑、碘片、印刷油墨、化学试剂中的各种溶剂、医学中的一些试剂、部分化肥农药、杀虫剂、汽油、乙醚、油漆等。

挥发速度与商品中易于挥发成分的沸点、气温的高低、空气的流速以及与它们接触的空气表面积等因素有关。挥发不仅会降低商品的有效成分，增加商品的损耗，降低商品质量，还有可能引起燃烧或爆炸。有些商品还有毒性，容易造成大气污染，对人体有害。

防止商品挥发的主要措施是加强商品包装的密封性，并控制库房温度，储存时保持低温。

2. 溶化

溶化是指某些吸湿性和水溶性强的粉状类、晶体类商品吸收潮湿空气或环境中的水分达到一定程度时，溶解成液体的现象。易发生溶化的商品有食品中的食盐、食糖、糖果等；化工商品中的明矾、氯化镁、氯化钙等；化肥中的氮肥及某些医药中的制剂等。

商品溶化主要是因为其具有吸湿性和水溶性。此外，还与空气接触表面积、空气相对湿度和气温等有关。一般情况下，气温和相对湿度较高，这类商品越容易溶化。溶化后，商品本身的性质并没有发生变化，但由于形态改变，给储存、运输及销售部门带来很大不便。

对易溶化的商品应按商品性能，分区、分类存放在阴凉干燥的库房内，不适合与含水分较大的商品同储，储存时要低温、干燥。

3. 熔化

熔化是指低熔点的商品在温度较高时，发软变形甚至熔为液体的变化现象。熔化除受气温高低的影响外，与商品本身的熔点、商品中杂质种类和含量高低密切相关。熔点越低，越易熔化；杂质含量越高，越容易熔化。常见易熔化的商品有油膏类、胶囊、糖衣片、香脂、松香、石蜡、蜡烛、复写纸、打字纸等。

商品熔化，有的会造成商品流失、粘连包装和玷污其他商品；有的因产生熔解热而体积膨胀，使包装爆破；有的因商品软化而使货垛倒塌。

预防商品的熔化，应根据商品的熔点高低，选择阴凉通风的库房储存。在保管过程中，一般可采用密封和隔热措施，加强仓库的温度管理，防止日光照射，尽量减少温度的影响。

4. 渗漏

渗漏主要是指液体商品发生跑、冒、滴、漏等现象。

商品的渗漏，与包装材料性能、包装容器结构及包装技术的优劣有关，还与仓储温度变化有关。如金属包装焊接不严，受潮锈蚀；有些包装耐腐蚀性差；有的液体商品因液体商品气温升高、体积膨胀而使包装内部压力增大，胀破包装容器。因此，对这类商品应加强入库验收和在库商品检查及温度、湿度控制和管理。

5. 串味

串味是指吸附性较强的商品吸附其他气体、异味，从而改变本来气味的变化现象。具有吸附性易串味的商品，主要是由于其成分中含有胶体物质，以及具有疏松、多孔性的组织结构。商品串味，与其表面状况、与异味物质接触面积的大小、接触时间的长短以及环境中异味的浓度有关。

常见易串味的商品有大米、面粉、木耳、食糖、茶叶、卷烟等。常见的易引起其他商品串味的商品有汽油、煤油、腌鱼、肥皂、樟脑等。预防串味，应对易被串味的商品尽量采取密封包装，在储存运输中不得与有强烈气味的商品共储混运，同时还要注意运输工具和仓储环境的清洁卫生。

6. 脆裂、干缩

脆裂、干缩是指某些商品如纸张、皮革、水果、蔬菜等商品失去所含正常水分发生的收缩、脆裂现象。在干燥空气和风吹后易发生该现象。许多商品都有安全水分要求，如通常情况下，棉制品的安全水分为9%～10%，皮革制品为14%～18%。因此，为防止商品干缩造成的质量和数量损失，对该类商品需要储存在避免日晒、风吹的场所，并且应控制储存环境的相对湿度，以使其含水量保持在合理的范围内。

7. 沉淀

沉淀是指含有胶质和易挥发成分的商品，在低温或高温条件下，部分物质凝固，进而产生沉淀或膏体分离现象。常见的易沉淀的商品有墨水、牙膏、雪花膏、蜂蜜等。预防商品沉淀，应根据不同商品的特点，防止阳光照射，做好商品冬季保温和夏季降温等工作。

8. 玷污

玷污是指商品外表沾有其他脏物、染有其他污秽的现象。商品玷污，主要是生产、储运中卫生条件差及包装不严所致。对一些外观质量要求较高的商品，如针织品、服装等要注意预防玷污，精密仪器、仪表类商品也要特别注意。

9. 破碎与变形

破碎与变形是指商品在外力作用下所发生的形态上的改变。脆性较大或易变形的商品，如玻璃、陶瓷、搪瓷、铝制品等在搬运过程中因包装不良受到碰、撞、挤、压和抛掷而易破碎、掉瓷、变形等；塑性较大的商品，如皮革、塑料、橡胶等制品由于受到强烈的外力撞击或长期重压，易丧失回弹性能，从而发生形态改变。对易发生破碎与变形的商品，要注意妥善包装，轻拿轻放。堆垛高度不能超过一定的压力限度。

（二）商品的化学变化

商品的化学变化是指不仅改变物质的外表形态，还改变了物质的本质，并且有新物质生成，且不能恢复原状的变化现象。商品化学变化过程即商品劣变过程，严重时会使商品失去使用价值。商品的化学变化主要有分解、水解、氧化、聚合、裂解、老化、曝光、锈蚀等形式。

1. 分解、水解

分解是指某些化学物质不稳定的商品，在光、热、酸、碱及潮湿空气的作用下，会由一种物质分解成两种或两种以上物质的变化现象。分解不仅使商品的质量变劣，而且会使其完全失效，有时产生的新物质还具有危害性。如漂白粉在温度高、水分大、光照不密封的条件下，会分解生成次氯酸和氧，失去漂白能力，使商品失去使用价值。

水解是指某些商品在一定条件下（如酸性或碱性条件）与水作用而发生的水解反应现象。如棉纤维碰到酸性溶液，易于水解，使纤维的大分子链断裂，分子量降低，从而大大降低了强度。

对于易分解或水解的商品，在储存运输中应尽量避免发生这些变化所需的外部条件，尤其不宜与酸性或碱性物质共储混运。

2. 氧化

氧化是指商品与空气中的氧或氧化物接触，发生与氧结合的化学变化。商品储存的周围空气中，通常会有1/5的氧存在。商品氧化，不仅会降低商品的质量，有的还会在氧化过程中产生热量，引起自燃，甚至发生爆炸。如丝织品长期与日光接触，织物中的天然纤维素就会被氧化，从而使织物变色、变脆、强度降低；油脂会加速酸败；酒类会变浑浊。此外，桐油布、油纸、油布伞等桐油制品，若尚未干透就打包储存，就易发生自燃。

对于易氧化的商品，在储运过程中应选择低温避光条件，避免与氧气接触，同时注意通风散热，有条件的可在包装容器中放入脱氧剂。

3. 锈蚀

锈蚀是金属制品的特有现象，即金属制品在潮湿空气及酸、碱、盐等作用下，而被腐蚀的现象。由于金属制品所处的环境不同，所引起的化学反应也不同，主要有化学锈蚀和电化学锈蚀两种。金属制品的锈蚀，不仅会影响制品外观的质量，还会使商品的机械强度下降，甚至产生废品。

化学锈蚀是指金属制品在干燥的环境或无电解质存在的条件下，遇到空气中的氧而引起的氧化反应。化学锈蚀的结果是在其表面形成一层薄薄的氧化膜，使金属表面变暗，失去光泽，有的金属形成的氧化膜对金属还能起到保护作用，使锈蚀降低或停止。

电化学锈蚀是指金属制品在潮湿的环境中，水蒸气在金属表面形成水膜，水膜与空气中的二氧化碳、二氧化硫等形成电解液，从而引起电化学反应，反应中金属以离子形式不断进入电解液而被溶解。电化学锈蚀的结果是使金属制品表面出现凹陷、斑点等现象。锈蚀严重的，使商品内部结构松弛，机械强度降低，甚至失去使用价值。电化学锈蚀速度比化学锈蚀快，是造成金属锈蚀的主要原因。

影响金属锈蚀的因素主要包括内因（商品性质、纯度、结构、锈蚀产物的性质）和外因（空气温度、湿度、有害气体及灰尘等）。

4. 风化

风化是指某些含有结晶水的商品，在一定温度和干燥空气中，会失去结晶水而使晶体崩解，变成非结晶状态的无水物质。风化是一个化学变化过程。例如，日常生活中碱块（$Na_2CO_3 \cdot 10H_2O$）变成碱面（Na_2CO_3），就是风化现象。

由于晶体结构的特点和外界条件的影响，有的晶体只失去一部分结晶水；有的晶体可失去全部结晶水；有的晶体先失去一部分结晶水，再逐渐失去全部结晶水。可见风化并不一定都是失去全部结晶水。因此，有十水合碳酸钠（$Na_2CO_3 \cdot 10H_2O$）、七水合碳酸钠（$Na_2CO_3 \cdot 7H_2O$）和一水合碳酸钠（$Na_2CO_3 \cdot H_2O$）的存在。

5. 曝光

曝光是指某些商品见光后，会引起变质或变色的现象。如照相胶片和感光纸未使用时见光，发生光化反应，使胶片成为废品；石炭酸原为白色晶体，见光后会变成红色或淡红色。

6. 聚合

聚合是某些商品组成中的化学键在外界条件影响下发生聚合反应，成为聚合体而变性的现象。如福尔马林变性、桐油表面结块都是聚合反应的结果。

7. 老化

老化是指高分子材料在加工、储存和使用过程中，由于受内外因素的综合作用，其性能逐渐变坏，以致最后丧失使用价值的现象。老化是一种不可逆的变化，是高分子材料的通病。但是人们可以通过对高分子老化过程的研究，采取适当的防老化措施，提高材料的耐老化的性能，延缓老化的速率，以达到延长使用寿命的目的。

发生老化的原因主要是由于结构或组织内部具有易引起老化的弱点，如具有不饱和双键、支链、羰基、末端上的羟基等。外界或环境因素主要是阳光、氧气、臭氧、热、水、机械应力、高能辐射、电、工业气体、海水、盐雾、霉菌、细菌、昆虫等。

在储运易老化商品时，要注意防止日光照射和高温，尤其是曝晒，同时堆码不能过高，以免低层商品受压变形。

（三）商品的生理生化变化及其他生物引起的变化

商品的生理生化变化是指有生命活动的有机体商品，在生长发育过程中，为维持自身的生命活动所进行的一系列变化，如粮食、水果、蔬菜等商品的呼吸、发芽、胚胎发育和后熟等现象。

1. 呼吸作用

呼吸作用是指有机商品在生命过程中，由于氧和酶的作用，体内有机物质被分解，并产生热量的一种缓慢的生物氧化过程。这是活鲜食品在储运中的一种基本生理活动。

呼吸可分为有氧呼吸和缺氧呼吸两种类型。不论是有氧呼吸还是缺氧呼吸，都要消耗营养物质，降低食品的质量。有氧呼吸热的产生和积累，往往使食品腐败变质。缺氧呼吸则会产生酒精积累，引起有机体细胞中毒，造成生理病害，缩短商品储存时间。对于一些鲜活商品，缺氧呼吸往往比有氧呼吸要消耗更多的物质。

有氧呼吸：$C_6H_{12}O_6 + 6O_2 \rightarrow 6CO_2 + 6H_2O + 2831$ 千焦（注：$C_6H_{12}O_6$ 为葡萄糖）

缺氧呼吸：$C_6H_{12}O_6 \rightarrow 2C_2H_5OH + 2CO_2 + 118$ 千焦

因此，鲜活商品的储藏应保证它们正常而最低的呼吸，维持有机体的基本生理活动，使其本身具有一定的抗病性和储藏性，利用它们的生命活性，减少损耗、延长储藏时间。如蔬菜、水果等，采用气调库储存就是为了减少呼吸。

2. 后熟作用

后熟是指某些瓜果、蔬菜类食品脱离母株后继续成熟的现象。促使这类食品后熟的主要因素是高温、氧以及某些有催熟作用的刺激性物质（如乙烯、乙醇等）的存在。瓜果、蔬菜等的后熟作用，能改善其色、香、味以及硬脆等食用性能，但当后熟作用完成后，则容易发生腐烂变质，难以继续储藏，甚至失去食用价值。

对于这类食品，应在其成熟之前采收并采取控制储藏条件的办法，来调节其后熟过程，达到延长储藏期、均衡上市的目的，可采用低温储运和适当通风的方法。

3. 发芽和抽薹

发芽和抽薹是指有机体商品在适宜条件下，冲破"休眠"状态，发生的发芽、萌发现象。其结果是会使有机体商品的营养物质转化为可溶性物质，供给有机体本身的需要，从而降低有机体商品的质量。发芽和抽薹的蔬菜，因大量的营养成分供给新生的芽和茎，使组织粗老或空心，失去原有鲜嫩品质，并且不耐储藏。如马铃薯、大蒜、生姜和萝卜等，在储存时经过休眠期后会继续生长，土豆、大蒜会发芽、抽薹。

对于易发芽和抽薹的商品，在储存时必须控制它们的水分，并加强温度、湿度管理，一般应将温度控制在5℃以下，并防止光照，可抑制其发芽、抽薹。

4. 胚胎发育

胚胎发育主要是指鲜蛋的胚胎发育。在鲜蛋的保管过程中，当温度和供氧条件适宜时，胚胎会发育成血丝蛋、血环蛋。经过胚胎发育的禽蛋，其新鲜度和食用价值大大降低。为抑制鲜蛋的胚胎发育，应加强温、湿度管理，最好是低温储藏或节制供氧，也可采用石灰水浸泡、表面涂层等方法。

5. 僵直

僵直是指刚屠宰的家畜肉、家禽肉和刚死亡的鱼等动物性生鲜食品的肌肉组织发生的生理生化变化。

不少人认为刚屠宰的猪牛肉最新鲜、质量及味道最好。其实不然，屠宰后肉品在自然状态下存放会发生僵直、后熟、自溶和腐败变质四个阶段。刚屠宰完的畜肉，呈中性或弱碱性，不久肉尸僵直，这是由于屠宰时肌肉含有氧气，可供有氧氧化。屠宰后供氧断绝，进行无氧氧化。肉质由中性或弱碱性转变为酸性，此阶段肌肉纤维粗硬，保水性差，有难闻的气味，无鲜肉自然气味，烹调时不易煮烂，食用时味道较差，不宜直接食用。但僵直阶段的鲜鱼（肉）其主要成分尚未分解，基本保持了原有的营养成分，适宜直接冷冻储藏。

6. 后熟和自溶

屠宰后肉品在自然状态下存放会发生僵直、后熟、自溶和腐败变质四个阶段。在这四个阶段中，僵直阶段宜冷冻；后熟阶段宜食用。

肉体进入后熟阶段，此阶段肌肉松软多汁有光泽，具有一定的弹性，这时肉的滋味最为鲜美，而且易熟易消化。后熟阶段中产生的乳酸，还具有一定的杀菌作用。通常，在4℃时，1～3小时可完成后熟过程。

7. 霉变

霉变是指商品在霉菌微生物作用下所发生的变质现象。霉菌是一种低等生物，无叶绿素，菌体为丝状，主要靠孢子进行无性生殖。商品在生产、储运过程中，它们会落在商品表面，一旦外界温度、湿度适合其生长时，商品上又有它们生长需要的营养物质，就会生长菌丝。其中一部分伏在商品表面或深入商品内部，其有吸收营养物质排泄代谢产物的功能，成为营养菌丝；另一部分菌丝竖立于商品表面，在顶端形成子实体或产生孢子，成为全生菌丝。菌丝集合体的形成过程，就是商品出现"长毛"或有霉味的变质现象。

在气温高、湿度大的季节，如果仓库的温、湿度控制不好，储存的针棉织品、皮革制品、鞋帽、纸张、香烟、中药材、粮食等许多商品就会生霉"长毛"，对商品的危害极大。无论哪种商品，只要发生霉变，就会受到不同程度的破坏，严重霉变可使商品完全失去使用价值。有些商品还会因霉变而产生有毒物质。

霉菌的生长繁殖需要营养物质和适宜的温湿度。多数霉菌是喜湿性的，最适合生长温度为20℃～30℃，属好氧性微生物，适宜在酸性环境中生长。光对霉菌的影响也很大，霉菌在日光下曝晒数小时，大多会死亡。

8. 发酵

发酵是某些酵母尤其是野生酵母和细菌所分泌的酶，作用于食品中的糖类、蛋白质而发生的分解反应。发酵广泛应用于食品酿造业。食品一旦发生发酵现象，不但破坏了其中的有益成分，失去原有的品质，而且还会出现不良气味，甚至会产生有害于人体健康的物质。常见的发酵有酒精发酵、醋酸发酵、乳酸发酵、酪酸发酵等。

防止食品在储存过程中发酵，除了注意卫生，密封和控制较低温度也是十分重要的。

9. 腐败

腐败是指腐败细菌作用于食品中的蛋白质而发生的分解反应。常见危害商品的微生物主要是一些腐败性细菌、酵母菌和霉菌。特别霉菌，它是引起绝大多数的日用工业品、纺织品和食品霉变的主要根源，对纤维素、淀粉、蛋白质、脂肪等物质，具有较强的分解能力。在温度高、湿度大的季节，肉、鱼、蛋类易腐败发臭，水果、蔬菜易腐烂。

霉腐菌适宜生长的温度为 $25℃\sim37℃$，适宜生长的湿度为 $80\%\sim90\%$。因此，对于易霉腐的商品，储存时必须严格控制温度、湿度，并做好商品防霉和除霉工作。

10. 虫蛀、鼠咬

商品在储运过程中，经常遭受仓库害虫的蛀蚀和老鼠的咬损，使商品体及其包装发生破碎和孔洞，而且其排泄的各种代谢废物还会污染商品，影响商品质量和外观，降低商品使用价值，甚至完全丧失使用价值。

食品商品、毛皮制品、皮革制品、丝毛织品、纸及其纸制品、纤维制品等，都含有蛋白质、脂肪、淀粉和纤维素等仓库害虫所喜食的成分。

对于虫蛀、鼠咬的防治，应熟悉虫、鼠的生活习性和危害规律。首先，立足于防护，即做好运输工具和仓库的清洁卫生工作，加强日常管理，切断虫蛀、鼠咬的来源；其次，采用化学药剂或其他方法杀虫、灭鼠，坚持经常治理与突击围剿相结合的方法来防治。

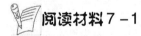 阅读材料 7 - 1

简阳市一起酒店食物中毒案例分析

2005 年 7 月 2 日，在简阳（县级市）某大酒店就餐的人员中有多人发生食物中毒，简阳市卫生执法监督所接到报告后，立即展开了调查取证、临时行政控制等综合措施，现将案件情况整理如下。

一、基本情况

2005 年 7 月 2 日中午，约有 530 人在该大酒店参加两起结婚宴、一起生日宴和一起家庭聚餐。所有就餐者食谱为：卤牛肉、姜汁豇豆、炝拌笋尖、糖拌西红柿、盐水鸭、白水兔丁、韭菜绿鸟鸡、笋子牛腩、双椒武昌鱼、珍珠甲鱼、青豆烧田鸡、姜汁肘子、豆沙甜烧白、南瓜绿豆汤、两个时令蔬菜、两道小吃、一个水果拼盘，酒水自带；晚餐为中午所剩回锅菜。晚饭后部分就餐者陆续出现腹痛、腹泻、发热、恶心、呕吐等症状，腹泻开始为稀便，后为水样便、黏液脓血便，腹泻多达每天 10 余次之多。最早发病者为 7 月 2 日晚 21 时、末例病人为 7 月 3 日晨 4 时，年龄最大者 75 岁、最小者 15 岁，中毒人数累计共 69 人，无中毒病人死亡，所有病人经对症治疗于 7 月 9 日都已康复。

二、处理措施

案件发生后，简阳市卫生局高度重视，立即派卫生执法监督所监督员于 3 日会同市疾病控制中心工作人员对腹泻病人及该大酒店的剩余食品和餐用具进行了采样，要求对所有的餐用具进行彻底消毒，监督销毁导致食物中毒的剩余食品，责令该大酒店暂停营业，并要求店方积极配合各医院抢救病人；同时，按照食物中毒事故处理办法的报告要求于4日分别向当地政府和资阳市卫生局报告，市卫生局当日将初次报告传真至省总队，并责成市卫生执法监督所会同市疾病控制中心组成督查组前往督促调查，要求全力救治病人、确保无人员死亡、尽快查明中毒原因、对该大酒店实施行政处罚等。

三、结论与分析

根据简阳市疾病控制中心关于该大酒店食物中毒的调查报告及检验报告书（简疾（食）检字［2005］054046号）称，在剩余食品卤牛肉、白水兔丁、姜汁豇豆中均检出大肠菌群≥24 000MPN/100克，超过国家标准159倍，推测本次食物中毒为加工操作中生、熟没有严格分开，中午剩余熟食品没有冷藏保存等有关，判定本次食物中毒为细菌性食物中毒。

食品储藏期间，由于本身储藏性能的差异及外界环境条件的影响，常会发生各种变化而引起食品质量的变化。食品储藏中的质量变化，主要有酶促作用引起的生理变化和生物化学变化，微生物污染引起的微生物学变化，温度、湿度、氧气等环境因素引起的化学变化和物理变化等。这些变化都会造成食品质量下降和数量损失。只有掌握食品在储藏中的各种变化，才能确定适宜的储藏条件和方法。

三、储运期间影响商品质量的因素

影响库存商品质量的因素很多，主要有两个方面：一是商品内在的因素；二是商品外在的因素。外在因素通过内在因素而起作用，对此必须有全面的了解，方能掌握库存商品变化的规律，科学地进行商品保管和养护工作。

（一）影响商品质量变化的内在因素

商品在储存期间发生各种变化，起决定作用的是商品本身的内在因素。因为商品的组织结构、化学成分及理化性质等，所有这些都是在制造中决定了的。在储存过程中，要充分考虑这些性质和特点，创造适宜的储存条件，减少或避免其内部因素发生作用而造成商品质量的变化。

引起商品质量变化的内在因素主要有以下几个方面。

1. 商品的物理性质

（1）商品的吸湿性。商品的吸湿性是指商品吸收和放出水分的特性。具有吸湿性的商品在潮湿的环境中能吸收水分，在干燥的环境中能放出水分。商品吸湿性的大小、吸湿速度的快慢，直接影响该商品含水量的增减，其含水的多少以及吸水性的大小与商品在储存期间发生的吸潮溶化、风干及腐败等质量变化有直接关系。储存中应严格控制环境的温湿度。

（2）商品的导热性。商品的导热性是指物体传递热能的性质。商品的导热性与其成分和组织结构有密切的关系，同时商品表面的色泽与其导热性也有一定的关系。

（3）商品的耐热性。商品的耐热性是指商品耐温度变化而不致被破坏或显著降低强度的性质。商品的耐热性与成分、结构、不均匀性、导热性、膨胀系数有密切的关系。耐热性差的商品如橡胶在温度变化的情况下，易发生成分和结构的变化，产生老化现象。

（4）商品的透气性与透水性。商品的透气性是指商品能被水蒸气透过的性质，透水性是指商品能被液体水透过的性质。这两种性质在本质上都是指水的透过性能，不同的是：前者指气体水分子的透过；后者是指液体水的透过。商品透气性、透水性的大小，主要取决于商品的组织结构和化学成分。

（5）商品的弹性。商品的弹性是指物体承受外力作用时发生形变的性质，弹性较大的商品在储存中不易发生破碎和变相的现象，但超过了弹性变形值则会发生塑性变形。

（6）商品的沸点。液体商品的沸点直接影响商品的挥发速度，液体商品的沸点越低，储存中越易产生挥发，从而造成商品中的有效成分的减少和重量的降低。

2. 商品的化学性质

商品的化学性质是指商品的形态、结构以及商品在光、热、氧、酸、碱、温度、湿度等作用下，发生改变商品本质相关的性质，包括商品的化学稳定性、毒性、腐蚀性、燃烧性、爆炸性等。

（1）商品的化学稳定性。商品的化学稳定性是指商品受外界因素作用，在一定范围内，不易发生分解、氧化或其他变化的性质。商品化学稳定性的大小与其成分、结构及外界条件有关。

（2）商品的毒性。商品的毒性是指某些商品能破坏有机体生理功能的性质。具有毒性的商品，主要是用作医药、农药以及化工商品等。商品的毒性来源于本身或分解化合后产生有毒成分等。

（3）商品的腐蚀性。商品的腐蚀性是指某些商品能对其他物质发生破坏性的化学性质，如硫酸能吸收动植物商品中的水分，使它们炭化而发黑。具有腐蚀性的商品，本身具有氧化性和吸水性，因此不能把这类商品与棉、麻、丝、毛织品以及纸张、皮革制品和金属制品同仓库储存。在保管时要注意选择储存场所，安全保管。

（4）商品的燃烧性。有些商品性质活泼，发生剧烈化学反应时常伴有热、光同时发生的性质，这种现象称为商品的燃烧性。具有这一性质的商品被称为易燃商品。常见的易燃商品有红磷、火柴、松香、汽油等低分子化合物。易燃商品在储存中应注意防火。

（5）商品的爆炸性。爆炸是物质由一种状态迅速变化为另一种状态，并在瞬息间以机械功的形式放出大量能量的现象。能够发生爆炸的商品要有严格的管理制度和方法，专库储存。

3. 商品的机械性质

商品的机械性质是指商品的形态、结构在外力作用下的反应。商品的这种性质与其质量关系极为密切，是体现适用性、坚固耐久性和外观的重要内容，主要包括商品的弹性、塑性、强度、韧性、脆度等。

4. 商品的化学成分

（1）商品的无机成分。商品的无机成分是指构成商品的成分中不含碳，但包括碳的氧化物、碳酸及碳酸盐，如化肥、部分农药商品等。无机成分的商品，按其元素的种类及其结合形式，分为单质商品、化合物、混合物等三大类。

（2）商品的有机成分。商品的有机成分是指以含碳的有机化合物为其成分，但不包括碳的氧化物、碳酸和碳酸盐。如棉、毛、丝、麻及其制品，化纤、塑料、橡胶制品，石油产品，有机农药，有机化肥，木制品，皮革，蔬菜，水果，食品等。这类商品成分中，结合形式也不相同，有的是化合物，有的是混合物。

（3）商品成分中的杂质。单一成分的商品极少，多数商品含杂质，而成分绝对纯的商品很罕见。商品成分有主要成分与杂质之分。主要成分决定商品的性能、用途与质量，而杂质则影响商品的性能、用途与质量，给储存带来不利影响。

5. 商品的结构

商品的种类繁多，各种商品有不同形态的结构，概括起来，可分为外观形态和内部结构两大类。商品的外观形态多种多样，在保管时应根据其体形结构合理安排仓容，科学地进行堆码，以保证商品质量的完好。商品的内部结构，即构成商品原材料的成分结构，属于商品体的分子及原子结构，是人的肉眼看不到的，必须借助于各种仪器来进行分析观察。结构不同，性质有很大的差别。

（二）影响商品质量变化的外在因素

商品储存期间的质量变化，主要是指商品体内部运动或生理活动的结果，并与储存的外界因素有密切关系。外界因素主要包括空气的温度与湿度、大气、日光、微生物和仓库害虫、卫生条件等。

1. 空气的温度

空气温度是指空气的冷热程度，简称气温。气温是影响商品质量变化的重要因素。一般来说，商品在常温下都比较稳定；高温则能促进商品的挥发、渗漏、熔化等物理变化和化学变化；而低温容易引起某些商品的冻结、沉淀等变化。此外，温度适宜时，又会给微生物和仓虫的生长繁殖创造有利条件，加速商品的腐败变质和虫蛀。因此，控制和调节仓储商品的温度是商品养护的重要工作内容之一。

2. 空气的湿度

空气的干湿程度称为空气的湿度。空气湿度的变化会引起商品含水量、外形或体态结构的变化。空气湿度下降，将使商品因放出水分而降低含水量，发生变质。如水果、蔬菜和肥皂等失水过多，会发生萎缩或干缩变形；纸张、皮革、竹制品等失水过多，会发生干裂或脆损。空气湿度增高，使商品吸收水分，含水量增大，也会使商品发生质变，如食糖、食盐等易溶性商品发生结块、膨胀或进一步溶化。湿度适宜可以保持商品的正常含水量。所以，在商品的养护中，必须掌握各种商品的湿度要求，尽量创造适宜商品的空气湿度。

3. 大气

空气中约含有21%的氧气。氧气非常活泼，能和许多商品发生作用，对商品质量的影响很大。如氧可以加速金属制品锈蚀；氧是好氧型微生物活动的必备条件，易使有机体商品发生霉变；氧是害虫赖以生存的基础，是仓库害虫发育的必备条件；氧是助燃剂，不利于危险品的安全储存；在油脂的酸败，新鲜商品的分解、变质中，氧都是积极参与者。因此，在养护中，对于受氧气影响较大的商品，要采取各种方法，如浸泡、密封和充氮等，以隔绝氧气。

4. 日光

日光中含有热量、红外线与紫外线等，对商品起着正反两方面的作用。一方面，日光能加速受潮商品的水分蒸发，杀死杀伤微生物和商品害虫，在一定程度上有利于商品的保护；另一方面，某些商品在日光的直接照射下，又会发生质量变化，如日光能使酒类浑浊，使油脂加速酸败，使纸张发黄变脆、色布褪色、药品变质和照相胶卷感光等。因此，在商品的养护中要根据各种不同商品的特性，注意避免或减少日光的照射。

5. 微生物及虫鼠害的侵害

微生物和虫鼠会使商品发生霉腐、虫蛀现象。微生物在生命活动过程中会分泌各种酶，利用它们把商品中的蛋白质、糖类、脂肪和有机酸等分解为简单的物质加以吸收利用，从而使商品受到破坏、变质，丧失使用价值。同时，微生物异化作用中，在细胞内分解氧化营养物质，会产生各种腐败性物质排出，使商品产生腐臭味和色斑霉点，影响商品外观，还会加速高分子商品的老化。

常见危害商品的微生物主要是一些腐败性细菌、酵母菌和霉菌，特别是霉菌，是引起绝大多数日用工业品、纺织品和食品霉变的主要根源，对纤维、淀粉、蛋白质和脂肪等物质，具有较强的分解能力。微生物可使商品产生腐臭味和色斑霉点，影响商品的外观，同时使商品受到破坏、变质，丧失其使用或食用价值。虫鼠在仓库里不仅蛀食动植物性商品和包装，有的还能危害塑料、化纤等化工合成商品，甚至毁损仓库建筑物。因此，在储存中要根据商品的特性，采取适当的温、湿度控制措施，防止微生物、害虫的生长，以利于商品储存。

6. 卫生条件

卫生条件是保证商品免于变质腐败的重要条件之一。卫生条件不好，不仅使灰尘、油垢、垃圾等污染商品，造成某些外观瑕疵和感染异味，而且还为微生物、仓库害虫创造了活动场所，所以在储存过程中，一定要搞好储存环境卫生，保持商品本身的卫生，防止商品间的感染。

四、商品养护的任务

商品养护是流通领域各部门不可缺少的重要工作之一。"以防为主、防重于治、防治结合"是养护的基本方针，防是指不使商品发生质量上的降低和数量上的减损，治是指商品出现问题后采取救治的方法。防和治是商品养护不可缺少的两个方面，具体要做好以下几个方面的工作。

（一）建立健全必要的规章制度

为做好商品的养护工作，应建立健全相应的规章制度，如岗位责任制，以便明确责任，更好地按照制度的要求，完成养护工作。

（二）加强商品的入库验收

商品入库验收时，一定要将商品的品种、规格和数量与货单核对以确定是否相符；同时，检查商品的包装是否完好，有无破损；检验商品温度与含水量是否符合入库要求；检验商品是否发生虫蛀、霉变、锈蚀、老化等质量变化。

（三）适当安排储存场所

应按照商品的不同特性，适当安排储存场所。易发生霉变及易生锈的商品应储存在较干燥的库房；易挥发及易燃易爆商品，应储存在低温干燥的地下或半地下库房；贵重商品要储存在楼上防潮条件优越的库房内，且库房内要有空调与去湿机等设备。

（四）有效地苫垫堆码

地面潮气对商品质量影响很大，要切实做好货垛下垫垛隔潮工作，存放在货场的商品，货区四周要有排水沟，以防积水流入垛下；货垛周围要遮盖严密，以防雨淋日晒。应根据各种商品的性能和包装材料，确定货垛的垛形与高度，并结合季节气候等情况妥善堆码。含水率较高的易霉商品，热天应码通风垛；容易渗漏的商品，应码间隔式的行列垛。除此之外，库内商品堆垛时应留出适当的距离，遵守货垛"五距"的规范要求。货垛的"五距"指垛距、墙距、柱距、顶距和灯距。顶距，照明灯要安装防爆灯，灯头与商品的平行距离不少于50厘米；墙距，外墙50厘米，内墙30厘米；柱距，一般留10~20厘米；垛距，通常留10厘米。对易燃商品还应留出适当防火距离。库房存放怕潮商品，垛底应适当垫高，露天存放更应垫高防水。同时，应视商品性质选择适宜的苫盖物料。如硫黄等腐蚀性商品，不宜用苫布盖，以用苇席苫盖为宜。

（五）加强仓库温湿度的管理

要想管理好温湿度，必须掌握气温变化规律，做好库内温湿度的测定工作，以便更好地对仓库的温湿度进行控制和调节。

（六）搞好环境卫生

为使商品安全储存，必须保持环境卫生。库区要铲除杂草，及时清理垃圾；库房的各个角落均应清扫干净，做好商品入库前的清仓消毒工作，将库房的清洁卫生工作持久化、制度化，杜绝一切虫鼠生存的空间，做好有效的防治工作。

（七）做好在库商品的检验工作

对在库商品，应根据其本身特性及质量变化规律，结合气候条件和储存条件，实行定期或不定期检查，及时掌握商品质量变化的动态，发现问题及时解决。

五、商品养护的技术方法

为了保护商品的质量，避免商品在储运过程中可能产生的商品损失和消耗，应采取有效的技术方法，对储运商品进行积极的养护。

（一）霉腐商品的防治

1. 商品霉腐的过程

（1）受潮。商品受潮是霉菌生长繁殖的关键因素，若商品含水量超过安全水分的限度，此时就容易发霉，如含水量超过10%、相对湿度超过75%时，棉布就有发霉的可能。

（2）发热。商品受潮后发热原因是多方面的，主要是霉变微生物开始生长繁殖的结果，由于霉腐微生物生长繁殖，产生热量逐渐增高，热量一部分供其本身利用，其余部分就在商品中散发。

（3）发霉。由于霉菌在商品上生长繁殖，起初有菌丝生长，肉眼能看到白色毛状物称为菌毛，霉菌继续生长繁殖形成小菌点称为霉点，霉菌代谢产物中的色素，使菌苔呈黄、红、紫、绿、褐、黑等颜色。

（4）腐烂。商品发霉后，由于霉菌摄取商品中营养物质，通过霉菌分泌酶的作用，将商品内在结构破坏，发生霉烂变质。

（5）霉味。霉味是商品腐烂后产生的气味。包括商品中糖类的发酵而产生的酒味、辣味和酸气味，蛋白质的腐败而产生的臭气味以及脂肪类的酸败而产生的"哈喇味"。

2. 商品霉腐的影响因素

1）引起商品霉腐的内在因素

商品在储存期间发生各种变化，起决定作用的是商品本身的内在因素，如化学成分、结构形态、物理化学性质、机械及工艺性质等。同时，商品中有霉变微生物的存在，包括商品在生产、加工、包装、运输、装卸与搬运等过程中污染造成的；商品有霉变微生物能够利用的营养物质，易霉腐商品主要含有糖类、蛋白质、脂肪、有机酸、维生素等有机物质；商品含有足够的水分或容易吸水，使霉菌容易生长繁殖。

2）引起商品霉腐的外在因素

引起商品霉腐的外在因素主要是库房内的温湿度与空气。

（1）霉腐微生物的成长必须有适宜的温度。根据各类微生物生长对温度的不同要求，可以把微生物分成三个类型：低温性（嗜冷性）微生物、中温性（嗜温性）微生物和高温性（嗜热性）微生物。霉腐微生物中大多属于中温性的，最适宜生长的温度为 20℃～30℃，在 10℃ 以下不易生长，45℃ 以上停止生长。据研究，霉腐微生物在最适合生长温度的范围内，每升高 10℃ 的气温，生长速度可加速 1～2 倍。高温和低温对微生物的生长都有较大影响，高温能使微生物细胞内蛋白质凝固，从而杀死微生物；低温虽然可以干扰微生物的新陈代谢，降低微生物的发育速度，致使部分微生物死亡，但是并不能全部冻死霉腐微生物。

（2）水分是霉腐微生物的生命要素之一，其生存和繁殖都离不开水，霉腐微生物所需水分，主要来自商品内部，而商品中的水分高低，直接受空气湿度的影响。同时，微生物体内水分的保持，也和空气湿度有着密切的关系。因此，霉腐微生物生长所需的水分直接或间接取自商品周围的空气。

（3）空气中的氧对微生物的生长也有影响。不同的微生物，对氧的需求是不同的，绝大多数霉腐微生物是需氧类型的。

部分商品的安全水分和相对湿度参考数据及部分霉菌的生长湿度要求如表 7 - 1 和表 7 - 2 所示。

表 7 - 1　部分商品安全水分与相对湿度要求参考数据

商品名称	安全水分/%	相对湿度/%	商品名称	安全水分/%	相对湿度/%
棉花	11～12	85 以下	皮鞋、皮箱	14～18	60～75
棉布	9～10	50～80	茶叶	10 以下	50 以下
针棉织品	8 以下	50～80	木耳	12～14	65～80
毛织品	9～10	50～80	机制白砂糖	0.1～1	80 以下

表 7 - 2　部分霉菌生长的湿度要求

项　　目	商品含水量/%	相对湿度/%
部分曲霉	13	70～80
青霉	14～18	80 以上
毛霉、根霉、大部分曲霉	14～18	90 以上

3. 常见易霉腐商品

微生物生长繁殖所需的营养物质有水、碳水化合物（如糖类、淀物、纤维素、果胶质等）、蛋白质（包括氨基酸等）、脂肪、无机盐（矿物质）、维生素等。凡是含有这些有机成分的商品都称为易霉腐商品。但是，某些产品（如矿产品、金属商品）其本身不会发霉，如果沾染污垢，以生物为原料制成的附件、配件在一定条件下，微生物也会生长。一般而言，主要有以下几种常见的易发生霉腐的商品。

（1）食品。最容易发生霉腐的食品一般是含蛋白质较多的商品，如肉、鱼、蛋等；含糖较多或者含多种有机物质的食品也很容易霉腐，如糕点、水果、蔬菜、干果干菜、卷烟、茶叶、罐头等。发霉食品易产生霉菌毒素，如黄曲霉毒素。长期食用霉变食品，易发生中毒性肝炎、肝硬变和肝癌。

（2）日用品。在日用化学品中，各种化妆品是最容易发生霉变的。因为化妆品的配料多是甘油、白油、水等，都很容易使微生物生长繁殖。还有一些含纤维素较多的日用品，如纸张及其制品也易发生霉腐。

（3）药品。如糖浆剂、合剂、颗粒剂、片剂、丸剂等如果包装不严，就容易发霉，尤其是中药材（中药片剂）在储存保管中最易发霉。这是由于空气中有大量的霉菌孢子，透过药品包装或散落在药材表面，当遇到适宜的温度（25℃）、湿度（空气中相对湿度在85%以上或药材含水率超过15%），合适的环境（阴暗、不通风）和足够的营养物质等条件时，即萌发成菌丝（发霉），并产生酵素将药品中的糖类、蛋白质、脂肪胶质等营养成分分解致使腐败。

（4）毛皮及皮革制品。毛皮及皮革制品一般都是含蛋白质较多的非食品商品，同时一些皮革制品表面修饰剂的主要成分是乳酪素，一旦温度湿度适宜，微生物就会在上面繁殖，从而产生霉变，对毛皮及皮革制品产生严重的破坏作用。

（5）纺织原料及其制品。如蚕丝、麻、棉、羊毛或其他动物粗细毛等天然纤维及其制品，在一定的温湿度下，很容易发生霉变。当微生物在这些物品表面繁殖后，将会对纤维的色泽、强度产生不良的影响。

（6）工艺美术品。如竹制品、木制品、草制品、麻制品等也容易在储存过程中发生霉腐。

还有一些商品，如橡胶、油漆、涂料等商品在合适的温湿度条件下，都可能发生霉变。

4. 商品霉腐的防治

商品在储存待售的过程中，在仓库中有一段停留时间。在这一停留过程中，最易引起商品的霉变和腐烂。商品霉变的破坏作用是很大的，我国曾对1978年和1979年两年期间由商品霉腐造成的损失进行统计，最后发现损失高达4亿多元。商品霉腐的防治就是要针对引起商品霉腐的原因采取有效的措施，减少因霉腐而产生的损失。商品在仓库储存保管过程中，应采取以下方法防治霉腐。

1）化学药剂防霉腐

药剂能杀灭和抑制霉菌，其机理主要是使菌体蛋白质变性、沉淀、凝固，破坏菌体正常的新陈代谢，降低菌体细胞表面张力，改变细胞膜的通透性，导致细胞的破裂或分解，即可抑制酶体的生长，通常称这类药剂为防霉腐剂。有些商品可采用药剂防霉腐，在生产过程中把防霉腐剂加入到商品中，或把防霉剂喷洒在商品体和包装物上，或喷洒在仓库内，即可达到防霉的目的。

有实际应用价值的防霉腐药剂应该是低毒的，这样使用才比较安全；要有较强的适应性；有很好的效果以确保商品能长时间的储存。常用的防霉剂有百菌清、多菌灵、灭菌丹、菌霉净、尼泊金酯类、苯甲酸及其钠盐等。苯甲酸及其钠盐对人体无害，是国家标准规定的食品防腐剂；托布津对水果、蔬菜有明显的防腐保鲜作用；水杨酰苯胺及五氯酚钠等对各类日用工业品及纺织品、服装鞋帽等有防腐的作用。

在使用化学药剂防霉腐时可采取下列方法。

（1）可将防霉剂溶成溶液，喷洒或涂布在商品表面。

（2）将商品浸泡在一定浓度的防霉腐溶液中。

（3）可在生产包装材料时添加防霉剂，再用这种防霉包装材料包装产品，或者将一定比例的防霉腐药剂直接加到制品中去。

（4）将挥发性的防霉腐剂（如多聚甲醛、环氧乙烷）包成小包，密封于商品包装袋中，通过防霉腐剂的挥发成分防止商品霉腐。这种方法又称为气相防霉腐。

　　2）气调防霉腐

霉腐微生物与生物性商品的呼吸代谢都离不开空气、水分和温度这三个因素，只要有效地控制其中一个因素，就能达到防止商品发生霉腐的目的。气调防霉腐的方法就是利用这样的原理，在密封条件下，改变空气组成部分，降低氧气的浓度，抑制霉腐微生物的生命活动，从而达到防霉腐的目的。当空间中二氧化碳浓度为10%～14%时，对霉菌有抑制作用，若浓度超过40%时，即可杀死多数霉菌。

气调防霉腐的方法有密封法和降氧法两种。

（1）密封法，是保证气调防霉腐的关键，以不透气为宜。并且应该安装测气、测温、充气、抽气口，取样口等装置。以密封垛简便易行、效果好。

（2）降氧法，即控制空气中氧的浓度，人为造成一个低氧的环境，使霉腐微生物生长繁殖及生物性商品的呼吸受到限制。目前，采用较普遍的方法有人工降氧法和自然降氧法。人工降氧法可在空气中充氮，即把商品的货垛或包装用厚度不少于0.25～0.3毫米的塑料薄膜进行密封，用气泵先将货垛或包装中的空气抽到一定的真空程度，再将氮气充入；也可以充二氧化碳，但是不必将密封货垛抽成真空，抽出少量空气，然后充入二氧化碳，当二氧化碳气体的浓度达到50%时，即可对霉腐微生物产生强烈的抑制和杀灭作用。这种方法效果显著，应用面广。自然降氧法就是在密封的储藏室中，利用生物性商品自身的呼吸作用，逐渐消耗密封垛内的氧气，使密封垛内自行逐步降低氧气的浓度，提高二氧化碳的浓度，从而达到自然降氧防止商品霉腐的目的。这种方法虽然工艺简单、管理方便，但效果一般，所以多应用于水果、蔬菜的防霉腐保鲜。

　　3）低温防霉腐

多数含水量大、易发生霉腐的生物性商品，如鲜肉、鲜鱼、水果、蔬菜等，要长期保管，多采用低温防霉腐的办法。这种方法就是通过降低商品本身及仓库内的温度，一方面，抑制生物性商品的呼吸、氧化过程，使其分解受阻；另一方面，抑制霉腐微生物的代谢与生长，从而达到防霉腐的目的。低温防霉腐所需的温度与时间，应以具体商品而定，一般温度越低，持续时间越长，霉腐微生物的死亡率越高。

低温分冷藏和冷冻两种，冷藏温度一般为3℃～5℃，在此温度下，霉菌生长受到极大抑制，但并非死亡，适用于含水量大且不耐冷冻的食品，如水果、蔬菜等。冷冻温度在－12℃以下甚至更低，在此温度下，霉菌多数死亡，适用于耐低温的物品，如肉类、鱼类等。常用的制冷剂有液态氨、天然冰以及冰盐混合物等。需要注意的是，低温防霉包装应使用能耐所需低温的包装材料。

4）干燥防霉腐

干燥防霉腐就是通过减少仓库环境中的水分和商品本身的水分，使霉腐微生物得不到生长繁殖所需水分而达到防霉腐。目前，主要采用晒干或红外线干燥等方法对粮食、食品等进行干燥保藏，这是最常见的防止霉腐的方法。此外，在密封条件下，用石灰、无水氯化钙、五氧化二磷、浓硫酸、氢氧化钾或硅胶等作吸湿剂，也可很好地达到食品、药品和器材等长期防霉腐的目的。

5）加强仓储管理

加强仓储管理是商品防霉腐的重要措施。关键在于应尽量减少霉腐微生物对商品的污染和控制霉腐微生物生长繁殖的环境条件。仓库温度和湿度是微生物生长繁殖的重要外界因素，为了劣化微生物生长繁殖的温湿度条件，就要调节一个可以抑制或延缓其生长繁殖的温度范围，以及与商品安全含水量相适应的相对湿度范围。所以，必须根据不同商品的不同要求，认真地控制和调节库房的温湿度。

6）其他方法

（1）电离辐射防霉腐，是指用 X、γ 等射线照射产品，杀死霉菌。

（2）微波辐射防霉腐，是指用微波处理产品，霉菌受微波作用而死亡。

（3）紫外线照射防霉腐，是指将产品或包装置于紫外线下，可杀死外表面的霉菌。

（4）远红外辐射防霉腐，霉菌经远红外辐射后，菌体会迅速脱水干燥而死亡。

（二）货仓害虫的防治

1. 货仓害虫的特征

货仓害虫是指在货仓内为害储藏商品和仓库建筑设施的许多害虫。这些害虫一般又以为害储藏粮食为主，所以也叫做储粮害虫。它们种类繁多，生活习惯多样。货仓害虫蛀食污染各种仓库商品，传播疾病，给人们造成巨大的经济损失，必须引起人们的高度重视。

仓库内害虫大多来源于农作物，由于长期生活在仓库中，其生活习性逐渐改变，能适应仓库的环境而继续繁殖，主要具有以下特征。

（1）适应性强。仓库害虫为了适应取食，其口器演变成多种口器，有咀嚼式口器、刺吸式口器、虹吸式口器、舔吸式口器、嚼吸式口器等；仓库害虫一般既耐热、耐寒、耐干、耐饥，又具有一定的抗药性。仓库害虫生长繁殖的适宜温度范围一般为 18℃～35℃，仓库害虫在 5～8 月间生长繁殖最为旺盛，一般能耐 38℃～45℃的高温。在 10℃以下，大多数仓库害虫停止发育，0℃左右处于休眠状态，但不易冻死，如谷象成虫在 -50℃的环境下还可存活 24 天。大多数仓库害虫生活于含水量很少的物品中。大部分仓库害虫能耐长时期的饥饿而不死，如黑皮蠹能耐饥 5 年；花斑皮蠹的休眠幼虫能耐饥 8 年，体长 7～8 毫米的幼虫，可缩小到 2.5 毫米，一旦复食很快就长大。

（2）食源广。仓库害虫的口器发达，能咬食质地坚硬的食物，大多数仓库害虫具有杂食性。仓库内品种繁多的商品以及仓储设施设备给害虫提供了丰富的食物来源。

（3）繁殖力强。由于仓库环境气候变化小、天敌少、食物丰富、活动范围有限、雌雄相遇机会多等原因，仓库害虫繁殖力极强，如一对玉米象或米象在适宜的条件下，一年内可以繁殖 80 万只以上的后代。同时，害虫还有多种繁殖方式，除了雌雄两性交配的有性生殖外，还有孤雌生殖、卵胎生殖、多胚生殖等。孤雌生殖的昆虫在只有雌性没有雄性的情况下也能繁殖。

（4）身体小、活动隐蔽。大多数仓库害虫体形很小，体色较深，最大的不过几寸长，最小的甚至肉眼也不容易看到。有些害虫隐藏于阴暗角落或在商品中蛀成"隧道"危害商品，寒冬季节常在板墙缝隙中潜伏过冬，人们难以发现。又由于体形小，害虫可用少量的食料完成它的一生。

2. 常见易虫蛀商品

所谓易虫蛀商品，主要是指蛋白质、脂肪、纤维素、淀粉及糖类、木质素等营养成分含量较高的商品。具体包括毛、丝织品及毛皮制品，竹藤制品，木材，纸张及纸制品，粮食，烟草，肉品，干果干菜，中药材等。容易虫蛀的商品，主要是一些由营养成分含量较高的动植物加工制成的商品。为了做好这类商品的虫害防治工作，必须了解它们遭受虫害的情况。

（1）丝、毛织品与毛皮制品。这类商品含有多种蛋白质。危害这类商品的常见害虫，主要有各种皮蠹、织网衣蛾、毛毡衣蛾、白斑蛛甲、毛衣鱼等。此类害虫生长繁殖期是4～9月。对温湿度要求是：温度为25℃～30℃，相对湿度为70%～90%。

（2）竹藤制品。这类商品含纤维素和糖分。常见蛀虫有长蠹、角胸长蠹、褐粉蠹和烟草甲等。竹藤蛀虫性喜温湿，怕光，一般在4～5个月发育成虫，生长繁殖的最适宜气温为28℃～30℃，相对湿度为70%～80%。

（3）纸张及纸制品。这类商品含纤维素和各种胶质、淀粉糊。常见的蛀虫有衣鱼与白蚁。此类蛀虫喜温湿、明暗环境。仓库在如有新鲜松木或胶料香味时，便容易诱集白蚁或衣鱼。危害严重季节是：衣鱼在7～9月，白蚁一般在4～9月。

此外，干果糖分、淀粉及水分含量较高，卷烟含烟碱高，因此这些商品也容易被虫蛀。

3. 仓库害虫的来源

仓库内害虫的来源主要有以下几个方面。

（1）商品入库前已有害虫潜伏在商品之中。

（2）商品包装材料内隐藏害虫或虫卵。

（3）运输工具带来害虫。车船等运输工具如果装运过带有害虫的粮食、皮毛等，害虫就可能潜伏在运输工具之中，再感染到商品上。

（4）仓库内本身隐藏有害虫。

（5）仓库环境不够清洁，库内杂物、垃圾等未及时清理干净，潜有并滋生害虫。

（6）邻近仓间、邻近货垛储存的生虫商品，感染了没有生虫的仓间商品。

（7）储存地点的环境影响。如仓库地处郊外，常有麻雀、老鼠飞入窜入，它们身上常常带有虫卵体。田野、树木上的害虫也会进入仓间，感染商品。

4. 货仓一般害虫的防治

仓库害虫在其生活过程中，不但破坏商品的组织结构，致使商品发生破碎和孔洞，而且排泄自身的各种代谢废物沾污商品，影响商品的质量和外观，更严重的会产生有毒物质或传播疾病。如食品被害虫污染霉变后产生有毒物质，人吃了常引起腹泻、呕吐、起疹等，并能引起多种疾病，给人们造成重大损失。因此，货仓虫害的防治是当今仓储商品养护的一个重要内容，其防治工作有以下几个方面。

1）杜绝仓库害虫来源

（1）商品原材料的防虫、杀虫处理。特别是食品生产的原材料，如糖、水果、谷物、肉类等物品，在流通过程中要进行严格检疫，发现检疫对象时禁止调运或采取措施，彻底消灭检疫对象。如粮食等商品入库前，一定要晒干，控制含水量。入库后要严格执行检查制度，查虫情，查温湿度，查粮质。新入库的一个月内三天查一次，待仓库内湿度正常后一般10～15天查一次。对那些质量差、水分高、近墙边、近底部和上面的粮食或食品要勤查、细查，发现问题及时处理。在寒冷的冬季把储藏物品放在室外摊晾可冻死大部分害虫，另外，这就是低温杀虫；夏季炎热的中午，把储藏物晒在水泥地上也可杀死害虫，这是因为仓虫在38℃～40℃就失去活动能力，45℃以上经2小时就死亡。夏季炎热中午水泥地面温度可达50℃左右，利用这种高温杀死害虫。另外，豆象可用沸水浸25～28秒钟杀虫。

（2）入库商品的虫害检查和处理。进行商品入库验收时，首先检查商品包装周围的缝隙处有无虫茧形成的絮状物、仓虫排泄物和蛀粉等，然后开包检查。也可通过翻动敲打商品，观察有无蛾类飞动。检查中如发现仓虫，必须做好记录并及时报告，不经杀虫处理，禁止入库。

（3）仓库的环境卫生及备品用具的消毒卫生。仓房周围的建筑物、包装材料和垃圾中，都潜藏有大量的仓虫，因此，商品入库前对仓库及周边环境一定要彻底清洁或消毒，做到仓内面面光，仓外不留杂草、垃圾、砖石瓦砾、污水等；根据不同季节对包装器材、用具、垫盖物等采用日晒、冷冻、开水烫、药剂消毒等方法加以处理。

2）药物防治

所谓药物防治，就是用有毒的化学药剂，直接与虫体接触，引起害虫内部组织细胞破坏产生病理变化，最后使全部生理机能丧失，直至死亡。如通过胃毒、触杀、熏蒸等作用来杀害虫，这也是当前防治仓库害虫的主要措施。

化学药剂杀虫的效果，与选择杀虫期关系很大。一般在仓虫的幼虫期施药灭杀，效果最好。因为，仓虫在幼虫期时虫体小、体壁薄、抗药力弱，药剂很容易透过体壁表皮，破坏内部组织细胞，致使死亡；随着仓虫龄期的增长，虫体组织内的脂肪量也逐渐增多，这些脂肪对一些杀虫药剂有积存和分解作用，虫体内脂肪越多，抗药能力越强。所以，用化学药剂杀虫，要不失时机地选择最合适的杀虫期施药，才能达到最理想的杀虫效果。

用药时间，应选择害虫繁殖旺盛、气温较高的情况下进行，一般每年要杀三遍，分别在5月、7月和10月进行，每月喷洒2～3次，每次间隔一周左右。

目前，常用的防虫、杀虫药剂有以下几种。

（1）驱避剂。驱避剂的驱虫作用是利用易挥发并具有特殊气味和毒性的固体药物，挥发出来的气体在商品周围经常保持一定的浓度，从而起到驱避毒杀仓库害虫的作用。可以将药液渗入棉球、旧布或废纸中，每距离1～2米悬挂于货垛或走道里，使药力慢慢地挥发于空气中，药性可滞留5～6天，这对羽化的成虫具有明显的杀伤力。常用驱避剂药物有精萘、对位二氯化苯、樟脑精（合成樟脑）等。

（2）杀虫剂。杀虫剂主要通过触杀、胃毒作用杀灭害虫。触杀剂和胃毒剂很多，常用于仓库及环境消毒的有敌敌畏、敌百虫等。可将这些杀虫剂装入压缩喷雾器内，均匀地喷洒在货垛四周空间，使之挥发弥散，达到杀虫、消毒的功效。

（3）熏蒸剂。杀虫剂的蒸气通过害虫的气门及气管进入其体内，而导致中毒死亡，叫做熏蒸作用。具有熏蒸作用的杀虫剂称为熏蒸剂。常用的熏蒸剂有氯化苦、溴甲烷、磷化铝、环氧乙烷和硫黄等。熏蒸方法可根据商品数量多少，结合仓库建筑条件，酌情采用整库密封熏蒸、帐幕密封熏蒸、小室密封熏蒸和密封箱（缸）熏蒸等形式。必须注意的是，上述几种熏蒸剂均系剧毒气体，使用时必须严格落实安全措施。

仓库害虫的防治方法，除了药物防治外，还有高（低）温杀虫、缺氧防治、辐射防治以及各种全盛激素杀虫等。

（三）鼠害的防治

老鼠属啮齿目鼠科动物，种类很多，繁殖力很强，而且性格机警狡猾，喜欢藏在阴暗处隐蔽，多在夜间活动，食性广杂。它直接损害粮食及其他库存商品，破坏商品包装，并传播病菌，对人类危害很大。据资料记载，25%的偶发性火灾是由老鼠啃咬电线而引起的。仓库鼠害的防治主要有以下几种方法。

1. 物理灭鼠法

物理灭鼠法就是使用鼠夹、鼠笼、粘鼠板、超声波驱鼠器等器械防治鼠害。

（1）使用鼠夹时可在鼠夹上放些引诱老鼠的食物，在小范围内，可先布饵不放夹，以消除老鼠的新物反应。然后支夹守候，并及时取走死鼠。

（2）鼠笼适宜于老鼠数量多、为害严重的地方。

（3）粘鼠板就是用粘鼠胶涂在木板上，中间放饵来诱鼠，鼠粘上就不易逃脱。

（4）超声波驱鼠器使用简便，安全可靠，效率高，不污染环境，尤其适合在粮食、食品、编织品仓库使用。

2. 化学灭鼠法

化学灭鼠法又称药物灭鼠法，具体使用胃毒剂、熏杀剂、驱避剂和绝育剂等。其中，以胃毒剂的使用最为广泛，使用方式是制成各种毒饵，效果好，用法简单，用量很大。目前，主要应用抗凝血类杀鼠剂，如溴敌隆、大隆（敌鼠隆）等。

（四）白蚁的防治

白蚁属等翅目昆虫，是世界性害虫之一。白蚁主要靠蛀蚀木（竹）材、分解纤维素作为营养来源，也能蛀蚀棉、麻、丝、毛及其织品、皮革及其制品，以及塑料、橡胶、化纤等高聚物商品，对仓库建筑、货架、商品包装材料等都有危害。据统计，我国白蚁虫害主要分布在长江以南及西南各省，长江流域房屋建筑的白蚁为害率可占虫害总数的40%～50%，华南地区为可达60%～80%，因此白蚁有"无牙老虎"之称。

影响白蚁生存的环境条件是气温、水分和食料。预防白蚁，应根据其生活习性，阻断传播入库途径。其防治措施如下。

1. 预防方法

库内的木制材料可涂抹一层灭蚁药剂防治白蚁。

2. 检查方法

在白蚁活动繁殖期间，要加强检查库房木结构、苫垫物料、包装材料、易被白蚁危害的储存商品以及库外周围环境中树木等，是否有白蚁活动或危害的迹象，发现后采取措施及时灭杀。

3. 杀灭方法

（1）在白蚁的危害处，想法找到蚁路和蚁巢。将灭蚁粉剂尽可能地喷洒到蚁路内的白蚁身上和蚁巢内，使其能够相互传染药物，以达到灭治效果。

（2）在发现白蚁危害的地方，例如木制门窗处，可将木制门窗框按一定距离钻孔灌注药液，周边土壤同时也要喷洒药液，使木制门窗框及土壤都含有一定的毒素，白蚁活动取食或触毒后就会中毒死亡。

（3）诱杀法，可在发现白蚁危害处设立诱杀桩、诱杀坑、诱杀堆、诱杀毒饵等，这几种灭蚁方法既可单独使用，也可结合使用。

（4）熏杀法，采用热气或毒气杀灭方法，在一定程度上取得了不错的效果。

（五）商品锈蚀的防治

1. 金属制品锈蚀的原因

就金属锈蚀的原因分析，既有金属本身的原因，也有大气中各种因素的影响。

（1）金属材料本身的原因。金属的化学性质越稳定、纯度越高，其耐锈蚀性就越强。研究得知，在集中应力和变形部位，锈蚀速度往往增加，原因是这些部位的电位下降，从而引起电极电位不均而加速锈蚀。

（2）大气中的因素。金属制品锈蚀与外界因素有直接关系，如受温度、湿度、氧气、有害气体、商品包装、灰尘等的影响。空气的相对湿度通常被认为是影响金属锈蚀的最重要因素，它直接影响金属表面上水滴或液膜的形成和保持时间的长短。空气的相对湿度越高，金属表面越容易形成电解液膜，金属就越容易被锈蚀。在干燥的空气中金属不会被锈蚀，只有当空气的相对湿度达到一定程度时，金属的锈蚀才突然上升。此时的相对湿度称为金属锈蚀的临界相对湿度。所以，储存金属商品的库房，如能将相对湿度控制在临界相对湿度以下，储存的金属即使长期存放也难以锈蚀。

温度对金属锈蚀影响很大。当温度剧烈下降时，水蒸气会在金属表面凝成水滴或液膜，从而加速锈蚀。大气温度升高，在其他条件相同的情况下，锈蚀反应的速度也会加快。

2. 金属制品的防锈方法

金属制品的防锈，主要是针对影响金属锈蚀的外界因素进行的。

1）控制和改善储存条件

金属商品储存的露天货场要尽可能远离工矿区，特别是化工厂，应选择地势高、不积水、干燥的场地。

较精密的五金工具、零件等金属商品必须在库房内储存，并禁止与化工商品或含水量较高的商品同库储存。

2）涂油防锈

涂油防锈是在金属表面涂抹一层油脂，以隔离大气中的氧、水、有害气体，从而防止或减缓金属制品生锈的方法。防锈油分为软膜防锈油和硬膜防锈油两种。常用的防锈油脂有凡士林、机油、黄蜡油和防锈油等。

涂油防锈操作简便易行，效果较好，但属于短期的防锈法，一旦防锈油逐渐消耗掉，或防锈油过期变质，金属就会有生锈的危险。

3）气相防锈

气相防锈是利用气相防锈剂在金属制品周围挥发出缓释气体，来隔绝空气中的氧、水、有害气体对金属制品的锈蚀，以达到防锈的目的。

气相防锈使用方便，对于形状和结构复杂的金属制品以及采用防锈油无法涂覆的金属制品具有良好的效果，它不影响金属制品的外观，不污染包装，防锈期长、使用范围广泛。但气相防锈剂具有易挥发性、刺激性，操作时应注意对人身健康的影响。

常用的气相防锈形式主要有气相防锈纸防锈、粉末法气相防锈和溶液法气相防锈。

（1）气相防锈纸防锈，是指用牛皮纸、石蜡纸、羊皮纸及防水纸等作为气相防锈纸，浸涂气相防锈剂，用于金属商品的内包装，外层再用塑料袋或蜡纸密封。

（2）粉末法气相防锈，是指将气相防锈剂粉末均匀地喷洒在金属制品表面或散装在金属制品的包装袋中，也可制成片剂、丸剂放入包装袋，然后密封。

（3）溶液法气相防锈，是指将有机溶液或水溶解气相防锈剂形成的溶液，浸涂或喷洒于金属制品表面，形成一层防锈剂薄膜，然后用塑料袋包装。

4）可剥性塑料封存

可剥性塑料是以高分子合成树脂为基料，加入矿物油、增塑剂、防锈剂、稳定剂及防腐剂等，加热或溶解而成的。可用浸、涂、喷等方法将其置于产品上，待冷却或溶剂挥发后，即形成一层塑料薄膜，以阻隔外界环境的不良影响，起到防锈的目的。按其组成和性质的不同，可分为以下两种。

（1）热熔型可剥性塑料。该塑料是一种具有一定韧性的固体，加热熔化后，浸涂于金属制品表面，冷却后形成一层 $1\sim3$ 毫米厚的塑料薄膜。

（2）溶剂型可剥性塑料。该塑料是一种黏稠液体，涂刷于金属制品表面，能形成一层 $0.3\sim0.5$ 毫米厚的薄膜。它适用于一般五金零件的封存防锈。由于膜层较薄，所以它的防锈期较短。

（六）商品老化的防治

塑料、橡胶、纤维等高分子材料的商品，在储存和使用过程中性能逐渐破坏，以致最后丧失使用价值的现象称为"老化"。老化是一种不可逆的变化，它的特征是商品外观、物理性能、机械性能、电性能、分子结构等方面发生变化。

1. 商品老化的内在因素

影响高分子商品老化的主要因素有以下几种。

（1）高分子材料老化的主要原因是材料内部结构存在着易于引起老化的弱点，如不饱和的双键、大分子上的支链等。

（2）其他组分对老化有加速作用。塑料中的增塑剂会缓慢挥发或促使霉菌滋生，着色剂会产生迁移性色变；硫化剂用量增多会产生多硫交联结构，降低橡胶制品的耐氧化能力等。

（3）杂质对老化的影响。杂质是指含量虽然很少，但对制品耐老化性能有较大影响的有害成分。其来源是单体制造、聚合时带入的，或是由配合剂带入的。

（4）成型加工条件对老化的影响。加工时由于温度等的影响，使材料结构发生变化，影响商品的耐老化性能。

2. 商品老化的外部因素

影响高分子商品老化的外部环境因素也有很多，主要有温度、日光、空气中的氧气和臭氧等。

（1）日光。日光的紫外线是引起高分子材料最主要的因素。紫外线会引起高聚物的光化学反应，首先引起表层高聚物的老化，并随着老化时间的推移而逐步向内层发展。因此，在大气环境中，材料受光面积的大小和单位面积上所接受的光强度的大小，对材料老化的速度有很大的影响。

（2）热。热是促使高分子类商品老化的重要因素。因为温度升高会使分子的热运动加速，从而促使高分子材料大分子的氧化裂解或交联反应的产生。裂解的结果，使高分子材料的分子量降低，强度、伸长率下降；而交联的结果，使分子量增大、刚性提高等。

（3）氧气和臭氧。氧气是一种活泼的气体，在接近地面的大气层中氧气占空气体积的21%，能对许多物质发生氧化反应，高分子材料的老化，实际上也是在热的参与下或者在光的引发下进行的氧化反应。氧气可以使某些高分子材料的抗张强度、硬度、伸长率等性能产生严重的变化。所以，氧气是引发高分子材料老化的又一重要外因。臭氧对高分子商品的作用与氧气一样，主要起氧化作用，臭氧的化学活性比氧气高得多，因而其破坏性比氧气更大。

此外，水分和湿度、昆虫的排泄物等也对商品的老化有加速作用。

3. 商品防老化的方法

根据影响商品老化的内外因素不同，高分子商品的防老化可采用以下一些方法。

（1）材料改性，提高商品本身的耐老化性能。材料改性的方法很多，应用较多的有共聚，减少不稳定结构、交联、共混合，改进成型加工工艺以及后处理等。

（2）物理防护。抑制或减小光、氧气等外因对商品影响的方法有涂漆、涂胶、涂塑料、涂金属、涂蜡、涂布防老化剂溶液等。

（3）添加防老剂。能够抑制光、热、氧气、臭氧、重金属离子等对商品老化作用的物质称为防老剂。在制品中添加防老剂，是当前国内外防老化的主要途径。防老剂的种类主要有抗氧剂、紫外线吸收剂、热稳定剂。

此外，加强管理、严格控制仓储条件，也是商品防老化的有效方法。

六、食品商品的养护

食品商品可分为天然食品和加工食品，它们的储存性能有一定差异。天然食品的耐储性能受多方面因素的影响。如品种、产地、饲养与栽培条件和收获季节等。加工食品是指以天然食品为原料再经加工而得到的产品。大多数加工食品由于经过加工处理和具有完善的包装，其储存性能都优于天然食品。

在食品商品储存过程中如果忽视管理，不仅会增加损耗降低质量，而且在受到微生物污染后还会危及人体健康。因此，根据食品的储存性能、质量变化规律，采取措施防止食品变质，保持食品的新鲜是十分重要的。

食品在储存中往往由于本身的特性和外界环境的影响，会发生各种变化，其中有属于酶引起的生理生化和生物学变化，有属于微生物污染造成的变化，还有属于外界环境温度、湿度影响而出现的化学和物理变化等。所有这些变化都会使食品质量和数量方面受到损失。

（一）食品在储存过程中的质量变化

1. 食品在储存过程中的生理生化

（1）呼吸作用是粮食、水果、蔬菜等有生命商品生理活动的主要标志。旺盛的呼吸作用能加速商品成分的分解，引起品质劣变。商品的呼吸作用在有氧和缺氧的条件下均能进行。在有氧条件下，商品进行有氧呼吸时，基本的成分变化是淀粉分解为葡萄糖，葡萄糖被氧化为二氧化碳和水，并产生热量。商品处于缺氧条件下，进行缺氧呼吸，商品中葡萄糖分解为酒精、二氧化碳，并产生热量。旺盛的有氧呼吸和缺氧呼吸均不利于商品品质，故采取适宜措施抑制商品的呼吸作用，使商品的呼吸作用处于微弱状态，既可阻止商品品质劣变，又能保持商品的天然耐储性。

（2）后熟作用是菜果采收后成熟过程的继续，主要发生在果品、瓜类及果菜类产品的储藏中。经过后熟作用果蔬改变颜色，改进风味，提高食用品质。后熟过程是有机体生理衰老的阶段，菜果完成后熟后已处于生理衰老的阶段，因而失去耐储性，进而腐坏变质。因此，作为储藏的菜果应控制储藏条件来延缓其后熟与衰老过程的进行。

（3）萌发与抽薹是二年生或多年生蔬菜产品打破休眠状态，由营养生长期进入生殖生长期时出现的一种生物学现象。萌发是蔬菜休眠芽开始发芽生长，而抽薹则是花茎生长的结果。高温、高湿、充分的氧气及日光照射等条件，均能促进蔬菜的萌发和抽薹。

（4）僵直和软化。僵直又称尸僵，是指畜、禽、鱼死后一段时间内发生的生化和形态上的变化，促使肌肉纤维收缩，肉体呈僵直状态。软化是指畜禽肉在僵直达到最高点以后进一步的变化。

2. 食品在储存过程中的生物学变化

（1）霉腐性，是指有机物商品在微生物作用下而改变其原有的外观、强度、气味、食用品质等所表现出来的性质。微生物以有机物商品作为基质，附于其上生长繁殖，直接破坏商品的质量，而且微生物在代谢过程中产生的分泌物和毒素也严重影响商品的使用价值。微生物对有机性商品的危害是严重的，但微生物需要一定条件才能生存和繁殖，从而危害有机性商品。在不适宜条件下，微生物的生命活动会被抑制，甚至被杀灭，故创造不适宜微生物生存的条件是保证有机性商品品质安全的重要措施。

（2）酵解性，是指含糖类商品在无氧状态下分解的性质。含糖类商品，特别是食品，因具有酵解性，在酵母菌和酶的作用下易于发酵分解，而生成其他物质。发酵既能造成食品变质，也是食品加工过程中的一个重要的方法，称为"发酵工程"。

3. 食品储存中的脂肪氧化酸败

食品储存中的脂肪氧化酸败是指含有脂肪的商品在酸、碱、酶的作用下水解生成新的物质。

（二）食品的养护方法

为使食品在运输或存放时达到防腐、保鲜、增强其营养价值、提高其经济效益的目的，通过采用各种保藏方法，可以有效地杀灭食品中的微生物，钝化食品中的酶活性，排除温度、湿度、氧和紫外线等环境因素的作用。常见的食品储藏方法有以下几个方面。

1. 食品低温储藏

食品的变质腐败主要是由于食品内酶所进行的生化过程（如新鲜果蔬的呼吸过程和微生物生命活动）所引起的破坏作用所致。而酶的作用、微生物的繁殖以及食品内酶所进行的化学反应速度都受到温度的影响。大多数酶的适宜活动温度为30℃～40℃，温度下降，酶的活性就会被削弱，将温度维持在－18℃以下，酶的活性就会受到很大程度的抑制。同时，任何微生物也都有其正常生长和繁殖的温度范围，温度越低，它们的活动能力就越弱。0℃时微生物的繁殖速度与室温时相比已非常缓慢，短期储藏食品的温度通常在0℃左右。－70℃时只有少数霉菌尚能生长，而所有细菌和酵母几乎都停止了生长。

2. 食品的冻藏

冻藏是先将食品在低温下冻结，然后在保持冻结状态的温度下储藏的方法。冻藏是易腐食品长期储藏的主要方法。食品的冻结方法可分为缓冻与速冻两种。所谓缓冻，是指将食品放在冻结室内进行冻结的方法。温度从 $-1℃$ 下降至 $-5℃$ 所需的时间，如在 30 分钟以内属于"快速冻结"，超过则属于"缓慢冻结"。常在缓冻室内冻结的食品有牛肉、猪肉、箱装家禽、盘装整条鱼、大容器或桶装水果。这是比较古老的方法，也是费用最低、速度较慢的冻结方法。所谓速冻，是以迅速结晶的理论为基础，在 30 分钟或更少的时间内将果蔬及其加工品，于 $-35℃$ 下速冻，使果蔬快速通过冰晶体最高形成阶段（$0℃$～$5℃$）而冻结，是现代食品冷冻的最新技术和方法。速冻食品的品质总是高于缓冻食品。

冻结易腐食品的储藏，应尽可能阻止食品中的各种变化，以达到长期保藏食品的目的。冻结食品的储藏工艺条件主要是温度，其次是空气相对湿度和空气流速。

3. 加热灭菌储存

利用加热杀灭食品中的绝大部分微生物和破坏食品中酶的活性储存食品的方法，被称为加热灭菌储存法。经过加热灭菌处理的食品，必须同时采用密闭和真空包装并及时冷却降温，才能长期储存，否则由于微生物的二次感染或者储存温度过高还会使食品变质。加热灭菌的方法有高温灭菌法和巴氏消毒法。

（1）高温灭菌法，主要用于罐头食品和蒸煮袋装食品，其加热温度一般为 $100℃$～$120℃$，也有超高温达 $350℃$ 以上的。在 $70℃$～$80℃$ 条件下，对于绝大多数细菌与真菌，经过 20～30 分钟即可死亡。但是，能产生孢子的真菌、能产生芽孢和荚膜的细菌耐热性很强，必须在 $100℃$ 以上的高温中经 30 分钟甚至几个小时的处理才能死亡。因此，为了彻底灭菌保证食品的卫生质量，罐头食品多采用高温灭菌。灭菌时温度越高，灭菌时间可以相对缩短。

（2）巴氏消毒法，一般用于不适于高温加热或做短期储存的食品，如鲜奶、果汁、果酒和清凉饮料等。按照加热温度和时间的不同，又可分为高温短时间灭菌和低温长时间灭菌。前者一般采用的温度为 $80℃$～$90℃$，加热 1 分钟或 30 秒钟；后者一般采用的温度为 $60℃$～$65℃$，加热 30 分钟。巴氏消毒法采用的加热温度低，往往对于食品的营养成分破坏较小，但灭菌不彻底，不能长期储存。

4. 干藏

食品脱水干制，是为了能在室温条件下长期保藏，以便延长食品的供应季节，平衡产销高峰，交流各地特产，储备供救急、救灾和战备用的物资。食品脱水后，重量减轻，容积缩小。最常见的干燥方法有滚筒干燥、喷雾干燥、架式真空干燥、输送带式真空干燥、柜式干燥、窑房式干燥、隧道式干燥等。以上均属人工干制法，都需要专用的干燥设备。此外，还有自然干制法，即晒干、风干和阴干等。

5. 化学防腐保鲜

食品的化学防腐保鲜就是在食品生产和储运过程中使用化学制品（如化学添加剂或食品添加剂）来提高食品的耐藏性和尽量保持其原有品质的措施。其优点是：只需在食品中添加化学制品，如化学防腐剂、生物代谢物或抗氧剂等，就能在室温下延缓食品的腐败变质，与罐藏、冷冻保藏、干藏等相比具有简便而又经济的特点。食品采用化学保鲜所用的防腐剂或添加剂必须对人体无毒害。这些化学制剂可分为抗菌剂和生物代谢产物。用于易腐食品处理的化学制剂主要有以下几种。

（1）二氧化硫，是强力的还原剂，可以减小植物组织中氧气的含量，抑制氧化酶和微生物的活动，从而能阻止食品变质变色和维生素的损耗。

（2）山梨酸及其钾盐，能有效地控制肉类中常见的霉菌，作为防腐剂可用于鱼肉制品、鱼贝干燥品、果酱及甜酸渍制品，也可用于新鲜果蔬的储前处理。

（3）苯甲酸和苯甲酸钠，是有效的杀菌防腐剂，常用于储藏高酸性果汁、果酱、饮料、糖浆及其他酸性食品，并常与低温配合使用。经其处理后的食品如与冷藏相结合，则食品的储藏期将大为延长。

（4）抗菌素，是指某些微生物在新陈代谢中产生的一种对其他微生物有杀害作用的物质。例如金霉素、氯霉素、土霉素、枯草菌素、乳酸链球菌素等，其抗菌效能为普通化学防腐剂的1 000倍，但其抗菌效能是有选择性的。抗菌素可通过浸泡法、喷洒法、抗菌素冰块诸藏法家畜饲养法或注射法应用于食品储藏。

（5）植物杀菌素，是各种植物中含有的抗菌物质。杀菌素只能取自新鲜的植物，当它们从刚被破碎和磨碎的植物中取得时杀菌作用最强。目前，已经研究将芥菜籽油、辣根及生姜汁等用于食品的防腐保鲜。

此外，为了延缓或阻止氧气所导致的氧化作用，食品保鲜还常添加一些抗氧剂，目前常见的抗氧剂主要用于防止食品异味。

6. 气调储藏

果蔬在储藏期间的呼吸作用是使果蔬衰老、品质下降的一个主要原因。近年来，气调储藏技术得到了广泛重视。气调储藏是通过改变库内气体成分的含量，利用比正常空气的氧含量低、二氧化碳和氮的含量高的气体环境，配合适宜的温度，来显著地抑制果蔬的呼吸作用和延缓变软、变质及其他衰老过程，从而延长果蔬的储藏期限，减少干耗和腐烂，保持鲜活质量。气调储藏方法主要有以下几种。

（1）自发或自然气调法。将果蔬储于一个密封的库房或容器内，由于果蔬本身的呼吸作用不断消耗库房和容器内的氧气而放出二氧化碳，因此在一定时间后，氧气逐渐减少，二氧化碳逐渐增加，当这两者达到一定的比例时，就会造成一个抑制果蔬本身呼吸作用的气体环境，从而达到延长果蔬储藏期的目的。

（2）人工气调法。人为地使封闭的空间内的氧含量迅速降低，二氧化碳含量升高，几分钟至几小时内就进入稳定期。人工气调法有：①充氮法，指封闭后抽出储藏室内大部分空气，充入氮气，由氮气稀释剩余空气中的氧气，使其浓度达到所规定的指标，有时充入适量二氧化碳也可使之立即达到要求的浓度；②气流法，指把预先由人工按要求指标配制好的气体输入专用的储藏室，以代替其中的全部空气，在以后的整个储藏期间，始终连续不断地排出部分内部气体充入人工配制的气体，使内部气体组成稳定在规定的指标范围内。

（3）混合法或半自然降氧法。实践表明，采用快速降氧法（即充氮法）把含氧量从21%降到5%较容易，而从5%降到0%就要耗费较前者约多两倍的氮气。为了降低成本，可开始先充氮气，把氧气迅速降到10%左右，然后依靠果蔬本身的呼吸作用来消耗氧气，直至降到规定的空气组成指标范围后，再根据气体成分的变化来调节控制。

7. 减压储藏

减压储藏是气调冷藏的进一步发展，它把储藏场所的气压降低，造成一定的真空度。其原理是，通过降低气压，使空气中各种气体组分的分压都相应地降低，创造出一个低氧分压的条件，从而起到类似气调储藏的作用。

减压储藏库的气密性要求比气调储藏库更高，否则达不到减压的目的，这样将使减压储藏库的造价提高。虽然目前生产上还未普及应用，但由于它能克服气调储藏中的许多缺点，所以仍然是果蔬储藏中的一种先进而理想的方式。

8. 辐射储藏

食品辐射储藏就是利用射线的辐射能量，对新鲜肉类及其制品、水产品及其制品、蛋及其制品、粮食、水果、蔬菜、调味料，以及其他加工产品进行杀菌、杀虫、抑制发芽、延迟后熟等处理，使其在一定期限内不发芽、不腐败变质、不发生品质和风味的变化，以增加食品的供应量和延长储藏期，从而可以最大限度地减小食品的损失。

辐射储藏食品方法与其他储藏方法相比有其独特的优点：与化学药物储藏法相比，它无化学残留物质；与加热处理法相比，它能较好地保持食品的原有新鲜品质；与食品冷冻储藏相比，它能节约能源。所以，辐射是一种较好的储藏食品的物理方法之一。但是，辐射的方法不完全适用于所有食品，要有选择地应用。

9. 电子保鲜储藏

近年国外应用电子技术对果品、蔬菜进行保鲜储藏已得到广泛应用，国内也正在进行研究。电子保鲜储藏器就是运用高压放电，在储存果品、蔬菜等食品的空间产生一定浓度的臭氧和空气负离子，使果品、蔬菜生命活体的酶钝化，从而降低果品的呼吸强度。从分子生物学角度看，果品、蔬菜可看成是一种生物蓄电池，当受到带电离子的空气作用时，果品、蔬菜中的电荷就会起到中和的作用，使生理活动出现类似假死现象，呼吸强度因此而减慢，有机物消耗也相对减小，从而达到储藏保鲜的目的。

第四节　储运商品的质量管理

加强商品在储运中的质量管理，必须贯彻"预防为主"的指导思想，从商品入库到出库实施全过程和全员管理，确保商品的质量保持不变。

一、储存商品的质量管理

商品在储存过程中可能发生各种质量变化，其根本原因在于商品本身的组成成分和性质。但商品质量的变化只有通过仓库内外一定的环境因素作用才能发生。因此，为了保证商品质量，防止商品损失和损耗，在商品库房储存的质量管理中，应注意做好商品入库、在库和出库这三个基本环节的管理工作。

（一）商品的入库管理

1. 严格商品入库验收

商品入库验收是指商品进入仓库储存时所进行的检验及接收等一系列技术作业（包括物品的接运、装卸、验收、搬运、堆码和办理入库手续等）过程，主要包括数量验收、商品质量和包装验收验收三个方面。商品入库验收必须严格认真、一丝不苟，以保证入库商品数量准确、质量完好、包装符合要求。

入库验收一般包括验收准备、核对证件、检验实物、验收中发现问题处理等环节。

2. 做好商品储存规划

商品储存规划主要包括储存场所的分配、储存场所的布置、妥善进行苫盖堆码和物品的定位管理。

1）储存场所的分配

商品储存场所主要包括货场（露天式仓库）、货棚（半封闭式仓库）和库房（封闭式仓库）。各种商品性质不同，对储存场所的要求不同。应根据储存商品的特性来选择合适的商品储存场所，以确保在库商品安全。

储存场所的分配是指在仓库作业区内，为库存商品分配适宜的存放地点。其目的是做到物得其所、库尽其用、地尽其力。具体包括保管区域的划分，库房、料棚、料场的分配，对楼库各层的使用分配，确定存入同一库房的商品品种等。

如怕热和易挥发的商品应选择比较阴凉和通风良好的仓库；怕冻的商品应选择保温性较好的仓库；怕潮易霉或易生锈的商品应存放在地势较高、比较干燥通风的库房；鲜活易腐商品应存放在低温库内；各种危险品应专库存放，符合防毒、防爆、防燃、防腐蚀的要求。

2）储存场所的布置

储存场所的布置是指按照一定的原则，将各种待储存商品合理地分布放置在库房、货棚和货场的平面与空间。保管场所的布置，应满足下列要求：最大限度地提高保管场所的平面利用率和空间利用率；有利于提高商品保管质量，符合技术作业过程的要求，便于日常查点和收发；便于机械化作业。

3）妥善进行苫盖堆码

货垛是为了便于保管和装卸、运输，按一定要求分门别类堆放在一起的一批物品。堆码是将物品整齐、规则地摆放成货垛的作业（见图7-2）。

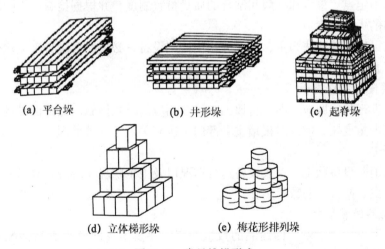

(a) 平台垛　　(b) 井形垛　　(c) 起脊垛

(d) 立体梯形垛　　(e) 梅花形排列垛

图7-2　常见堆垛形式

苫垫是指对堆码成垛的商品上苫下垫。上苫即苫盖，是商品货垛的遮盖物，保护堆码的商品避免受到日晒雨淋和风露冰雪的侵蚀，或为堆码的商品遮光防尘、隔离潮气。通常使用的苫垫用品有篷布、塑料布、芦席、草帘、油毡和塑料薄膜等。下垫即垫底，是指货垛底层的物料铺垫，可隔离地面潮湿，便于通风，防止商品受潮霉变、生虫。露天货场的货垛垫底，先要平整地面，周围挖排水沟，采用枕木、石块、水泥墩作为垫底材料。底层库房的货垛垫底，一般使用垫板垫架、稻糠等物料。垫底物料的排列，要注意将空隙对准走道和门口，以利通风散潮。

商品堆码是指商品的堆放形式和方法。商品的合理堆码是储存中一项重要的技术工作。堆码形式要根据商品的种类性能、数量和包装情况以及库房高度、储存季节等条件决定，符合安全、方便、多储的原则。商品堆码存放管理工作包括进行分区分类、货位编号、空底堆码、分层标量、零整分存，便于盘点和出入库。

4）物品的定位管理

定位是对被保管的物品所在的库号（库房或库内货区代号）、架号（货架或货垛代号）、层号（货架或货垛层次代号）、位号（层内货位代号）用相应的字母或数字表示。如"四号定位"，是用一组四位数字来确定存取位置的固定。这四个号码是序号、架号、层号、位号。这就使每一个货位都有一个组号，在物资入库时，按规划要求，对物资编号，记录在账卡上，提货时按四位数字的指示，很容易将货物拣选出来。这种定位方式可对仓库存货区事先作出规划，并能很快地存取货物，有利于提高速度、减少差错。

定位管理的实质是在仓库作业过程中，通过建立和健全物流的信息管理系统，合理安排生产作业流程，完善必要的工位器具和运送装置，使物流的运行和停滞均处于受控状态，实现人、物、场所在空间和时间上的优化组合，使仓储作业在适宜的条件下顺畅进行，以达到生产作业的高效率、安全和文明。

（二）商品的在库检查

商品在储存期间，质量会不断发生变化，特别是在不利的环境因素的作用下，劣变的速度会加快，如不能及时发现和处理，就会造成严重损失。因此，对于库存商品要做定期和不定期、定点和不定点、重点和一般相结合的质量检查制度，并根据检查结果随时调节储存条件，减慢商品的劣变速度。

检查方法以感官检验法为主，并充分利用检测设备，必要时可进行理化检验。检查内容主要包括以下几个方面。

1. 商品质量状况检查

对检查中发现的问题应立即分析原因，采取相应的补救措施以保证商品的安全。如果发现商品质量有严重变化，需及时报请主管部门，按有关规定妥善处理。

2. 安全检查

对库房的消防设备状态、仪表设备运行情况以及卫生状况是否符合要求，进行认真的检查，并做好防虫、防火、防霉等工作。

3. 建立商品保管账卡

商品保管账卡用于记录所储商品的数量动态，要真实反映库存商品情况，便于仓库清查、盘点。商品保管卡片内容包括品名、编号、规格、等级、出入库日期、数量、结存数等。商品保管卡片通常一货一卡，悬挂在货垛或货架明显处。

（三）仓库温、湿度的控制与管理

仓库的温度和湿度，对商品质量变化的影响极大，是影响各类商品质量变化的重要因素。各种商品由于其本身特性对温、湿度一般都有一定的适应范围的要求。因此，应根据库存商品的性能要求、质量变化规律、本地区的气候条件与库内温湿度的关系，适时采取密封、通风、吸潮和其他控制与调节温、湿度的办法，力求把仓库温、湿度保持在适应商品储存的范围内，以维护商品质量安全。

1. 温度和湿度基本概念

1）空气温度

空气温度表示空气的冷热程度，简称气温。仓库温度的控制包括库房内外的温度（库温和气温）和储存物资的温度（垛温）。常用的温度单位是摄氏度（℃）、华氏度（°F）和开［尔文］（K），摄氏度与华氏度之间的换算关系为

$$℃=\frac{5(°F-32)}{9}$$

2）空气湿度

空气湿度指空气中水蒸气含量的多少或空气的干湿程度，常以绝对湿度、饱和湿度、相对湿度和露点来表示。

绝对湿度是指单位体积空气中实际所含水蒸气的重量，即以每立方米的空气中，所含的水汽量来表示，单位为 g/m^3；或者以空气中的水汽压力"毫米汞柱"或"毫巴"表示。空气中的水蒸气含量越多，密度就越大，蒸气压亦越大。

饱和湿度是指在一定气压、气温的条件下，单位体积空气中所能含有的最大水蒸气重量。其单位与绝对湿度的单位相同。空气中的水蒸气超过饱和湿度时，剩余的水蒸气即凝成水珠附在冷物体上，这种现象称为"水淞"。这种现象对物资保管是不利的。饱和湿度随温度升高而增加。

相对湿度是指空气中实际含有水蒸气量（绝对湿度）与同温度下饱和蒸气量（饱和湿度）的百分比。它表示在一定温度下，空气中的水蒸气距离该温度时的饱和水蒸气量的程度。相对湿度越大，说明空气越潮湿；反之，则越干燥。因此，相对湿度表示空气的干湿程度。

绝对湿度、饱和湿度和相对湿度三者的关系是：在温度不变的情况下，空气绝对湿度越大，相对湿度越高；绝对湿度越小，相对湿度越低。在空气中水蒸气含量不变的情况下，温度越高，相对湿度越低；温度越低，相对湿度越高。

在绝对湿度和气压不变的情况下，若气温降低，空气中容纳不了原气温时所含的水蒸气量，使空气中的水蒸气达到饱和状态，此时的温度称为露点。库内温度如果低于露点就会出现水分在商品表面集结的现象，即结露。必须指出，在气压一定时，露点的高低只与空气中的水蒸气含量有关，水蒸气含量越高露点也越高。由于空气一般是不饱和的，故露点常常比气温低，只有空气达到饱和时，露点才和气温相等，所以根据露点差，即气温和露点之差，可大致判断空气的饱和程度。

2. 温、湿度的变化规律

1）气温、湿度的变化规律

气温的变化分为周期性的变化和非周期性的变化。由于地球自转和公转引起的气温变化，在时间上是以一日或一年为周期的，叫做气温的周期性变化。非周期注变化是指在时间上没有像周期性变化那样有规律的气温变化，可以发生在一日或一年中的任何时间，而且大多是由于气团的交替、空气的对流所引起的。气温的周期性变化又包括年变化和

日变化。温度的年变化规律是一年中气温最高的月份内陆为 7 月，沿海为 8 月；气温最低的月份，内陆为 1 月，沿海为 2 月；平均气温在 4 月底和 10 月底。温度的日变化是指一昼夜内气温的变化。其最高值在 14～15 时，最低值在凌晨日出前，形成中午暖、早晚凉的规律变化趋势。

相对湿度的年变化规律是最高值出现在冬季，最低值出现在夏季，与气温的年变化相反。相对湿度的日变化规律是最高值出现在日出前，最低值出现在 14～15 时，与气温的日变化相反。

2）库房温、湿度的变化规律

库内空气温度每日或一年每月间的变化，叫做仓温的日变化或年变化。库房温湿度的变化不论年变化或日变化，与库外温湿度的变化大致相同。库房温度变化主要受季节、库房的建筑材料、库房结构、库房建筑物的色泽、库房建筑传热面和光滑程度、库内商品的特性与堆码方式等因素影响。

库内湿度随着大气湿度的变化而变化，日变化的时间迟于库外，幅度也较小。库房的湿度除受季节影响外，还与库房的结构、商品本身特性及商品的堆码方式有密切联系。

3. 温度和湿度的控制

仓库里温、湿度的变化对储存商品的安全有着密切的关系。储存中的商品要保持质量稳定，需要有一个较适宜的温、湿度范围。因此，控制与调节仓库温、湿度就成为当前条件下商品养护的一个重要措施。控制与调节仓库环境的方法很多，采取密封、通风与吸潮相结合的方法是控制与调节库内温、湿度行之有效的方法。

1）仓库的密封

仓库密封就是利用密封材料把整库、整垛或整件商品尽可能地密封起来，减少外界不良气候条件的影响，以达到商品安全储存的目的。对库房采用密封就能保持库内温、湿度处于相对稳定状态，达到防潮、防热、防干裂、防冻、防溶化的目的，还可收到防霉、防火、防锈蚀、防老化等方面的效果。密封措施是仓库环境管理工作的基础。没有密封措施也就无法运用通风、吸潮、降温、升温和气调的方法。

密封保管应注意以下事项。

（1）在密封前要检查商品质量、温度和含水量是否正常，如发现生霉、生虫、发热、水淞等现象就不能进行密封；若发现商品含水量超过安全范围或包装材料过潮，也不宜密封。

（2）要根据商品的性能和气候情况来决定密封的时间。怕潮、怕溶化、怕霉变的商品，应选择在相对湿度较低的时节进行密封。

（3）常用的密封材料有塑料薄膜、防潮纸、油毡、芦席等。这些密封材料必须干燥清洁，无异味。

密封储存的形式分为整库密封、按垛密封、货架密封法、按件（箱）密封。

生霉、溶化、生锈的商品适宜先用塑料袋按件包装，加热封口，或放在包装箱、包装桶或包装袋内。总之，要根据商品养护的需要，结合气候情况与储存条件，因地制宜，就地取材，灵活运用。

不过，密封只有控制库房温度的作用，而没有调节的作用。密封是相对的，当出现不适宜温湿度的情况下，还必须进行调节，所以只靠密封一种措施不能达到使库房温湿度适宜的目的，必须和其他措施相结合。

2）通风

通风是根据空气自然流动规律或借助机械形成的空气定向流动，使库内、外的空气交换，以达到调节库内空气温、湿度的目的。

通风一般用于仓库的散热散湿。其特点是简便易行，经济节约，收效大。通风方法有自然通风和机械通风。

自然通风主要是利用空气自然对流的原理进行的。其有两个决定因素，即温压和风压。温压又叫热压，是指库房内外因温差而产生的压力。如库外温度低，空气密度大，压力则大；库内温度高，空气密度小，压力则小。这样，利用库内外空气温、湿度的不同构成的气压差，使库外密度大的冷空气从库房下部门窗或孔隙进入库内，而库内的热空气就从库房的上部门窗或孔隙被挤出，形成了库内外冷热空气的自然交换，从而达到调节库内温、湿度的目的。库内外温差越大，内外空气的交换量则越大，通风效果就越好。

采取自然通风的方法来降低湿度一般要遵循下面的四项原则。

（1）外部温度和湿度都低于库内时可以通风；反之，不能通风。

（2）外部温度低于库内、库内外相对湿度一样时，可以通风；反之，不能通风。

（3）库外相对湿度低于库内相对湿度而库内外温度一样时，可以通风。

（4）库内外温湿度的情况不与上述三项原则相同又不相反时，需经计算来确定能否通风。就是把库外的相对湿度换算为库内温度下的相对湿度，如果低于库内的相对湿度则可以通风；反之，不能通风。

自然通风因受外界气候影响比较大，降温效果不稳定，一般室内温度比室外温度高5℃～10℃。

机械通风就是在库房上部装设出风扇，在库房下部装置进风扇，利用机械进行通风，以加速库房内外的空气交换。

机械通风的理论降温极限是室内温度等于室外温度，但在实际应用中是不可能达到的。机械通风的优点在于库房的通风换气量受外界气候影响很小。

3）吸潮

吸潮是与密封配合，以降低库内空气湿度的一种有效方法。在梅雨季节或阴雨天，当库内湿度过高，不适宜商品保管，而库外湿度也过大，不宜进行通风散潮时，可以在密封库内采用吸潮的办法降低库内湿度。吸潮方法包括吸潮剂吸潮和去湿机吸潮。

吸潮剂的种类很多，常用的有生石灰、氯化钙和硅胶。随着市场经济的不断发展，现代商场仓库普遍使用机械吸潮方法，即使用吸湿机把库内的湿空气通过抽风机，吸入吸湿机冷却器内，使它凝结为水而排出。

吸湿机一般适宜于储存棉布、针棉织品、贵重百货、医药、仪器、电工器材和烟糖类的仓间吸湿。在温度为27℃、相对湿度为70%时，一般每小时可以吸水3～4千克。使用吸湿机吸潮，不仅效率高、降湿快，而且体积小、重量轻、不污染商品。但是，吸湿机的应用必须科学合理，要注意吸湿机吸湿功能与库房面积的关系，确保吸湿的效果。如夏秋季多雨，吸湿机工作的时间应相应延长。此外，还要注意吸湿与密封的关系，确保吸湿在密封的条件下进行，否则难以达到吸湿的效果。

4）加湿

在库内相对湿度过低而库外又比较干燥时，可对易干燥、脆裂的储存商品加湿。加湿可采用直接喷洒水或加湿机喷雾的方法，提高库内的相对湿度。

5）升温和降温

在不能利用通风来调节温度的情况下，可用暖气设备来提高库房温度，也可用空调设备来升温或降温。

（四）环境卫生检查

储存环境不卫生，会引起微生物、害虫和鼠类的滋生和繁殖，还会使商品被灰尘、油污、垃圾玷污，进而影响商品质量。因此，应经常清扫库房，保护库内外良好的卫生环境，并在必要时采用药剂消毒杀菌、杀虫灭鼠，以保证储存商品的安全。

（五）商品出库管理

商品出库管理是指商品发出时仓库各业务部门所需办理的手续及其作业的全过程。包括商品出库的程序（包括商品出库前的准备，保证商品按时出库、备料、点交、清理收尾等）、清理善后工作和商品出库中发生问题的处理等。

商品出库要求做到"三不三核五检查"。"三不"，即未接单据不登账、未经审单不备货、未经复核不出库；"三核"，即在发货时，要核实凭证、核对账卡、核对实物；"五检查"，即对单据和实物要进行品名检查、规格检查、包装检查、件数检查、重量检查。

出库流程是：①内部为"领料人填写领料单—主管签字—凭单领料—核对品名、规格、数量并发料"；②外部为"商务代表填写库单—用户确认—收银—出库单送到装机处—装机人员领料—仓库发料—装机人员核对规格、数量并签字"。

货物出库的方式主要有三种：一是客户自提；二是委托发货；三是仓储企业派自己的货车给客户送货。

商品出库是仓储业务的最后阶段，要求做到以下几点。

（1）必须有业务部门开具齐备的提货单，并认真验证核查，手续齐备，商品才能出库。

（2）对交付的商品，要认真核对品种、规格，数量要准确，质量要完好，复核要仔细，不错、不漏、单货同行。

（3）商品的包装完整，标志准确、清晰，符合运输要求。

（4）对预约提货的商品，应及早备货。

（5）为了维护企业经济利益，商品出库该符合先进先出、接近失效期先出、易坏先出的"三先出"原则，及时发货，但对变质失效的商品不准出库。

（6）物品出库完毕，应及时销账，及时清理现场，并将提货凭证注销后归档存查。

二、运输商品的质量管理

运输商品也可以看成是移动的商品储存。商品运输过程中质量管理的任务与商品储存过程中质量管理的任务是一致的，都要尽可能地防止或降低商品损耗和质量劣变。二者有共性，但也有自己的特性。运输商品的质量管理要遵循"及时、准确、安全、经济"的基本原则。

（一）商品运输的原则

1. 及时

及时就是要按照市场需求和商品流通规律，不失时机地以最少的时间和最短的里程，按时把商品送达到指定地点，及时供应消费需要。它主要是通过缩短在途时间，减少周转环节、加快运输各环节的速度，采用集装箱等先进的运输工具等措施来实现的。

2. 准确

准确就是要求在商品的运输过程中，切实防止各种差错的出现，保证商品准确无误，按质按量运达目的地。

3. 安全

安全就是在运输过程中避免出现商品霉烂、丢失、污染、燃烧、爆炸等现象，以保证商品在质量和数量上的完整无损。它主要是通过选择合适的商品运输包装，合理的运输路线、工具和方式，以及反对野蛮装卸、提倡文明运输等措施来实现的。

4. 经济

经济就是要采取经济合理的运输方式、路线和工具，节约人力、财力、物力，降低商品流通费用，完成商品的运输任务

（二）运输商品的安全管理

1. 运输商品安全管理的内容

商品运输安全管理的内容，主要包括两方面：一是防止商品运输事故；二是减少商品运输损耗。前者是防止商品在运输或装卸过程中，发生人身伤亡，以及商品毁损、短缺、残损、变质、水湿、盗窃、包装破漏以及单据不符造成的损失或差错事故。后者是指减少商品在运输或装卸过程中，由于商品自身的物理、化学或生物学变化等自然原因所引起的减量和变质。

商品运输安全管理是关系到保证人民生命和国家财产安全的大问题。商品能否安全地运达目的地，对于增加国家财富、促进生产发展有着重要的意义。只有及时、准确、安全、经济地把商品从产地运达销地，才能满足工农业生产和人民生活的需要，促进社会再生产过程的快速进行。

2. 运输商品安全管理的基本措施

商品运输安全管理，首先必须坚决贯彻"以防为主"的方针，这是做好商品运输安全工作的前提，容不得半点松动。为了认真贯彻"以防为主"的方针，保证商品安全运输，必须采取一系列措施。

（1）加强对商品运输安全管理的领导。各级储运部门和企业必须有一位领导分管安全管理工作，特别是基层企业除了有领导干部分管安全管理工作外，还应有一定的组织形式或专门人员具体负责日常的运输安全工作。

（2）发动群众，加强运输安全管理。搞好商品运输安全管理只靠少数人不行，必须发动和依靠广大职工共同努力。从事商品运输的广大职工，在商品运输过程中把各个工作环节和各道工序的安全工作做好了，整个商品运输的安全才有保证。

（3）建立和健全商品运输安全管理的规章制度，并坚持贯彻执行。行之有效的安全制度，是广大职工在长期的商品运输实践过程中用血的代价换来的。各企业单位自己拟定的有关装卸、搬运、收货、提货、押运等安全制度，应采取分级管理、逐级检查、责任到人、实行奖惩的办法贯彻执行，以防止事故的发生。

（4）加强安全大检查，不断推动安全管理工作的开展。运输安全大检查，是深入发动群众、依靠群众搞好安全管理工作的一种好办法。通过大检查，可以发动广大职工及时发现和消除事故隐患，堵塞漏洞、交流经验，推动运输安全管理工作，从而减少商品运输损耗和

防止运输事故的发生。

（5）密切内外协作，相互检查督促。商品运输主要靠储运内部各环节和铁路、交通运输部门之间的分工负责、相互协作来完成，而且还要取得生产部门的支持才能搞好。因此，必须加强企业内外各单位、各有关工作环节之间的联系，密切协作，分清责任，互相督促，共同做好商品运输安全管理工作，完成商品运输任务。

（6）加强运输包装的管理。运输包装对于保证商品运输安全、保护商品质量完好具有重要作用。因此，在商品运输过程中，必须加强运输包装管理。具体要求是：根据商品的性质、价值、体积、重量合理选择包装形式和包装材料；在运输需要的标记、标志方面，如地区标记、商品重量体积标记、指示标记以及其他标记、标志等，都必须严格执行国家有关规定；在利用旧包装物时，对旧包装的标记、标志要彻底清除，以防混淆，造成差错的发生。此外，还应做好包装回收复用和包装的财务管理，以节约包装材料，防止浪费。

（三）特种商品运输的安全管理

特种商品是指理化上具有某些特殊性质的商品，如化工危险品、鲜活易腐商品、易碎流汁商品等。这些特种商品的运输必须采取相应的防护措施，才能使之完整无损地运达目的地，所以称为特种商品运输。

1. 特种商品在运输中的分类

要做好特种商品运输，首先必须懂得它的分类。

（1）危险商品。危险商品是指在运输或使用过程中，稍不注意或处理不当，就会引起人身伤亡和国家财产毁损的商品。这些商品，根据不同的特性、形态以及受外界各种因素影响和危险性的强弱分为九类。在商贸部门经营的商品中，化工商品，石油类商品，日用工业品中的火柴、赛璐珞制品，以及某些化妆品等，节日用的各种花炮，均属于具有危险性的商品。

（2）鲜活易腐商品。所谓鲜活易腐商品，是指那些在运输过程中，需采取特殊防护措施和保持一定温度，以防止腐坏变质、死亡掉膘的产品，如家禽、家畜、活鱼、肉类、动物油脂、鲜蛋、鲜奶、新鲜蔬菜、新鲜水果等。这些商品有很大一部分是属于商贸部门收购的农副产品，是城乡人民日常生活必不可少的物资。鲜活易腐商品大致可分为活禽畜、冻结易腐商品和非冻结易腐商品三大类。

（3）易碎流汁商品。易碎商品是指那些在运输、搬运过程中，受外力撞击、摔碰、受压或行车（行船）震动等外力作用时容易破碎损坏的商品，如玻璃、玻璃器皿、保温瓶（胆）、电灯泡、电视机、照相机和精密仪器等。流汁商品是指那些包装破损后能污染其他货物的液体流汁商品，如墨水、墨汁、打印油、酒、饮料、生发油、乳等。

2. 特种商品在发运方面的管理要求

1）危险商品发运方面的管理要求

（1）发运时，首先要根据危险商品的危险性、商品流向和运输季节、运输距离等具体条件，选择合适的运输方式和运输工具。其次，在填写运单时，应按危险商品中索引表内列载的品种、编号，把商品名称填写在"货物名称"栏内，在商品名称下面填写危险货物编号，在运单右上角用红墨水标明商品所属类型。再次，要填写商品调拨单、商品交接单、货物运单等发货单据，连同有关单位证明及危险品有关说明书向铁路、交通承运部门办理托运。

（2）在装车（船）时，危险商品不能与普通商品拼装，性质和消防方法相互抵触的商品不能拼装，放射性危险商品同其他危险商品不能装在同一车辆上。

（3）危险商品运输要由专人负责，并建立危险商品装卸制度，配备专门的（或熟练的）装卸工人。装卸搬运时，要严格遵守各项危险商品装卸操作的规定，必须轻拿轻放，防止包装破损，不可撞击、摔落、拖拉；尤其要注意防火、防热，不能与明火接触，装运一级易燃液体和爆炸品的汽车排气管必须戴上防火帽，同时配备必需的防火器材。

（4）要做好劳动防护工作。在装卸过程中，应根据危险商品的特性佩戴必需的劳动防护用品。装卸剧毒品及放射性物品时，必须穿戴特备防护用具，严禁肩扛、背负，不可吸烟、饮酒。装卸作业后，要更衣洗澡，方可饮食。

2）鲜活易腐商品发运方面的管理要求

（1）发运时，要根据商品的运输季节、商品的运输流向、商品本身的特性和运输距离的远近，选择合适的运输方式和运输工具。在货物运单上注明商品容许运到期限和中途加冰站（需要沿途加冰的商品），并在运单明显处注明"易腐货物"字样。在装运前，应对车（船）的技术设备、保温性能和预冷情况、卫生状态等进行认真检查。

（2）在装车（船）时，要轻拿轻放，应按层次堆放整齐、稳固，并在包装间留有一定空隙。装载完毕，必须会同铁路、交通运输部门有关人员进行施封。装运无包装的鲜（果）菜，车（船）底板要有垫封物，装卸高度应在1.6米以下。

（3）对活禽畜的发送，应注意在装运前要对车厢（船舱）进行严格的卫生检查，符合装运条件时，方可装运；在配装时，要充分利用车（船）容积，在确保商品运输安全的情况下，实行多层装载，提高装载技术和装载量；押运人员必须做好监装和运输途中喂养工作，注意人身安全；在专用线卸车后，应立即对车辆进行清扫、洗刷和必要的消毒。

3）易碎流汁商品发运方面的管理要求

（1）在运输搬运时，原则上不能与其他商品配装，但如果能妥善安排，改进装卸技术，确保商品运输安全的，也可以组织配装发运。

（2）收货、装车（船）时，对商品要认真检查。

（3）装卸时要轻拿轻放，按商品包装指示标志堆放，不能以重压轻，不能以大压小，不准木箱压纸箱；流汁商品的周围，不准堆放棉布、针棉织品或其他容易受污染的货物，更不准把流汁商品堆放在易受污染的商品上面或在货物运单上备注"内有响声"、"部分损漏"等不负责任的字样。

（4）对于怕冻流汁商品要提前组织调运。

3. 特种商品在运输途中的管理要求

危险商品应注意防火、防热，按规定悬挂危险货物信号标志。对装运爆炸品、一级易燃品、一级氧化剂的船舶，应采取特别的防护措施。使用木船装运的，严禁在船上生火煮饭和使用明火灯具；停船时，要远离高压电线、建筑物和其他船只。

在市内运输爆炸品，必须先向当地公安部门办理申请手续，按照公安机关指定的时间、路线行驶，车上悬挂危险货物信号，不准高速行车和超车以及抢行会车。停车时，应远离建筑物、居民区，押运人员不准离车。

发生着火等事故时，应根据危险商品的不同特性，采用合适的消防用品和扑救方法，防止危险事态扩大；扑救人员要佩戴防护用品，在上风处扑救，以防中毒。如发生人身中毒，要迅速将伤者送往医院抢救。

鲜活易腐商品应注意防寒或保温的要求，以免发生商品腐烂变质的事故。

4. 特种商品在接运方面的管理要求

对于危险商品要认真检查有无泄漏、有无污染或其他事故发生，并认真与有关部门做好交接，以便及时调离站（港）运达安全地区。

鲜活易腐商品要注意商品质量有无变化，如有问题，应及时处理。不要因双方无原则地扯皮而造成更大的损失。鲜活易腐商品关键在"鲜"字上，所以在接运中要尽量做到快速、及时。

易碎流汁商品主要检查有无污染现象发生，在接收搬运过程中，要轻拿轻放，以确保商品安全。

本 章 小 结

本章阐述了储运过程中商品的质量变化，归纳起来有物理机械变化、化学变化、生理生化变化及某些生物活动引起的变化等。引起商品质量变化的内在因素有商品的物理性质、化学性质、机械性质及商品的化学成分等。影响商品质量变化的外界因素主要包括空气的温度、湿度，环境的气体组成，日光，微生物和昆虫等。

本章介绍了商品养护的概念和作用，了解了商品养护的技术。主要商品养护技术包括商品的霉变及其防治、仓库害虫及其防治、商品的锈蚀及其防治、商品的老化及其防治等。

商品的储存是指产品在离开生产领域而尚未进入消费领域之前，在流通领域的合理停留。加强商品在储存中的质量管理，必须做到严格验收入库，强化储存场所和商品堆码管理、仓库温湿度控制与管理，认真进行商品在库检查，加强仓库清洁卫生管理和商品的出库管理。

商品运输是指借助各种运输工具实现产品由生产地运送到消费地的空间位置的转移。运输过程中的商品质量管理应做到及时、准确、安全和经济。

 思考与练习

一、名词解释

商品储存　商品养护　挥发　串味　老化　后熟　呼吸作用　相对湿度　霉腐

二、选择题

1. 鲜活食品进行储藏时对呼吸作用的掌握应遵循（　　）等基本原则。
   A. 保持有氧呼吸　　　　　　　　　　　　　B. 防止无氧呼吸
   C. 保持较弱的无氧呼吸　　　　　　　　　　D. 保持较弱的有氧呼吸
2. 控制和调节仓库温湿度的主要方法有（　　）。
   A. 密封　　　B. 通风　　　C. 升温　　　D. 降温　　　E. 吸潮
3. 在一昼夜中，气温的最高值和最低值分别出现在（　　）。

A. 12～14 时和零点前后　　　　　　　B. 14～15 时和凌晨日出前

C. 12～14 时和凌晨日出前　　　　　　D. 14～15 时和零点前后

4. 商品发生溶化是因为它具有（　　　）。

　　A. 吸附性和水溶性　　　　　　　　B. 吸湿性和水溶性

　　C. 串味和水溶性　　　　　　　　　D. 吸附性和吸湿性

5. 仓库中的湿度管理，主要是指对（　　　）的控制和调节。

　　A. 饱和湿度　　　　B. 相对湿度　　　　C. 绝对湿度　　　　D. 露点温度

三、判断题

1. 商品养护是商品在储运过程中所进行的保养和维护。（　　　）

2. 采用通风的方法调节库内温湿度的关键，是选择和掌握通风时机。（　　　）

3. 饱和湿度是单位体积空气中能容纳的最大水蒸气量。（　　　）

4. 温度越高，绝对湿度越大。（　　　）

5. 仓库中的湿度管理主要指绝对湿度的控制和调节。（　　　）

6. 空气的绝对湿度与饱和湿度的百分比是相对湿度，表示空气中水蒸气量达到饱和状态的程度。（　　　）

7. 商品发生霉变时，其化学成分不发生变化。（　　　）

8. 商品养护的主要原则是"以防为主、防治结合、防重于治"。（　　　）

四、问答题

1. 什么是商品储存？商品储存的作用是什么？

2. 如何根据商品在储运中的质量变化做好商品的储运管理？

3. 什么是商品运输？简述商品运输应遵循的原则和基本要求。

4. 联系实际分析各类商品的养护技术。

五、案例分析题

东风汽车整车仓储电子化管理

在中国制造业信息化建设的案例中，中软冠群与东风汽车公司整车仓储电子化管理项目，被中国物流与采购联合会评为年度优秀案例。中软冠群执行副总裁秦俊峰接受《中国交通报》记者采访时称，提供的解决方案，主要解决了东风汽车公司的两个问题：一是信息滞后，销售公司营销部不能及时准确地获取来自检查储运部的可销售商品车信息；二是整车仓储面积大、车型多，因库内信息不准确，为取出指定的车而频繁倒车。

东风汽车公司整车仓储电子化管理项目涉及的业务部门有：汽车分公司生产部的总装作业部、销售公司的检查储运部和营销部。从总装作业部产品下线开始，至商品车发车为止，是一条业务完整的仓库管理业务线。

解决方案是在 ES/1 Logistics 产品的强大物流管理系统基础上，使用 ES/1 自身的开发平台，根据汽车行业仓储物流管理的特点开发和形成的具有国际管理水平、在国内首屈一指的汽车行业整车仓储和物流管理方案。

该方案以整车仓储自动化管理、运输管理为中心，向外可延伸到汽车的生产管理、库存管理、销售管理和财务管理，并可向 ES/1 Logistics 和 ES/1 Manufacturing 任意扩展，形成汽车行业信息化的整体解决方案。

　　该方案通过全方位的条码扫描替代人工录入来管理所有仓库库存，实现根据规则自动建议入库位置、自动建议出库位置，达到最大化利用仓储空间和避免库区内倒车的管理效果，并通过库间倒车跟踪和长途运输跟踪来控制车辆运输时间和避免车辆损失，从而大大提高汽车行业整车物流的管理水平，减少庞大的管理费用。

　　该方案以生产管理为起点，采用最适合汽车行业的重复生产模式来管理生产作业的进度计划，并通过此计划自动生成车型与底盘号的对应关系，无须人工维护。

　　该方案管理销售订单、运单、销售发票、应收账款，并可管理和控制在经销商仓库中的库存，保证企业资金顺畅，避免财务风险。

　　通过上述方案，可以做到管理所有放在经销商仓库的整车库存，管理所有经销商和直接客户的销售信息，使企业对市场信息了如指掌，便于经营管理者作出正确及时的管理决策。

（资料来源：中国物流网）

问题：

1. 本案例说明了什么？

2. 结合本章所学知识，说明本案例对你的启示。

六、实训题

调查一家仓储企业，了解其主要业务内容及加强仓储管理、提高仓储效益的方法。

参 考 文 献

[1] 曹汝英．商品学基础．北京：高等教育出版社，2007.
[2] 万融．商品学概论．北京：中国人民大学出版社，2005.
[3] 万融．商品学概论．北京：高等教育出版社，2000.
[4] 汤云，翟玉强．商品学实务．大连：大连理工大学出版社，2008.
[5] 方凤玲，杨丽．商品学概论．北京：北京大学出版社，2007.
[6] 刘兆林，刘莉．商品学．北京：对外经济贸易大学出版社，2007.
[7] 袁长明．现代商品学．北京：北京师范大学出版社，2008.
[8] 谈留芳．商品学．北京：科学出版社，2008.
[9] 汪永太．商品学．北京：电子工业出版社，2007.
[10] 赵启兰．商品学概论．北京：机械工业出版社，2006.